Ana Lilia Pérez (Ciudad de México) es escritora, periodista y profesora universitaria. Sus artículos y reportajes se han publicado en numerosos medios de comunicación, como *Esquire*, CNN, *Süddeutsche Zeitung* (Alemania), *La Jornada, El Financiero, Excélsior, Novedades, Milenio, Contralínea, Fortuna, Cambio, Variopinto* y *Newsweek en Español*.

Es autora de *Camisas azules, manos negras* (Grijalbo, 2010), *El cártel negro* (Grijalbo, 2011), *Mares de cocaína* (Grijalbo, 2014), *Verdugos* (Grijalbo, 2016) y *Pemex* RIP (Grijalbo, 2017).

Entre otros reconocimientos, ha recibido el Premio Nacional de Periodismo, el Leipziger Medienpreis, la medalla Defensora de la Libertad y Promotora del Progreso y el Premio Golden Victoria 2015 de la Asociación de Editores de Diarios y Revistas Alemanas.

ANA LILIA PÉREZ

El cártel negro

Cómo el crimen organizado
se ha apoderado de Pemex

Prólogo de
Carmen Aristegui

DEBOLSILLO

El cártel negro

Cómo el crimen organizado se ha apoderado de Pemex

Primera edición en Debolsillo: octubre, 2012
Segunda edición en Debolsillo: abril, 2019
Primera reimpresión: agosto, 2019

D. R. © 2011, Ana Lilia Pérez

D. R. © 2019 derechos de edición mundiales en lengua castellana:
Penguin Random House Grupo Editorial, S. A. de C. V.
Blvd. Miguel de Cervantes Saavedra núm. 301, 1er piso,
colonia Granada, alcaldía Miguel Hidalgo, C. P. 11520,
Ciudad de México

www.megustaleer.mx

ISBN: 978-607-317-997-3

Impreso en México – *Printed in Mexico*

El papel utilizado para la impresión de este libro ha sido fabricado a partir de madera procedente
de bosques y plantaciones gestionadas con los más altos estándares ambientales, garantizando
una explotación de los recursos sostenible con el medio ambiente y beneficiosa para las personas.

Penguin
Random House
Grupo Editorial

Índice

Soy del cártel de la gasolina
y no me importa lo que digan por allí.
Me pego al tubo y creo que no es delito,
pues muchas veces me han robado ellos a mí.

Hay mucha gente que depende del tubo,
y a mucha gente le da para subsistir.
Si eso es robar, soy un ladrón honrado,
y no me importa si tengo que morir.

Cerca de mi rancho tengo mi embarcadero,
y allí cargamos uno que otro camión,
tengo mi válvula lista para las que sean,
si nos descubren abrimos otras dos.

Si los gobiernos son un nido de ratas,
son los culpables de acabar con el país,
pues ellos mismos hacen sus propias leyes,
y que los pobres se jodan por allí.

> *El cártel de la gasolina,*
> corrido de URIEL HENAO,
> cantante colombiano.

Palabras preliminares

Realizar esta investigación periodística implicó transitar por caminos muy difíciles. Una vez más, comprobé que los peores enemigos de la prensa son los funcionarios públicos envilecidos por el poder y la ambición, quienes no tienen límites para construir sus emporios personales, cimentados siempre en la corrupción.

Debo reconocer que por momentos llegué a plantearme la posibilidad de abandonar la elaboración de este libro. Sin embargo, seguí adelante al recordar que a pesar de los embates en su contra el periodismo sigue siendo una profesión noble, esencialmente humana. Y frente a una sociedad lacerada, herida, como la nuestra, el periodismo tiene un enorme compromiso.

Quien me recordó todo esto fue un hombre cabal, un hombre "laborioso" —como él mismo se definió en alguna ocasión— que en cada uno de sus textos periodísticos siempre ofrecía una lección de rigor y dedicación. En su modo de ejercer este oficio nos dejó una enseñanza de congruencia, recordando en todo momento el deber del periodista, su obligación moral.

Este libro ve la luz gracias a su ejemplo y a su consigna de que "hay que dar cumplimiento" al derecho que tienen todos los mexicanos de conocer a fondo la administración que se hace de su principal empresa, Pemex, de saber cuál es realmente la situación en que se encuentra y cómo el gobierno es el responsable de lo que está ocurriendo.

A unos días de ponerle punto final, conversábamos que el primer ejemplar sería para usted, maestro Miguel Ángel Granados Chapa. No fue posible. Cuánta falta hará a este país que tanto le debe. Cuánta falta al periodismo, en qué orfandad nos deja.

El 14 de octubre de 2011, escribió su columna por última vez. Con la misma entereza y lucidez con que siempre se condujo, se despidió de sus lectores: "Ésta es la última vez en que nos encontramos. Con esa convicción digo adiós". Y, generoso, nos regaló un mensaje esperanzador:

"Es deseable que el espíritu impulse a la música y otras artes y ciencias, y otras formas de hacer que renazca la vida permitan a nuestro país escapar de la pudrición que no es destino inexorable. Sé que es un deseo pueril, ingenuo, pero en él creo, pues he visto que esa mutación se concrete".

Gracias, maestro, por las lecciones de vida. Gracias, maestro, por las palabras de aliento. Gracias por recordarme el deber del periodista.

A su memoria.

ANA LILIA PÉREZ
17 de octubre de 2011

Prólogo

Petróleos Mexicanos, la empresa más importante del país y un símbolo de identidad nacional, ha sido invadida por el crimen organizado. Sus viejas estructuras tradicionales, afectadas por la corrupción, han sido ocupadas por las redes que operan directamente para la delincuencia.

La irrupción del crimen organizado en Pemex ha convertido a la paraestatal en un campo de batalla donde se levantan retenes, se expropian predios, se ocupan derechos de vía e incluso se controla el acceso a sus instalaciones. Los grupos delictivos han tomado el control de algunos pozos y han convertido al país, entre otras cosas, en un centro de abasto de condensado que se vende de forma ilegal en Estados Unidos y Europa.

No hay duda, la empresa más importante del Estado mexicano está atenazada por un nuevo estadio de corrupción. Ése es el eje rector de *El cártel negro*, una estrujante y reveladora investigación de Ana Lilia Pérez.

Si queremos medir los alcances del presente libro, es necesario conocer antes algunos datos acerca de la prolongada batalla de la autora para obtener la información que aquí expone.

En su condición de ciudadana, Ana Lilia solicitó información puntual a Pemex sobre incidentes vandálicos y actos de terrorismo que habían ocurrido en las instalaciones de la paraestatal conforme se había difundido en algunas versiones públicas. La reticencia de la institución a entregar lo solicitado fue notable. En un primer momento, Pemex le aseguró a la periodista que esa información era inexistente; más adelante planteó una negativa, explicando que la solicitud estaba fuera del marco de la ley.

Frente a esta circunstancia, Ana Lilia presentó una inconformidad ante el Instituto Federal de Acceso a la Información (IFAI). En consecuencia, el organismo citó en sesiones separadas a las partes: por un lado, Pemex debía exponer los argumentos que sustentaban su negativa a proporcionar la información, y por otro, la ciudadana tendría que ratificar su derecho a recibirla.

De acuerdo con funcionarios del IFAI, un equipo de 10 abogados de Pemex se presentó ante el pleno del instituto para convencer a los comisionados de que la información debía mantenerse en reserva, pues de lo contrario "se pondría en riesgo la seguridad nacional". Además, se supo que los representantes legales llegaron a plantear que la solicitante "no tenía límite", que ya había presentado muchas solicitudes y que hacía "uso excesivo" del derecho a la información.

Finalmente, Ana Lilia Pérez ganó la batalla, y una buena parte de ese triunfo está contenido en este libro. Resulta significativo que muchos de los documentos entregados venían marcados con tinta negra con el claro objetivo de suprimir información. No obstante, lo que se pudo rescatar es sustantivo y revelador de la grave problemática de descomposición en Pemex.

Siete meses después de hacer la solicitud, Pemex entregó la información por mandato del IFAI. Ana Lilia recuerda ese día, cuando tuvo que acudir a uno de los imponentes edificios ubicados en la avenida Marina Nacional de la Ciudad de México, sede de la petrolera.

Un militar fue el encargado de proporcionarle los archivos. El ambiente era eléctrico. Se sentía la hostilidad y un aroma de reclamo. La menuda figura de la periodista apenas podía sostener, físicamente, las siete grandes carpetas que le fueron entregadas. Recorrió sola, tambaleante, con los siete volúmenes, los metros que separaban el escritorio donde el militar le entregó el material del elevador que la llevaría al piso de salida de las oficinas de Pemex. En su recorrido, le retumbaron las preguntas del militar: "¿Para qué pidió eso? ¿Qué va a hacer con eso? ¿Para qué lo pidió, si no sabe qué va a hacer con eso?"

Por supuesto, la periodista sabía muy bien para qué había pedido eso, y aquí está el libro para demostrarlo.

Entre otros asuntos, descubrió que entre 2001 y 2011 Pemex fue objeto de más de 40 mil "incidentes". Durante ese periodo, el jurídico de la paraestatal presentó 2 mil 611 denuncias por ordeña y tomas clandestinas, pero sólo 15 concluyeron en sentencia.

Por otra parte, en julio de 2008, la Dirección General de Pemex reconoció, de manera oficial, el robo de hidrocarburos como uno de los principales desafíos de la empresa. Tan grande es este problema que resulta equiparable, según Pemex, con la caída en la producción petrolera de Cantarell en la Sonda de Campeche.

Asimismo, se tienen datos sobre la internacionalización de la ordeña de ductos. Desde 2008, "en las líneas de Chiapas y Veracruz comenzaron a detectarse vehículos de Guatemala involucrados en la sustracción de hidrocarburos en las regiones fronterizas del sureste".

A pesar de la amplia exposición de informaciones, la autora incorporó, casi al cierre de la edición, más datos oficiales de Pemex. Destaca uno, de particular importancia. En un solo párrafo Pemex describe con crudeza la situación por la que atraviesa: "El incremento en las tomas clandestinas y en el volumen estimado de robo se debe a que los sistemas de ductos en el país están tomados prácticamente por bandas del crimen organizado, asociadas con grupos fuertemente armados". En su referencia a Sinaloa, Pemex identifica a la entidad como la que registró la mayor sustracción de refinados mediante tomas clandestinas a partir de 2010. La zona es claramente una de las de mayor influencia de Joaquín *el Chapo* Guzmán: "Navolato, Culiacán, Ahome, Mocorito, Mazatlán, Guamúchil, Salvador Alvarado y Los Mochis, entre otros, con una incidencia de 28 por ciento en promedio de las tomas clandestinas de todo el país".

De esta manera se podría inferir que el cártel del narcotráfico más poderoso de México y América Latina, cuya presencia se extiende a más de 50 ciudades del mundo, es también el más activo en la sustracción de refinados en el país.

Con éstas y otras informaciones, *El cártel negro* se perfila como el trabajo de investigación más amplio, mejor documentado y más descarnado que tengamos hoy acerca de la grave incursión de la delincuencia organizada en actividades conferidas a Petróleos Mexicanos.

En estas páginas se muestra el resultado de una amplia investigación realizada a lo largo de los años; seis, por lo menos, si se consideran las investigaciones sobre la sustracción en Cadereyta que la autora realizó en las postrimerías del sexenio foxista.

Un libro duro, en el más amplio sentido de la expresión. Duro por lo que informa y duro por su exposición. La autora opta por la presentación ordenada y rigurosa de las informaciones y no por cualquier giro literario. No se permite la retórica, ni las metáforas o alegoría de algún tipo. Su apuesta es estrictamente por la información. La lectura obliga, a quien lee, a realizar un conjunto de interpretaciones propias. La autora deja, esencialmente, la carga y la dimensión interpretativa sobre los hombros del lector.

En esta ocasión, Ana Lilia Pérez, sabedora de los terrenos que pisa y habida cuenta de farragosos procesos judiciales que han sido asestados contra ella —y varios de sus colegas— por investigaciones anteriores, de los cuales ha salido victoriosa, decidió hacer valer estrictamente la exposición de la documentación obtenida y el relato mismo de la información. De suyo escrupulosa, en estas páginas presenta, como si fuera en quirófano, los datos, los expedientes, los documentos que revelan y desnudan la manera en que el crimen organizado se ha apoderado de amplios circuitos y estructuras operativas de la principal empresa del país y el soporte de las finanzas nacionales.

Las viejas historias de corrupción y abuso en la contratación de servicios, en licitaciones o en el uso de recursos del sindicato para financiar campañas políticas u otro tipo de corruptelas sindicales han sido rebasadas. La corrupción imperante en la última década cruza, además de lo anterior, por las ganancias rápidas producto del robo masivo de hidrocarburos, lavado de dinero y extorsiones.

Ana Lilia Pérez muestra a Pemex inmerso en un grave y perturbador escenario criminal: funcionarios ejecutados, trabajadores desaparecidos, contratistas secuestrados, extorsionados y obligados a pagar derecho de piso, robos técnicamente cada vez más especializados, e incluso la toma de operaciones de pozos que han quedado al mando de grupos del crimen organizado según se desprende de esta investigación. Se describe también el funcionamiento binacional, México-Estados Unidos, de un pujante e ilícito mercado de los hidrocarburos. Todo bajo un manto de silencio corporativo e institucional frente a una realidad de estas dimensiones, en una suerte de *omertà*.

Se aborda asimismo el fortalecimiento de los cárteles criminales que —además del narcotráfico, la trata de personas, el contrabando, la piratería y otros delitos— han sumado a sus actividades las derivadas de la penetración en la industria petrolera. Aquí se detalla, por ejemplo, cómo se lava dinero mediante compañías fachada; cómo, a través de contratos simulados, se cobra derecho de piso y cómo el crimen ha sorteado los más sofisticados sistemas de seguridad de la Armada de México.

Es posible identificar incluso la existencia de una estructura paralela a la de Pemex desde la cual se desarrolla "una competencia frontal" en lo que a venta de hidrocarburos se refiere. Otras actividades delictivas aquí descritas están montadas también en los engranajes de distribución y operación de la paraestatal.

La radiografía incluye información sobre el pujante negocio de la ordeña de ductos, una importante fuente de ingresos del cártel del Golfo, de los sanguinarios *zetas* y, más recientemente, del cártel de Sinaloa, quienes han tomado porciones enteras para operar en territorio nacional. La industria petrolera no ha podido librarse de la penetración de cárteles y de disputas criminales como las que se ven en el mercado de las drogas y otra veintena de delitos en el fenómeno global de la delincuencia organizada. A las decenas de miles de personas asesinadas o desaparecidas en México, se suma una cifra indeterminada de víctimas relacionadas con la industria petrolera. Así, se reproduce en escala la disputa actual de cárteles, organizaciones y partes de un Estado capturado en por lo menos una decena de entidades federativas.

En *El cártel negro* se abordan informaciones relevantes que permiten descubrir otros ángulos de corrupción y actividades delincuenciales que trascienden al territorio mexicano y se vinculan con la actividad internacional. El caso más notable se produce en uno de los yacimientos más importantes de gas en el mundo. La autora informa que: "En el sexenio de Felipe Calderón la Cuenca de Burgos se convirtió en un centro de abasto de condensado que de forma ilegal se vende a diversos corporativos estadounidenses y europeos. Ante la ausencia de una autoridad confiable, la región de esta cuenca se volvió un campo de batalla entre organizaciones criminales, cuyos miembros levantan retenes, expropian predios, ocupan derechos de vía y, por si fuera poco, controlan el acceso a las instalaciones de Pemex". De ese tamaño.

En definitiva, estamos ante un libro relevante y revelador, cuya autora se consolida como una de las más destacadas exponentes del periodismo de investigación en nuestro país. Ana Lilia Pérez es una periodista fuerte, incisiva y acuciosa. Sus trabajos han removido una buena parte de las estructuras de poder más importantes en el país. Autora de *Camisas azules, manos negras* y de varios de los más importantes trabajos de investigación en las revistas *Contralínea* y *Fortuna*, ahora presenta la que probablemente sea su más acabada y potente investigación periodística.

Carmen Aristegui F.
Octubre, 2011

CAPÍTULO 1

Oro negro para la mafia

I. Emporio apócrifo

El Loco Corona

Tabasco.– La tolvanera se levanta al instante en que los caballos salen desbocados. Al grito de arranque, entre una nube de polvo que forma al choque de sus patas con el suelo, el Loco Corona deja claro que aquel talante con el que llegó partiendo plaza al improvisado hipódromo no era sólo cosa de vanidad. En los primeros segundos aventaja al Ludovico, de la Cuadra Santa Elena, y también al Buchanan's, el favorito, traído de la Cuadra Los Potrillos, desde Tuxtla Gutiérrez, Chiapas.

El sube y baja de sus músculos al son que le marcan las piernas y el fuete del jinete hacen su grupa perfecta: impulso y equilibrio que lo conducen directo a la meta.

Caballo y jinete atrapan la atención de los espectadores, que desde muy temprano llegaron al Paraíso Downs, un carril habilitado en un rancho de Comalcalco para correr las apuestas en el *derby* tabasqueño. A sus espaldas, las Ford Lobo, Cadillac Escalade, Lincoln Mark, y Chevrolet Suburban y Cheyenne, forman una pasarela de lujo de modernas camionetas que exhiben el abultado bolsillo de sus propietarios.

Con ese vaivén de caderas, rodillas y tobillos sincronizados a toda velocidad, el Loco Corona tiene a todos boquiabiertos, y no es para menos: el ejemplar de buena casta, nacido en los mejores criaderos de Ohio, corre con tal garbo que al verlo se corta el aliento. Parece como si de pronto le hubieran salido alas, y va como un pegaso al vuelo. Segundos después gana la carrera.

El cotilleo, los halagos, el último chasquido y el arrastre de los cuatro pares de patas que infructuosamente intentaron alcanzar al Loco Corona, se difuminan con el estruendo de las potentes bocinas que reproducen la voz de Los Huracanes del Norte para laurear al campeón:

"Dicen que en una remesa llegó a San Diego de Arabia, de los criaderos más finos, de los Muro y los Audalas, de gran prestigio en el mundo, del Medio Oriente hasta el Asia…"

Al son de "El profeta", el soleado mediodía del sábado 19 de febrero de 2011, el fino ejemplar de la cuadra Quinta Azul, de Villahermosa, se alza campeón del *derby* tabasqueño.

Debajo de la gorra beisbolera con la que se ataja el sol, su dueño, Omar Vargas, se muestra satisfecho por la buena racha que lo acompaña en las carreras, la pasión de su vida. En los últimos meses todos los ejemplares de su cuadra arrasaron las competencias: primero ganó La Cococha, luego La Coquea, después El Marro; ahora es el Loco Corona el que, en un santiamén, acabó con la apología que se inscribía sobre El Buchanan's.

Complacido recuerda que fue la buena estampa de aquel potrillo la que en 2009 lo animó a comprarlo en la subasta anual que organiza la Texas Quarter Horse Association (TQHA), asentada en Austin, de la que es socio desde hace algunos años.

En aquella subasta de afamadas granjas de la Unión Americana compró también el beduino Sunset, El Flybynight, Cheminahaut,

Cartel Cat y las yeguas Corona Shake, Monicas Majesty, Spice of Azoom y Lil Rapid Menace. Caballos y yeguas finas pagadas con dólares en efectivo. Una buena inversión por las ganancias que generarían las apuestas. Porque Omar Vargas cree firmemente en su buena suerte, y cómo no habría de hacerlo, si en pocos años construyó un pequeño imperio y una considerable fortuna a partir de sus negocios en Pemex.

Aun ante ojos inexpertos, los ejemplares de la cuadra Quinta Azul son de fina estampa, el destello de la luz del sol en las espesas y abultadas crines y el alisado perfecto de sus colas evidencian el cuidado que su dueño tiene de ellos. Una cuadra a la altura de un magnate petrolero.

El ingeniero Vargas

Omar Vargas López, un veracruzano avecindado en Tabasco, se convirtió en proveedor de Pemex durante el sexenio de Vicente Fox, ofreciendo servicios de mantenimiento de automóviles, maquinaria, equipos de perforación y pozos. Desde Villahermosa, Vargas comenzó a coordinar la operación de una veintena de compañías que sin tener infraestructura ni cumplir con los requisitos básicos para participar en las licitaciones de Pemex, y mucho menos para su contratación, en las administraciones de Vicente Fox y de Felipe Calderón le facturaron a Pemex por medio de su subsidiaria más importante, Pemex Exploración y Producción (PEP), más de mil millones de pesos por supuestos trabajos de mantenimiento y servicios diversos a instalaciones y equipo en Tabasco, Veracruz y Ciudad del Carmen.

En las actas constitutivas de las compañías aparecen socios mexicanos y estadounidenses que la Secretaría de la Función Pública (SFP) identificó como prestanombres. Los funcionarios de Pemex les adjudicaron los millonarios contratos respaldados con documentación fiscal y financiera apócrifa, donde se consignaba que estaban al corriente en sus declaraciones y pagos ante la Secretaría de Hacienda y Crédito Público (SHCP) —requisito indispensable para licitar los contratos gubernamentales—, con domicilios inexistentes y hasta recibos telefónicos clonados. Los domicilios físicos de las compañías eran en realidad casas particulares, terrenos baldíos, giros empresariales distintos y hasta una guardería.

El *modus operandi* consistió en instalar un despacho en el número 401 del Periférico Carlos Pellicer Cámara, en la colonia Tamulté, una zona popular de Villahermosa, Tabasco. Desde allí se creó una especie de empresas satélite que ganaron licitaciones de alcance internacional, según los funcionarios de Pemex que les otorgaron los contratos.

Las compañías licitaban cada una de manera individual o en propuestas conjuntas, e incluso competían entre sí en algunos concursos. Sin embargo, en la revisión más elemental de sus propuestas técnicas y económicas cualquiera de los funcionarios de los que participaron en la asignación de los contratos habría podido sospechar que existían irregularidades en el hecho de que 20 empresas de Villahermosa que ofrecían los mismos servicios declararan el mismo domicilio. Más aún, debió resultar extraño que en sus actas constitutivas aparecieran socios comunes.

Una vez adjudicados los contratos, las compañías los respaldaron con pólizas que aparentemente les expidieron prestigiadas compañías afianzadoras, pero que a la postre resultaron falsas. Es significativo, por lo demás, que los funcionarios de Pemex encargados de cada contratación les dieran el visto bueno a esos documentos.

Por otra parte, para cobrar cada estimación de sus dudosos servicios emitieron facturas con sellos y registros de Hacienda donde aparecían los domicilios que no correspondían a sus supuestas instalaciones, pero que Pemex avaló y pagó puntualmente. Según la SFP tampoco hay evidencia clara de que tales servicios se hayan efectuado, pues las compañías eran "simuladoras". Cada factura con la que dichas empresas cobraron sus "servicios" incluye dos y hasta tres sellos y firmas, y el visto bueno de empleados de Pemex de distintos niveles.

EMPRESAS DE PORTAFOLIOS

La primera empresa creada fue Marrob, S.A. de C.V., constituida el 26 de junio de 2001 ante el notario público número 15, Gonzalo Oyosa. Como socios aparecen Omar Vargas López, Roberto Carlos López López y Juan Carlos Ortiz Sánchez, inversionistas de profesión. Luego se registró la Agencia Diesel de México, el 29 de septiembre de 2001, ante el notario público número 27, Adán Augusto López Hernández. Como inversionista se consignó a Yexomina Ramos Naranjo.

En diciembre de 2002, la compañía Continental Serv, S.A. de C.V. se constituyó ante la notaría número 16, de Antonio Ulín Rodríguez. Como socios se registró a Eduviges del Carmen Hernández Cruz y José Atila Baeza Morales, de oficio mecánico automotriz, con domicilio fiscal en la calle El Duende número 135, en la colonia Las Gaviotas, norte, en el Municipio Centro de Tabasco. En el lugar hay una pequeña vivienda semiderruida.

El 6 de marzo de 2004, en la notaría pública número 15, crearon tres empresas: VC International, en la que aparecen como accionistas los jóvenes de 20 años de edad Ricardo Hernández Álvarez y Jesús Leonardo Ortiz García, de profesión inversionistas; True Services, S.A. de C.V., con Lucía Guadalupe Trinidad Torres como inversionista; y Red Constructions, S.A. de C.V., con Ángel Amador Alcázar Hidalgo y Juan Carlos Ortiz Sánchez como accionistas.

El 10 de enero de 2005, en la notaria 15, crearon otras dos empresas: Mantenimiento y Control del Sureste, S.A. de C.V., con Lidia Arellano Miranda y Jonathan Sánchez García como inversionistas; y Almir Industrial Services, S.A. de C.V., a nombre de Mauricio Adrián Álvarez Salazar, como accionista.

El 5 de enero de 2006, en la notaría número 15, se registró CS Control de México, S.A. de C.V., con Jorge Alberto Rico Meza como inversionista. El 8 de marzo de ese mismo año, en la notaría 27, crearon otras dos empresas: TR del Golfo, S.A. de C.V., a nombre de Jaime Mora Custodio; y Global Control de México, S.A. de C.V., con Elsi Ramos Naranjo y Gabriela Gómez Pascual como inversionistas.

El 11 de marzo de 2008, ante la notaría número 6, cuyo titular es Jorge Antonio de la Cerda, crearon la empresa Wifer, S.A. de C.V., en la que aparecen como accionistas Guillermo José Ibarra y Fernando Guzmán. Ese miso día, pero en la notaría número 1, del municipio de Jonuta, crearon dos empresas más: Petroservicios de México, S.A. de C.V., a nombre de Jorge Rico Mendoza y José Alberto Berthely López, y ER Technology de México.

El 16 de marzo de 2009, en la notaría número 36, ante el notario Darwin Andrade Díaz, crearon MF Integral Services, S.A. de C.V., en la que aparece como inversionista Jorge Antonio Meneses Chew. Al día siguiente, en la misma notaría, se establecieron otras dos empresas: LG Services, en la que están como inversionistas Mario Pérez Ortiz y Víctor Javier Gutiérrez; y la compañía Tiger Diesel, a nombre de Ovidio León Hernández. El 26 de marzo del mismo año, ante el titular de la notaría numeró 1 de Jonuta, Tabasco, Jorge Sánchez Brito, se registró la compañía Sana International, a nombre de Mario Pérez Ortiz. Finalmente, el 26 de agosto de 2009, en la notaría número 6, se estableció la empresa Presition Inspection México, a nombre de Mario Pérez Ortiz.

Como empresas asociadas en sus contratos con Pemex aparecen también la empresa texana McAllen Oilfield Supply, en la que aparecen como socios Gilberto Rico Meza, Jack Smith y Michael Bosley; y Axis Industrial, donde el administrador e inversionista es Jorge Alberto Rico Meza.

Algunos de los funcionarios de mayor nivel dentro de Pemex que adjudicaron contratos a las empresas citadas arriba son los subdirectores de PEP en la Región Norte, Alfredo Guzmán Baldizán; en la Región Marina Noroeste, Juan Javier Hinojosa Puebla; el subdirector de Administración y Finanzas, Rafael Juan Bracho Ransom; el subdirector de Perforación y Mantenimiento de Pozos, Ricardo Palomo Martínez. También los gerentes de Recursos Materiales, Miguel Ángel Lugo Valdés; de Perforación y Mantenimiento de Pozos, Baudelio Ernesto Prieto, y Abelardo Córdova Hernández; de Administración y Finanzas, Ramón Tomás Alfonso Figuerola Piñera; de Mantenimiento Integral, José Guadalupe de la Garza Saldívar.

◆ ◆ ◆

En el número 1735 de la avenida Insurgentes del Distrito Federal, un enorme edificio con fachada de cristal alberga las instalaciones centrales de la Secretaría de la Función Pública. En uno de los pisos superiores, en su oficina, el secretario Salvador Vega Casillas describe los detalles de una auditoría especial que la dependencia a su cargo hizo a algunos de los millonarios contratos petroleros firmados con el grupo de compañías de Tabasco "coordinadas" por Omar Vargas.

La auditoría inició cuando el área financiera de Pemex en las oficinas corporativas de la ciudad de México buscó hacer válidas las fianzas de algunos de esos contratos, y la Afianzadora Monterrey, que supuestamente las había emitido, le respondió a los funcionarios de la paraestatal que esas pólizas eran apócrifas. Las fianzas originales correspondían a compañías del Distrito Federal para contratos de diversas entidades gubernamentales distintas a Pemex.

Pero lo más grave es que después descubrirían que el asunto iba mucho más allá del uso de pólizas apócrifas, con las cuales los funcionarios de Pemex avalaron que esas compañías respaldaran su contratación. Al respecto, el propio secretario Salvador Vega Casillas asegura que se iniciaron diversas auditorías a las empresas:

Yo mismo participé en la investigación de las compañías; cuando fui a buscar las instalaciones de una de ellas, en un terreno que parecía baldío, una señora vestida con mandil y sandalias lavaba en un lavadero asentado sobre unos tabiques. Le pregunté si allí era la empresa Mantenimiento y Control del Sureste. Me respondió que cuál empresa buscaba: "¿En la que soy dueña o en la que soy accionista?" Las compañías eran de papel, de portafolios. Todas de un mismo empresario, Omar Vargas López, con prestanombres. Esa mujer era una de ellos.

Los primeros focos rojos que apuntaban a irregularidades graves de estas compañías se encendieron en 2004. Continental Serv concursaba en la licitación internacional TLC 18575041-024-03 para el mantenimiento preventivo y correctivo a las motobombas contra incendio en las instalaciones petroleras de la Región Marina Suroeste. En el proceso la empresa fue descalificada porque no cumplía con los requerimientos técnicos, aunado a que para concursar incluyó en su propuesta documentación apócrifa. A pesar de lo anterior, Continental Serv presentó en la SFP una inconformidad porque no había ganado el contrato (expediente CI-S-PEP-0165/2004). Para sustentarla, exhibió de nuevo documentación apócrifa con sellos y logos falsos de Pemex que supuestamente constituían una parte de la licitación. En abril de 2004 la SFP declaró infundada la inconformidad, que a nombre de la compañía atendió un abogado llamado Alexandro Rovirosa Martínez, a quien se ubica como mano derecha de Omar Vargas.

En abril de 2006, contratistas de Pemex denunciaron ante la SFP que funcionarios de la paraestatal otorgaban millonarios contratos a las compañías de Vargas, a pesar de que operaban fuera de la ley (expediente DE-058/2006), y de que los precios de sus propuestas eran irreales e insolventes tanto en el mercado nacional como en el internacional. Los contratistas señalaron que las compañías recibían información confidencial previa de las propuestas económicas del resto de las licitantes para ofrecer un precio más bajo y que de esta manera se justificara su adjudicación.

Sin embargo, los encargados de la investigación se limitaron a solicitar a los funcionarios de Pemex una relación de los contratos otorgados a las empresas denunciadas (True Service, Red Constructions, SIA Talleres, VC Internacional y Marrob), pero el informe les fue enviado por los mismos funcionarios que adjudicaron los contratos justificando lógicamente su asignación. Sin más, los representantes de la SFP argumentaron no haber encontrado elementos para investigar y cerraron el caso. Para entonces, las compañías de Vargas habían facturado 172 millones 536 mil 817 pesos.

En julio de 2006 los funcionarios de PEP declararon a Marrob ganadora de la licitación 18575099-003-2006, en la que supuestamente concursó mediante una propuesta conjunta con American Block Manufacturing Company, una empresa de Houston.

Antes, la American Block había realizado algunos trabajos de equipos de perforación para Pemex, a través de la empresa Unicornio Proveedora Industrial, en Tampico. Sin embargo, según su director general, nunca tuvo tratos con Marrob. En noviembre de 2006, cuatro meses después de que se anunció el fallo del contrato a favor de Marrob y American Block, Rajani Shah, presidente de la compañía texana, envió una notificación a directivos de Pemex donde les alertaba sobre el fraude:

El nombre de nuestra empresa aparentemente se está usando en licitaciones sin nuestra autorización. Le pido su atención a la licitación número 18575099-003-2006, con fecha del día 12 de julio de 2006. American Block Manufacturing jamás ha participado conjuntamente con la empresa Marrob, S.A. de C.V. Nuestra empresa no ha otorgado ninguna autorización a Marrob, S.A. de C.V. para que nos represente legalmente.

Por favor acepte este documento como aviso legal de que American Block Manufacturing Co. no es responsable de cualquier acto que Marrob, S.A. de C.V. haya hecho usando el nombre de nuestra empresa.

American Block alertó a Pemex sobre supuesto fraude de Marrob.

Para esa licitación, Marrob presentó supuestos convenios privados entre ambas compañías, en los que —entre otros asuntos— un hombre llamado Jack Franklin, de origen texano, otorgaba poderes al mexicano Juan Carlos Mendoza como representante de American Block en México, para gestionar contrataciones con Pemex. Los referidos convenios fueron validados por un notario de Veracruz, aunque, de acuerdo con Rajani Shah, eran apócrifos. La razón de utilizar el nombre de American Block, según las cláusulas contractuales, era para acreditar la capacidad técnica de la propuesta.

Con esa documentación, el 31 de agosto de 2006, Abelardo Córdova Hernández, gerente de Perforación y Mantenimiento de Pozos, firmó con Marrob el contrato 421226817 por 57 millones 994 mil pesos, para realizar trabajos de mantenimiento en los equipos de perforación de diversos pozos petroleros de septiembre de 2006 a julio de 2009. Esta maniobra contó con la aprobación técnica del superintendente Ángel López y el aval de José Tomás Humann, subgerente de Administración,

Las acusaciones de American Block en contra de Marrob supondrían motivo suficiente para cancelar el contrato, de acuerdo con la Ley de Obra Pública y Servicios Relacionados con la Misma (LOPSRM). Sin embargo no ocurrió así, los funcionarios de Pemex argumentaron que no había certeza de que Rajani Shah fuera en realidad presidente de la compañía norteamericana.

Mediante este tipo de prácticas, y sin acreditar capacidades técnicas para desarrollar actividades medulares en la industria petrolera, en los años subsecuentes las compañías domiciliadas en la colonia Tamulté siguieron recibiendo contratos por montos cada vez más altos, como se puede ver en la siguiente tabla:

Compañía	Monto otorgado durante los sexenios de Fox y Calderón
Marrob	255 millones 911 mil pesos
Continental Serv	12 millones de pesos
CS Control de México	420 millones 881 mil pesos
LG Services	99 millones 35 mil pesos
Wifer	68 millones 669 mil pesos
True Services	51 millones 984 mil pesos
Mantenimiento y Control del Sureste	140 millones de pesos
TR del Golfo	200 millones de pesos
Red Constructions	47 millones 580 mil pesos
Global Control de México	120 millones 227 mil pesos
Petroservicios	33 millones de pesos
MF Integral Services	215 millones de pesos

Fue hasta 2009 cuando la SFP revisó 27 de los contratos otorgados a Marrob, TR del Golfo, Continental Serv, VC International, Mantenimiento y Control del Sureste, McAllen Oilfield Supply, Suministros Industriales del Sur y True Services. Las auditorías de la dependencia comprobaron que en todos ellos se usó documentación fiscal y administrativa apócrifa.

"Las afianzadoras no tenían registrado ninguno de los códigos de seguridad", explica Rogelio Aldaz Romero, el funcionario de la SFP que como director general de Inconformidades emitiría en 2010 la inhabilitación de las empresas por un periodo de tres años y tres meses. Ese mismo año, los señalamientos contra las compañías llegaron a la Procuraduría General de la República (PGR). La SFP las denunció penalmente por el delito de fraude.

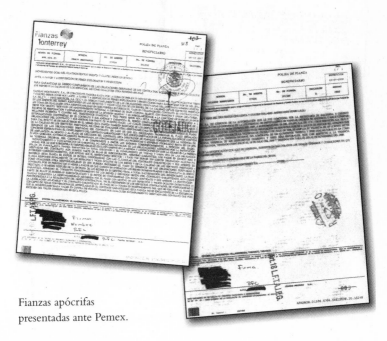

Fianzas apócrifas
presentadas ante Pemex.

Para sus trámites contractuales las empresas citadas arriba presentaban de manera frecuente documentos notariados, incluso aquellos señalados como apócrifos. De entre los notarios que dieron fe a la documentación de las compañías "simuladoras", como las definió la SFP, destaca el caso de Darwin Andrade Díaz, hermano del ex gobernador de Tabasco, Manuel Andrade Díaz.

En diciembre de 2006, un mes antes de concluir su gobierno, Manuel Andrade autorizó 13 notarías para sus familiares, amigos y ex colaboradores de su gobierno. Una de esas 13, la número 36,

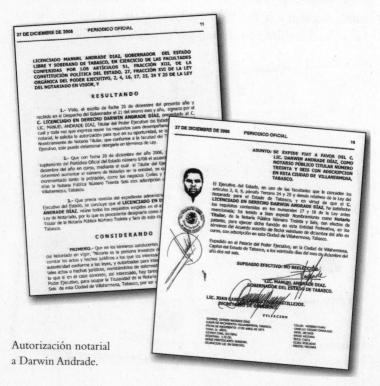

Autorización notarial
a Darwin Andrade.

fue para su hermano, a quien convirtió, a sus 31 años de edad, en el notario más joven de Tabasco.

Además de su hermano, a su primo Javier Díaz Hernández le autorizó la patente de la notaría número 39; a su amiga y colaboradora Beatriz Plata Vázquez, la notaría número 3, en Paraíso. Plata Vázquez era directora del Registro Público de la Propiedad, área de gobierno ante la cual las compañías "simuladoras" registraron algunas de sus filiales.

En enero de 2010, ya en la administración de Andrés Granier Melo, la Secretaría de Gobierno de Tabasco emitió una amonestación para Darwin Andrade, derivada de quejas presentadas en su contra por supuesto incumplimiento de sus obligaciones notariales. En abril de ese año un juez local ordenó retirarle la patente de la notaría 36, al declararla "irregular". En este fallo se determinó la misma acción para otros de los 13 beneficiarios de Manuel Andrade, entre ellos Beatriz Plata Vázquez.

Por otra parte, la prensa local publicó que Darwin Andrade tenía en Villahermosa un despacho jurídico en sociedad con el abogado Francisco Javier Estrada Sánchez. No ha de pasarse por alto que, en abril de 2009, la Subprocuraduría de Investigación Especializada en Delincuencia Organizada (SIEDO) detuvo a Estrada bajo los cargos de delincuencia organizada y delitos contra la salud.

Según la averiguación previa PGR/SIEDO/UEIDCS/92/2009, dentro de la causa penal 67/09, el abogado

pertenecía a la organización criminal de "Los Zetas" e intervino como abogado defensor en varias de las detenciones de miembros de dicha agrupación tanto en Veracruz como en Tabasco, con la finalidad de saber sobre el contenido de sus declaraciones ante las autoridades ministeriales y/o judiciales, sobre sus casas de seguridad y la conformación del grupo delictivo.

En noviembre de 2010, un juez de Distrito de Procesos Penales Federales en Nayarit le dictó sentencia de 10 años de prisión al *Goli* o *el Quemado*, como se conocía a Estrada en la organización delictiva.

II. Corrupción, terreno fértil para la mafia

LA DROGA VIAJA EN PIPAS

La corrupción en Pemex, donde un solo grupo de empresas pudo embolsarse millones de pesos mediante simulaciones durante más de seis años, fue terreno fértil para la infiltración del crimen organizado. En Tabasco, por ejemplo, varios contratistas y proveedores de bienes o servicios —unos deliberadamente, otros forzados— vieron cómo sus empresas se convirtieron en fachada para que la delincuencia cobrara extorsiones o lavara dinero.

Es el caso de un prestador de servicios de mantenimiento de ductos que un día recibió la visita de personas que se identificaron como representantes del cártel del Golfo. En la intimidad de su oficina, sin preámbulo alguno, le expusieron que invertirían en su empresa. Abrieron el portafolios y le entregaron varios fajos de billetes. Un año después estaba fuera del negocio. En una notaría formal se hizo la cesión total de la empresa, que perteneció a su familia durante dos generaciones. Era eso o le tocaba plomo. No lo pensó dos veces. Ante el notario público estampó su firma, luego huyó de Villahermosa.

En 2009, en Tamaulipas, se detectó una célula de *Los Zetas*, de la que formaban parte empleados y contratistas de Pemex, dedicada a extorsionar y secuestrar empresarios para "expropiarles" sus compañías. Integraban este grupo Brendo Skylab Ruz García, alias *Brandon*, y Juan Antonio Olvera Gutiérrez, *el Raro*, trabajadores de Pemex, originarios de Ciudad Madero; según indagatorias de la SIEDO, su labor en la organización era brindar apoyo de logística, protección y seguridad al momento de secuestrar a sus víctimas.

Así también, Lino Romo Gómez, originario de Puebla, contratista y consultor, se encargaba de proporcionar información de algunas de las víctimas, para quienes hacía trabajos de construcción. Y Francisco Morlet Pérez, dueño de un negocio de renta de maquinaria en Tampico, cuya tarea era señalar a las personas que serían plagiadas.

Además de ellos, la sociedad delictiva la conformaban Vicente Saldaña, Sergio Maldonado, Jesús Meraz, Manuel Ulises Llamas Silva, Ángel Sierra y Manuel Casanova; este último, un abogado cuya función —según la SIEDO— consistía en gestionar los trámites ante las notarías, mediante extorsión y amenazas, para formalizar el cambio de propietario en los inmuebles y las empresas pagados como rescate. También vendían firmas y sellos de notarías a los *coyotes* con los cuales realizaban compras ilícitas.

Antes de esas prácticas la industria petrolera no le era del todo ajena al crimen organizado, pues desde hacía ya varias décadas los narcotraficantes habían visto en los sistemas de conducción de hidrocarburos una buena opción para trasegar su droga: oculta en un doble fondo en las pipas y los camiones transportadores, dentro de las llantas, o debajo del tablero y los asientos. Los estupefacientes se escondían en cualquier parte de la unidad, que podía recorrer prácticamente todo el país y una buena parte del territorio estadounidense con pocas posibilidades de ser detenida, dado el carácter de su carga oficial y los logos que la identificaban como propiedad de Pemex.

Este *modus operandi* lo adoptó el viejo cártel de Juárez de Amado Carrillo, así como los cárteles de Sinaloa, de Tijuana, del Golfo, y luego *Los Zetas*. Se sabe que estos grupos criminales también han utilizado los campos de Pemex para aterrizar y avituallar sus aeronaves. Quien llevó a la práctica esta idea con mayor frecuencia fue Albino Quintero Meraz, *el Beto*, a quien la Agencia Antidrogas de Estados Unidos (DEA) y la Secretaría de la Defensa Nacional identificaron como un narcotraficante equiparable con los capos Amado Carrillo y Joaquín Guzmán Loera.

El famoso Albino Quintero —fuente de inspiración de una decena de corridos— abastecía de cocaína colombiana a los cárteles de Juárez y del Golfo. Desde los campos petroleros veracruzanos a donde arribaban los cargamentos, su gente improvisaba pistas clandestinas y surtía de combustible los aviones con los cargamentos de droga pertenecientes a Osiel Cárdenas Guillén, que allí hacían escala.

Desde Tierra Blanca, Poza Rica o Coatzacoalcos —donde también Osiel Cárdenas tenía uno de sus centros de operaciones en una casa ubicada cerca del malecón— los cargamentos se metían en los dobles fondos o las llantas de las pipas de Pemex. En su declaración ministerial de 2007, el testigo protegido *Rafael* (Agustín Hernández Martínez), integrante del cártel del Golfo detenido junto con Osiel Cárdenas, el 14 de marzo de 2003, en Matamoros, Tamaulipas, describió las operaciones de la siguiente manera:

En la ciudad de Coatzacoalcos, Veracruz, conocí a Javier Solís Garduza, alias *el Loro Huasteco*, y *el Brujo Mayor*, encargados de enviar en pipas que eran conducidas por "EL RANCHO" y "EL CANTANTE" quienes eran coordinados por Manuel Alquicires García alias "EL MEME", dichas pipas eran llevadas hasta las ciudades de Tampico, Reynosa y Matamoros, en el Estado de Tamaulipas, los pilotos que veía llegar en las pistas clandestinas con que contaba la organización era Roberto Rangel alias "EL ROBERT", "REGALADO", "EL FLACO DE REYNOSA" y Alejandro Lucio Morales Betancurt (sic) con clave "ZETA DOS" (Z2), estas pistas clandestinas eran identificadas por la organización como "PUNTO ZACATAL" que se ubica al sur de la ciudad de Matamoros, Tamaulipas, cerca del rancho "EL CARACOL" donde vive el papá de Osiel Cárdenas Guillén y su madrastra, otra es la piste "LOS CUERVOS", esto es una carretera grande y seca, a la cual se puede llegar por avenida las Américas o avenida las Culturas, para posteriormente tomar una brecha que conduce hasta la referida presa, dicha brecha llega hasta la playa Bagdad donde ese sector es controlado por Rogelio González Pizaña alias "EL QUELIN", al también otra pista clandestina que conozco es la que denominamos "EL SENDERO NACIONAL" y que se encuentra en el Sendero Nacional en la ciudad de Valle Hermoso, Tamaulipas; otra pista clandestina que recuerdo es la ubicada en China, Nuevo León, en un rancho que toda la organización la identificaba como Rancho Las Amarillas mismo que se decía es propiedad de Osiel Cárdenas Guillén; deseo agregar que en más de tres ocasiones me tocó proporcionar seguridad cuando aterrizó en el aeropuerto principal de Valle Hermoso, Tamaulipas el piloto Roberto Rangel alias "EL ROBERT", quien realizaba traslados de droga en avioneta de la ciudad de Tuxtepec, Oaxaca, o de Coatzacoalcos, Veracruz, hacia la ciudad de Valle Hermoso, Tamaulipas, recordando que en una ocasión trajo a bordo de la avioneta cuatrocientos cincuenta kilos de cocaína que habían enviado Javier Solís Garduza alias "EL LOBO GUASTECO" y la persona conocida como "EL BRUJO MAYOR" para Osiel Cárdenas Guillén y el personal que se encontr... la denominada "POLLA". Osiel Cárdenas...

---

limite hasta cuantos kilos podíamos comprar de cocaína, sino que podíamos comprar los kilos que quisiéramos, dicha cocaína era adquirida por medio de los contactos que tenía Osiel Cárdenas Guillén en Colombia, siendo estos (sic) dos personas a la cual los identifico como Vicente y Camilo conocidos como "LOS COLOMBIANOS", quienes trasladaban los cargamentos de droga (cocaína) de Colombia a la ciudad de Chetumal, Quintana Roo y Chetumal, Quintana Roo a Coatzacoalcos, Veracruz, así también a la ciudad de Tuxtepec, Oaxaca, así como a los Estados de Guerrero y Michoacán, aclarando que los "COLOMBIANOS", a los que me he referido con anterioridad únicamente hacían llegar los cargamentos de cocaína a las ciudades antes mencionadas con excepción del estado de Michoacán, ya que ahí únicamente se conseguía marihuana por medio de "Carlitos Rosales" consiguiéndola por kilo de marihuana en trescientos dólares y estando en Matamoros la organización la revendía en seiscientos dólares por kilo, cada vez que "Carlitos Rosales" transportaba la marihuana lo hacía a través de camionetas de las conocidas de tres toneladas y media; dichos viajes eran de media tonelada a una tonelada de marihuana cada viaje, ya que Osiel en varias ocasiones le dijo que no arriesgara la totalidad de marihuana que él je encargaba que le consiguiera siendo esto dos toneladas y media; Osiel Cárdenas Guillén en varias ocasiones se enojaba con el antes mencionado como "COMPADRE", sin saber si realmente ese o no su compadre; deseando señalar que una persona a quien conocí como "MANUELITO" o "MANUEL" y que al traficar es originario de Monterrey, Nuevo León, tenía la función principal de revender la cantidad de doscientos kilos de cocaína en el Estado de Michoacán en compañía de "Carlitos Rosales" y el compadre "MATI", ya que "MATI" el es compadre de Osiel Cárdenas Guillén, por que sé que le bautizó un hijo. En la ciudad de Coatzacoalcos, Veracruz, conocí a Javier Solís Garduza alias ... sin recordar su ... elementos de droga ... y por tierra

---

cien pesos moneda nacional) a $1,600.00 (un mil seiscientos pesos moneda nacional), esta cantidad la recibe cada uno de los elementos de la corporación policíaca, por el motivo de no marcar el alto a los autobuses, vehículos particulares o camiones en donde transportan a los indocumentados hacia la frontera norte de la República Mexicana, ya que se dice que estos sujetos les pagan a la "comunidad" por dejarlos realizar el traslado de indocumentados, es decir, como pagar derecho de piso, para que en caso de que se llegue a parar algún vehículo no sean consignadas a las autoridades correspondientes. Por el momento es lo que recuerdo. En este acto se le ponen a la vista en el interior de esta oficina una serie de impresiones fotográficas de personal adscrito a la Comisaría de Sector XXVIII-124, en Tampico, Tamaulipas, de la Corporación de la Policía Federal Preventiva, de las cuales reconozco a las siguientes personas que tengo conocimiento reciben dinero de la organización criminal denominada "Los Zetas" ó "Compañía", para ayudar o fomentar el transporte de enervantes y narcóticos, asimismo, reciben dinero por parte de los sujetos que se dedican al tráfico de indocumentados, denominado "polleros", con la orden o instrucción de que se dejen pasar, es decir, "no molestar" a los vehículos de la "Compañía" y en caso de que se llegase a detener alguno no mediar revisión alguna. Las personas que pertenecen a la corporación de la Policía Federal de Caminos, destacamentada en Tampico, Tamaulipas, que sé que reciben dinero son las siguientes: 1.- inspector general Ernesto De León Treviño; 2.- inspector Juan César Casillas Escobar; 3.- inspector Lázaro Gustavo Quintanilla García; 4.- subinspector Rafael Fernández Olvera; 5.- subinspector Roberto Alarcón Estrada; 6.- oficial Guzmán Barrera Víctor; 7.- oficial Monfesillos Dueñas Alberto; 8.- oficial Ochoa Contreras Marco Antonio; 9.- oficial Rendón Valdez Luis Rodolfo; 10.- oficial Rubio Montaño Sergio Alejandro; 11.- oficial Santoyo Estarda Salvador Enrique; 12.- oficial Sangrabriel Gómez Jorge; 13.- oficial Serna Sánchez Ramón Gabriel; 14.- suboficial Carrillo Avatar Aníbal; 15.- suboficial Carrillo Aguirre Cristián Omar; 16.- suboficial Campech Avelar Erick Florentino; 17.- Canales Arroyo Gregorio César; 18.- Campos Araujo Renato Carlos; 19.- Carbajal Carbajal Juan de Dios; 20.- Carmona Durán Ángel Abraham; 21.- Cano Flores Juan José; 22.- Carreto González Héctor Javier; 23.- Carmona Guerrero Joel Omer; 24.- Camargo González Roberto; 25.- Cerpio Huguez Juan Pablo; 26.- Castro Jaime Román Germán Alberto; 27.- Campos López José Roque; 28.- Carreón Ontiveros Edy Alonso; 29.- Carmona Saavedra Juan Manuel; 30.- Candani Simón Mario Luis; 31.- Carrera Santos

---

refiere que si conozco a una persona que le llaman FELIPE, pero desconozco sus apellidos, sin embargo, este tiene un lavado de autos, en la calle 16 de Septiembre no recuerdo el número, en la ciudad de Tampico, Tamaulipas, cerca de la central camionera que tiene como razón Social "Oasis", y es el lugar donde se le da el mantenimiento o lavado a los vehículos que son utilizados por JUAN CARLOS DE LA CRUZ REYNA, mejor conocido como "J.C." Siendo por el momento lo que es mi deseo manifestar y previa lectura que hago de mi dicho, lo ratifico en todos y cada uno de sus términos por ser la verdad de lo que pude conocer durante el tiempo que estuve en contacto con algunos de los miembros de esta organización, firmando y estampando la huella dactilar de mi pulgar derecho, el dedo y al margen de cada una de sus fojas para debida constancia... (tomo VII, fojas 4847 a 4849)

129. La ampliación de declaración a cargo del testigo protegido de nombre clave "CHACALTIANGUIS", rendida ante la Representación Social de la Federación, el dos de junio del dos mil siete, quien manifiesta:

En este acto es mi deseo manifestar que respecto al actuar de algunos elementos de la Policía Federal de Caminos, en la ciudad de Tampico, Estado de Tamaulipas, es el facilitar el tránsito de vehículos pertenecientes a la organización criminal, que en esa ciudad encabeza la persona a quien se le conoce por el alias del "J.C.", el cual pertenece al Cartel del Golfo, estos sujetos entregan la cantidad $5,000.00 (cinco mil pesos moneda nacional) por mes para suboficiales, ya que a los mandos les entregan la cantidad de $9,000.00 (nueve mil pesos moneda nacional) esto es, que por no parar dichos vehículos de dicha organización; es decir, no molestarlas, y cuando se vehículos de la "COMPAÑIA" es decir a la compañía y nos manifiestan que desean saber haber por teléfono con nosotros o en su defecto que los vehículos pertenecen a la "COMPAÑIA" nunca lleguen a detener, es por ello que los "Zetas", o se acercaba alguna persona al lugar y pertenecen a la "COMPAÑIA" es decir a la compañía o pick ups, que circulan por las carreteras del Estado de Tamaulipas, en particular en la ciudad de Tampico. También algunos de los elementos, que posteriormente precisará (Policía Federal de Caminos) reciben dinero por parte de los grupos que se dedican al tráfico de indocumentados, llamados polleros, recibiendo la cantidad de $1,100.00 (un mil...

Declaraciones de testigos protegidos documentan trasiego de cargamentos de droga en pipas.

los cargamentos de droga [cocaína] por aire. Ésta era trasladada en bayonetas y por tierra en pipas que eran conducidas por *el Rancho* y *el Cantante*, quienes eran coordinados por Manuel Alquisires García, alias *el Meme*. Dichas pipas eran llevadas hasta las ciudades de Tampico, Reynosa y Matamoros […] tomaban una brecha hasta la playa Bagdad donde es el sector controlado por Rogelio González Pizaña, alias *el Kelín*.

Rogelio González Pizaña era entonces uno de los hombres clave de Osiel Cárdenas Guillén, y se perfilaba como su sucesor. Además de formar parte de su círculo de custodia, coordinaba el trasiego de la droga del cártel por tierra en las pipas fleteras de Veracruz a Tamaulipas. Allí los vehículos quedaban bajo custodia de Juan Carlos de la Cruz Reyna, alias *el JC* o *el Tango*. Después de la detención de Albino Quintero, González Pizaña asumió la coordinación de operaciones en la zona.

El testigo protegido *Rafael* refiere que Osiel Cárdenas lo invitó al recorrido que *el JC* organizó para mostrarles cómo tenía controlado Tamaulipas. Les enseñó las casas de seguridad y las bodegas a las que llegaban las pipas que transportaban cocaína y mariguana.

Tras el encarcelamiento de Cárdenas, y después de un breve periodo de repliegue y reacomodo, el cártel continuó con la misma mecánica de colocar embarques de drogas en pipas con hidrocarburo, custodiadas por agentes federales de caminos a su servicio. Por dejar pasar los cargamentos, estos últimos recibían cinco mil pesos mensuales, y sus mandos nueve mil, bajo la consigna oficial de que "no se molestara" al cártel en sus actividades, según declararon en junio de 2007 ante la PGR los testigos protegidos *Eduardo*, *Halcón* (Héctor Javier Carreto) y *Chacaltianguis* (Quenan Cano).

El mismo procedimiento era seguido cotidianamente por el cártel de Sinaloa, al que pertenecía, por ejemplo, un cargamento de cuatro toneladas de mariguana que en marzo de 2008 salió de la terminal marítima de Pemex en Topolobampo, dentro de una pipa cargada también con amoniaco. La droga fue descubierta en un retén militar ubicado en Benjamín Hill, Sonora.

Al cabo de los años los cárteles ya no sólo se servirían del sistema de distribución de Pemex para traficar sus drogas, ahora su objetivo sería la sustracción de hidrocarburos y su comercialización ilícita en México, Estados Unidos, Guatemala y Belice. Así, comenzaron a operar gasolineras y a abastecer de refinados a otros depósitos pertenecientes a la Red de Estaciones de Servicio de la Franquicia Pemex. De esta manera cobraban cuotas y comisiones a compañías contratistas proveedoras y prestadoras de servicios en las distintas subsidiarias. Y luego se volvieron contratistas.

Diversificación criminal

Frente al silencio oficial, el encubrimiento y, en el peor de los casos, la colusión de directivos y empleados de Pemex. En este contexto, cada pueblo, cada plaza, cada región petrolera sería disputada por las organizaciones criminales, cuyos reacomodos inscriben también su historia con violentas ejecuciones.

En julio de 2006, un empresario de Campeche, Alberto Gamboa Literas, dueño de Dragados Neptuno, contratista de Pemex en Ciudad del Carmen, corazón de la industria petrolera, fue ejecutado de tres disparos con un arma calibre nueve milímetros, y un cuarto como tiro de gracia. Cinco meses después, el cuerpo de su empleado, Eduardo Aguilar González, asesinado a golpes y arrojado al mar encadenado a una ancla, se encontró flotando en La Manigua.

En febrero de 2007, en la zona de las plataformas petroleras de la Sonda de Campeche, apareció el cuerpo de un empleado de Pemex del área de Seguridad, Aldo Iván Ventura Hernández, quien además era propietario de un hotel llamado Santa Cecilia y un *table dance* denominado El Cielo. Ventura Hernández, ex comandante de seguridad pública de Ciudad del Carmen, fue ejecutado al viejo estilo de la mafia siciliana: atado de pies y manos, y encadenado a varios bloques de cemento. Junto a él estaba el cadáver de su chofer Wilberth Martínez Roque, maniatado de la misma manera. Los crímenes serían un mensaje de la mafia inscrito en el corazón de la industria petrolera.

Ya en la administración de Felipe Calderón, las organizaciones delictivas gestionaban la adjudicación de contratos a determinadas compañías, mediante presión y amenazas de muerte a los funcionarios encargados de esas tareas. Para 2010, en Pemex se generalizó aquella vieja regla que en Colombia institucionalizó el capo Pablo Escobar Gaviria, y que en México replicaron todos los cárteles: la ley de *plata o plomo*.

El doctor Edgardo Buscaglia, asesor de la Organización de las Naciones Unidas en temas de seguridad y crimen organizado, y catedrático del Instituto Tecnológico Autónomo de México (ITAM), plantea que la diversificación de los cárteles mexicanos en numerosos delitos logró su infiltración en 78 por ciento de los sectores económicos del producto interno bruto (PIB) nacional. La industria petrolera no es la excepción; por el contrario.

Irónicamente, cuando Felipe Calderón comenzó su guerra oficial contra el narcotráfico, los cárteles penetraron con mayor nivel de coordinación y operación en la industria más lucrativa del país: la petrolera, tan redituable como sus negocios de drogas.

"Nuestro negocio es el narcotráfico, pero dado que está flojo, pues robamos hidrocarburos", declaró un jefe del cártel del Golfo a dos agentes de la Gerencia de Servicios de Seguridad Física (GSSF) de Pemex, cuando lo sorprendieron abasteciendo una pipa con gasolina que extraía de una toma clandestina en el municipio veracruzano de Juan Rodríguez Clara.

La GSSF es el área encargada de resguardar todas las instalaciones de Pemex y la constituye un grupo multidisciplinario integrado en su mayoría por militares y ex militares, cuyos mandos son también elementos del Ejército mexicano con grados de general. En la industria petrolera, a los agentes de dicha dependencia se les conoce como *especiales*.

El 16 de septiembre de 2007, dos agentes *especiales* sorprendieron a seis hombres que portaban armas largas y vestían playeras con siglas de la Agencia Federal de Investigación (AFI), quienes se identificaron como integrantes del cártel del Golfo. En el informe que los *especiales* hicieron sobre el "incidente", narran que el comando los desarmó, les quitó sus celulares y la camioneta de Pemex en la que ellos se transportaban. Posteriormente terminaron de llenar la pipa y se retiraron.

En efecto, la veta del *oro negro* se convirtió en una importante fuente de ingresos para la mafia, pero esto no se dio de forma espontánea: se tejieron de manera gradual muchas redes de apoyo y colaboración de empleados y contratistas de Pemex. Debe recordarse que también hubo denuncias, advertencias, alertas desde el interior de Pemex, a las cuales, en muchas ocasiones, se le prestaron oídos sordos.

CAPÍTULO 2

Queroseno

I. Impunidad sobre ruedas

Tamaulipas.– La Aduana del Puente Internacional Reynosa-Pharr se vislumbra como el camino que a su paso trazan las hormigas cortadoras. En fila, como caravana, pasan vehículos y tractocamiones que llegan de Texas al lado mexicano; en contrasentido ocurre lo mismo. No es que vayan en grupo, es el abundante aforo lo que los obliga a transitar muy lento, si acaso a cinco kilómetros por hora.

Más que pasajeros o turistas, importaciones y exportaciones de manufactura se disputan el cruce en el puente más largo que se eleva sobre la franja fronteriza del convulso Río Bravo. Equipos automotrices fabricados en serie, asientos, cinturones, aires acondicionados; accesorios electrónicos y eléctricos, la línea blanca de Black & Decker, GE, LG, Panasonic y Whirlpool sale de los parques industriales[1] para abarrotar los estantes de las cadenas de supermercados de todo el mundo.

Por arriba del puente cruza 30 por ciento del aforo comercial que sale de Tamaulipas hacia el lado estadounidense; por debajo, a nado o como clientes *pateros*, atraviesan los *sin papeles* mexicanos,

[1] Los principales parques industriales de la región son: el Río Grande, Manimex, Del Norte, MaquilPark, El Puente, Prologic, Stiva, Colonia, Villa Florida y Reynosa.

centro y sudamericanos, asiáticos y algunos africanos que en su camino hacia el norte lograron evitar ser secuestrados por el cártel del Golfo y *Los Zetas*. Resulta una verdadera hazaña birlar a los amos de este territorio.

De entrada al lado mexicano, sujetos a la lentitud del cruce, los viajeros tienen ocasión de observar a lo lejos la efigie sobre pedestal que los gobiernos priistas erigieron en memoria de Luis Donaldo Colosio Murrieta, el presidenciable fallido nacido en Magdalena de Kino, Sonora.

Entre los centenares de toneladas de mercancías que ingresan por este puente internacional, es prácticamente imposible distinguir a simple vista las importaciones legales del contrabando; van en los mismos contenedores. Éste es uno de los principales puntos de ingreso de armas y municiones. De Texas a Reynosa entran revólveres, escuadras, fusiles, lanzagranadas, granadas y cualquier tipo de munición. La Oficina para el Control del Alcohol, Tabaco y Armas de Fuego y Explosivos (ATF, por sus siglas en inglés) calcula que por lo menos 70 por ciento de las armas que en México se decomisan al crimen organizado salió de Estados Unidos, y una parte considerable ingresó por esta aduana.

El caso del texano Julio César Ramírez da una idea de la magnitud del asunto. El muchacho de 21 años de edad cruzó sin problemas el puente hacia Reynosa a bordo de su Hummer H3. En el asiento trasero traía montada una ametralladora Browning calibre .30, de la serie usada en la guerra de Vietnam. Así es como lo ilegal atraviesa por el Pharr-Reynosa. Y así, desde principios del sexenio de Vicente Fox, comenzaron a traficarse cargamentos de queroseno y solventes.

El queroseno es la materia prima que se utiliza para fabricar gasolina y diesel pirata. Entre sus usos está también la maceración de droga. Las hojas de coca se mezclan con agua y alguna sustancia alcalina; posteriormente, el combinado se tritura y luego se disuelve con queroseno. Port Isabel, en el sureste de Texas, ha sido, por lo menos desde 2001, uno de los principales centros de abasto de ese producto contrabandeado a México.

Las instalaciones de empresas norteamericanas como Satélite y RTW Transmontaigne acopiaban los petrolíferos que varias compañías de Houston y Corpus Christi producían especialmente para los "clientes mexicanos". De los centros de producción los llevaban allí en lanchas rápidas que bajaban sobre la Laguna Madre hasta la zona portuaria que comunica con la Isla del Padre, el lugar de veraneo de acaudalados texanos y regiomontanos.

Una vez que los mexicanos pactaban la compra, por su cuenta debían enviar pipas para recoger el producto y, también por su cuenta y riesgo, pasarlo del lado mexicano. Los compradores eran transportistas con autorizaciones para circular en México y la Unión Americana; es decir, se trataba de compañías registradas formalmente ante las autoridades hacendarias, con placas expedidas por la Secretaría de Comunicaciones y Transportes (SCT) de México y por el Departamento de Transporte de Estados Unidos (DOT, por sus siglas en inglés).

La historia del contrabando de queroseno evoca la de la prohibición del licor en Estados Unidos, durante los años treinta del siglo pasado, cuando su tráfico fortaleció a una mafia coludida estrechamente con el poder político. Casualmente esta misma frontera de Tamaulipas era uno de los puntos desde donde el matamorense Juan Nepomuceno Guerra Cárdenas, el mítico fundador del cártel del Golfo, enviaba licor al vecino país pagando sobornos a todo tipo de funcionarios.

Varias décadas después, con un esquema similar, el contrabando de queroseno entraba por las fronteras de Reynosa y Matamoros auspiciado por funcionarios aduanales que, a cambio de sobornos, colaboraban para su ingreso a México, casi siempre con pedimentos falsos de importación. Desde 2002 las autoridades federales detectaron algunos cargamentos que llegaban en pipas y autotanques de compañías de Tamaulipas, Nuevo León y Veracruz, que a su vez estaban contratadas por Pemex para transportar hidrocarburos.

Aquel año, en la aduana Reynosa-Pharr se le incautaron cargamentos de queroseno a Transportes Gor, Transportes Rojas, Transportes Rago, Transportes Gensa, Servicios Transfer Cadena, José Martínez Moyar, Fergo Transportes, Servicios Especializados Alanís, Tokko, Transportes Terrestres Especializados Regiomontanos, Agro del Golfo, Auto Líquidos de Cadereyta y Autotanques Luis Lauro.

Transportes Gor estaba contratada por Pemex Exploración y Producción (PEP) para trasladar hidrocarburos en la región norte del país. La empresa fue constituida en Reynosa en agosto de 1981 por José Ramón Gómez Reséndez, un ingeniero tamaulipeco. Según registros notariales, en abril de 1999 fusionó a las empresas Autotransportes Leal S.A. de C.V. y Auto Fletes Reynosa S.A. de C.V., y luego se crearon las compañías de carga Gore, LLC y Gore Freight Company, LLC, con sede en Hidalgo, Texas.

Rápidamente sus giros se diversificaron a bienes raíces, ranchos ganaderos y agrícolas, fábricas de plásticos, de remolques, constructoras, y en el rubro petrolero con franquicias gasolineras de Pemex en Tamaulipas y una comercializadora de petrolíferos en Houston, llamada Petronet International, LLC.

Con operaciones en toda la región fronteriza, el Grupo Gor es uno de los conglomerados de transporte más grandes del norte de México y el sur de Estados Unidos. Administra enlaces de carga con las estadounidenses Bruce Oakley Transport, Border to Border Trucking Inc., Contract Freighters, Inc., Phillip Environmental Inc. y Environmental Evolutions Inc. Entre los accionistas del Grupo Gor están además de José Ramón Gómez Reséndez, sus hijos José Ramón y Manuel Gómez Leal. En el organigrama los tres aparecen también como directivos.

Algunos de los cargamentos de queroseno incautados en 2002 en pipas de este consorcio tenían pedimentos elaborados por el agente aduanal Alejandro Vargas Alegría, documentos que eran apócrifos, según constataron las autoridades aduaneras y miembros de la Agencia Federal de Investigaciones (AFI). Vargas Alegría era un servidor público que reiteradamente se vio involucrado en diversos casos de comercio ilícito al entregar a los importadores pedimentos falsos, un *modus operandi* conocido como *contrabando técnico*. Este personaje también sumó diversas investigaciones en su contra, que en octubre de 2007 originaron la pérdida de su registro para ejercer la profesión que desempeñaba desde 1987.

El contrabando técnico detonó en las aduanas mexicanas durante el gobierno de Vicente Fox, cuando esta área de la Secretaría de Hacienda y Crédito Público (SHCP) estuvo a cargo de José Guzmán Montalvo. En ese periodo la Secretaría de la Función Pública (SFP) acumuló casi 500 expedientes de supuestos actos de corrupción de funcionarios bajo las órdenes de Guzmán Montalvo, a quien luego la Procuraduría General de la República (PGR) vinculó con las actividades ilícitas de Zhenli Ye Gon.

El 22 de julio de 2002, con este tipo de pedimentos, a Transportes Gor se le incautaron tres pipas con queroseno. Ese día se decomisaron también cinco pipas de Transportes Rojas, dos de Transportes Rago y una de Transportes Agro del Golfo (averiguación previa AP. 276/2002/II).

Tres semanas antes, policías fiscales y agentes federales habían asegurado en el mismo punto 29 pipas de las compañías Transportes Gensa, Servicios Transfer Cadena, José Martínez Moyar, Fergo Transportes, Servicios Especializados Alanís, Tokko, Transportes Terrestres Especializados Regiomontanos, Auto Líquidos de Cadereyta y Autotanques Luis Lauro, todas con queroseno de contrabando.

El 6 de agosto, elementos de la AFI recibieron una llamada anónima que los alertó sobre una maniobra en los patios fiscales de la Aduana Local de Reynosa, donde estaban sustrayendo cinco autotanques de Gor, incautados por un "aparente contrabando documentado". Los camiones se enviaron en resguardo al Campo Reynosa, área que administrativamente corresponde al Activo Integral de Producción Burgos, de PEP, ubicada en el kilómetro 4.5 de la carretera Reynosa-San Fernando.

El 9 de agosto, los camiones asegurados fueron enviados al mismo campo. Posteriormente, la SHCP acordó con Pemex la donación del queroseno incautado: 447 mil 320 litros que, mientras se formalizaba el trámite, quedarían en las instalaciones de PEP, bajo resguardo policiaco.

A pesar de todo, un ministerio público de Reynosa determinó devolver a Transportes Gor cinco de sus autotanques asegurados. La noche del 22 de octubre, a las instalaciones de PEP llegó por ellos Manuel Gómez García, sobrino de José Ramón Gómez Reséndez, y gerente general del Grupo Gor.

Manuel Gómez presidía entonces la Cámara Nacional del Autotransporte de Carga (Canacar), asociación de transportistas que durante el sexenio de Vicente Fox recibió un trato preferencial del gobierno, particularmente en Pemex, cuando a sus agremiados se les hicieron millonarias contrataciones por adjudicación directa para que se encargaran del traslado de hidrocarburos de las subsidiarias PEP, así como de los productos de Pemex Refinación.

Aquellos años, la organización invariablemente tenía en sus comidas y asambleas al presidente Vicente Fox como invitado de honor, cuyo hermano, Javier Fox, era accionista de una de las empresas asociadas a la Canacar: Transportes Flensa.

En noviembre de 2002 se formalizaría la donación de la SHCP a Pemex del condensado incautado, a través de las autoridades aduaneras locales. El 26 de ese mismo mes, Rubén Darío Rodríguez, subadministrador de la Aduana de Reynosa, y Rubén Alejandre Salas, superintendente de la Terminal de Almacenamiento y Distribución (TAD[2]) Reynosa, firmaron un acta administrativa de entrega-recepción donde se consignó que el producto pasaba a manos de la paraestatal en calidad de donativo, pero extrañamente el refinado no fue entregado físicamente.

El 9 de enero de 2003, en las instalaciones del Campo Reynosa de PEP se presentaron diversas personas que se identificaron como empleados de la aduana fronteriza local, así como el ingeniero Fernando Gómez Gómez, un trabajador de Pemex que acordó con los funcionarios de esa dependencia y de las aduanas que a él se le entregaría la carga de los autotanques de Gor. Y ocurrió entonces algo bastante peculiar: el mismo Fernando Gómez se acreditó como apoderado legal de Transportes Gor —en efecto, como su apellido lo supondría, también estaba emparentado con los propietarios de la compañía—, y pidió que, una vez que el queroseno se "descargara" en la TAD, las pipas le fueran entregadas.

---

[2] En 2007 las terminales de Almacenamiento y Distribución (TAD) cambiaron su nombre a Terminal de Almacenamiento y Reparto (TAR).

Ese mismo día, tres choferes sacaron igual número de pipas de Transportes Gor del Campo Reynosa y las llevaron a la TAD, pero nunca fueron descargadas. Con su contenido en cada tanque, los conductores salieron de nuevo de la terminal, y el portero checador les autorizó la salida, a pesar de que no contaban con los oficios correspondientes.

Los encargados de conducir las unidades salieron de Reynosa y tomaron camino hacia el vecino municipio de Río Bravo. En las instalaciones de la compañía Solvent Comercializadora de Solventes L. entregaron la carga al dueño de esa empresa: Fernando Gómez Gómez.

Un informe del área de inteligencia de Pemex, adscrita a la Dirección Corporativa de Administración (DCA) y que integran militares de la Gerencia de Servicios de Seguridad Física (GSSF), identificado con el número INTEL/00035/0425/2003, con fecha 23 de enero de 2003, documentó la simulación entre los funcionarios de Aduanas y los de Pemex (de la TAD) en la donación, para permitirle a Gor llevarse sus camiones y que el queroseno se descargara en las instalaciones de la empresa de Fernando Gómez, por su relación familiar con los dueños de la citada compañía y con el gerente general del consorcio, Manuel Gómez.

Desde agosto de 2002, Marco Tulio Valdez Chávez, presidente de la Unión Regiomontana de Transportistas Mexicanos A.C., había informado al presidente Vicente Fox, a los directivos de Pemex Refinación y al abogado general de Pemex, José César Nava Vázquez, que Transportes Gor y otros transportistas estaban introduciendo a México un combustible "parecido al queroseno" que mezclaban con grasas y aceites para venderlo como diesel amarillo o diesel marítimo. Que también importaban productos petrolíferos y solventes de carácter nafténico y parafínico, solventes

MR, MG y Pale Oil. Y que le compraba a Pemex Gas, solventes K (derivado de Kerosina) y L, para luego revendérselos a diversos clientes del país.

Con esos petrolíferos y solventes aparentemente se refinaban hidrocarburos, que los vendedores, identificados como "distribuidores genéricos", comercializaban con franquiciatarios de Pemex; es decir, para su venta final en gasolineras oficiales.[3]

Informes del área de inteligencia de Pemex sobre la incautación de pipas con queroseno.

[3] Cabe señalar que varias de las compañías a las que se les incautaron cargamentos de queroseno, también son franquiciatarias de Pemex. El grupo Gor, por ejemplo, posee diversas gasolineras en Tamaulipas, una de ellas es la número ES3410, en el kilómetro 108 de la carretera San Fernando-Reynosa.

275/2002/II. Respecto a los 11 autotanques que ya se encontraban en dicho campo se inició la Averiguación Previa 276/2002/II.

E. 22/OCT/02 a las 2030 hrs. el Lic. José Ángel Ordóñez González, Agente del Ministerio Público Federal, junto con personal de la Agencia Federal de Investigaciones y de personal de TRANSPORTES GOR retiran los cinco autotanques asegurados.

F. 26/NOV/02 se firma un acta Administrativa de entrega-recepción de producto entre el Lic. Rubén Darío Rodríguez Larios, Subadministrador de la Aduana REYNOSA y el Ing. Rubén Alejandre Salas, Superintendente de la Terminal de Almacenamiento y Distribución REYNOSA, en la cual el queroseno pasaba a PEMEX en calidad de donación, sin recibir físicamente el producto.

G. 9/ENE/03 el Ing. Alejandre Salas recibe el comunicado del Área Jurídica de la Aduana Local en Reynosa, Tamps. de la entrega en donación del queroseno asegurado; el mismo día salen tres autotanques de la empresa GOR, los cuales fueron entregados al Ing. Fernando Gómez Gómez.

H. 13/ENE/03 el Ing. Alejandre Salas informa de contradicciones en la cantidad de producto, ya que faltaban 75,000 litros de los tres autotanques que salieron de la aduana el 9/ENE/03.

II. ACCIONES DEL PERSONAL DE LA GSSF

A. Personal del Departamento Local de esta GSSF, tuvo conocimiento que presuntamente el producto de los tres autotanques de la Compañía TRANSPORTES GOR, fue descargado en las instalaciones de la Compañía SOLVENT COMERCIALIZADORA DE SOLVENTES L. INDUSTRIAL, ACEITES, DERIVADOS, IMPORTACIONES Y EXPORTACIONES EN GENERAL, en Río Bravo, Tamps. que es propiedad del Ing. Fernando Gómez Gómez, quien es familiar de Manuel Gómez García , Gerente de TRANSPORTES GOR.

B. Se supo por medio del Portero Eric García Hernández, que aproximadamente entre las 1800 y 1900 hrs del 9/ENE/03, se presentó el Ing. Fernando Gómez Gómez [...]
documentación para autorizar la salida de los [...]
estado en que salían ni los nombres de referen [...]

C. Al intentar aclarar la situación con el Lic. Rubén Darío Rodríguez Larios, Subadministrador de la Aduana REYNOSA, aseguró que sus subalternos le informaron que los autotanques habían salido vacíos del campo REYNOSA de PEP.

D. Mientras que el Ing. Rubén Alejandre Salas, Superintendente de la Terminal de Almacenamiento y Distribución REYNOSA, informó que la Administración General de Bienes de comercio Exterior del Sistema de Administración Tributario, en oficio No. 312-SAT-II-1-14669, fechado el 6/NOV/03, autoriza la entrega en calidad de donación a PEMEX-Refinación de 447 mil 320 litros de queroseno que tenía la aduana asegurados y que el 22/ENE/03 se fijará la entrega y recepción del producto con el auditor Fiscal.

III. CONCLUSIONES Y RECOMENDACIONES

A. El hecho de firmar un acta de recepción de producto, sin recibirlo físicamente, puede interpretarse como un exceso de confianza que existe entre ambos representantes, o bien, como una actitud imprudente por parte del Ing. Rubén Alejandre Salas, Superintendente de la Terminal de Almacenamiento y Distribución REYNOSA, ya que este tipo de eventos debe de ser realizado en el momento en que se refiere el producto físicamente para evitar situaciones anómalas.

B. La firma con anterioridad de entrega-recepción del producto donado a PEMEX Refinación, propició que dentro de la aduana se facilitara la salida de los tres autotanques, que se encontraban cargados con 75,000 litros de queroseno favoreciendo su desaparición.

C. Por lo tanto se puede presumir una falta o delito del Ing. Fernando Gómez Gómez y personal de la aduana, ya que no existe un registro de salida de los autotanques en cuestión, ni tampoco se inspeccionó su carga, como lo corroboró el personal de esta GSSF en la bitácora de la aduana.

[...] se solicitar PEMEX Refinación se realice una investigación por parte de la SECODAM [...] deslindar responsabilidades administrativas y en su caso penales por el producto faltante, [...] de delito.

---—— o ——

H. 13/ENE/03 el Ing. Alejandre Salas informa de contradicciones en la cantidad de producto, ya que faltaban 75,000 litros de los tres autotanques que salieron de la aduana el 9/ENE/03.

Respuesta de la Tad Reynosa: Durante la entrevista sostenida con el Sr. Jorge Sánchez Duarte, creer en índice en la respuesta anterior, se autoriza el asunto acerca de la cantidad apuntado que contenían los tres autotanques entregados respondiendo que en traslado de aproximadamente la 75,000 lts. Otro punto a resaltar, es que los autotanques, salieron de las instalaciones del Campo Reynosa de P E P y de la fe, actuara como índice en el escrito se cuestión el día 9 de enero del2003.

II. ACCIONES DEL PERSONAL DE LA GSSF

A. Personal del Departamento Local de esta GSSF, tuvo conocimiento que presuntamente el producto de los tres autotanques de la Compañía TRANSPORTES GOR, fue descargado en las instalaciones de la Compañía SOLVENT COMERCIALIZADORA DE SOLVENTES L. INDUSTRIAL, ACEITES, DERIVADOS, IMPORTACIONES Y EXPORTACIONES EN GENERAL, en Río Bravo, Tamps. Que es propiedad del Ing. Fernando Gómez Gómez, quien es familiar de Manuel Gómez García, Gerente de TRANSPORTES GOR.

Respuesta de la Tad Reynosa: Se desconocen estos hechos y no es posible presentar o negar lo dicho por el personal de la GSSF.

B. Se supo por medio del Portero Eric García Hernández, que aproximadamente entre las 1800 y 1900 hrs del 9/ENE/03, se presentó el Ing. Fernando Gómez Gómez, con personal de la aduana y documentación para autorizar la salida de los autotanques; sin embargo, no se anotó en bitácora el estado en que salían ni los nombres de referencia.

Respuesta de la Tad Reynosa: Se desconocen estos hechos y no es posible presentar o negar lo dicho por el personal de la GSSF añadiendo además que el evento que se menciona en el punto que se encarga así como las versiones que se refiere, son conductas atribuibles a personal saliente al Activo de Producción Burgos en el Campo Reynosa, instalaciones fuera de la jurisdicción y por consiguiente control de la Terminal de Almacenamiento y Distribución Reynosa.

C. Al intentar aclarar la situación con el Lic. Rubén Darío Rodríguez Larios, Subadministrador de la Aduana REYNOSA, aseguró que sus subalternos le informaron que los autotanques habían salido vacíos del campo REYNOSA de PEP.

Respuesta de la Tad Reynosa: Se desconocen estos hechos y no es posible presentar o negar lo dicho por el personal de la GSSF.

D. Mientras que el Ing. Rubén Alejandre Salas, Superintendente de la Terminal de Almacenamiento y Distribución del Sistema de Administración Tributario, informó que la Administración General de Bienes de comercio Exterior del Sistema de Administración Tributario, en oficio No. 312-SAT-II-1-14669, fechado el 6/NOV/03 (sic) autoriza la entrega en (sic) calidad de donación a PEMEX Refinación de 447 mil 320 litros de queroseno que tenía la aduana asegurados y que el 22/ENE/03 se fijará la entrega y recepción del producto con el auditor Fiscal.

Respuesta de la Tad Reynosa: X este respecto me permito manifestar que se trata de asunto diferente al que se indica en el cuerpo del informe, toda vez que esta duración, corresponde a producto confiscado por la actividad de Matamoros Tamps y no es Reynosa, el es "LÍQUIDO AMARILLENTO AL PARECER DIESEL", en un volumen de 358,820 lts. Producto que ha recibido documentalmente de la empresa formal que el queroseno; con un acta de entrega recepción del producto, pero con una posterior entrega física del mismo.

3

El informe confidencial detalla la introducción de cargamentos de queroseno.

El área de inteligencia de Pemex, que tenía a su cargo Víctor Manuel de la Peña Cortés, general de brigada del Estado Mayor, hizo también una investigación de lo que Valdez le denunciara al presidente Fox. El resultado quedó inscrito en su informe INV/113/1198/2003, que particularmente destaca la supuesta protección de funcionarios de la SHCP y Aduanas a la transportista:

> La empresa División Transportes Gor comercializó los solventes adquiridos en el Complejo Procesador de Gas Reynosa, en las diferentes entidades del interior del país, e importó productos petrolíferos en sus diferentes modalidades, que de haber existido contrabando, se realizó documentado y con la complicidad de funcionarios de la Aduana en Reynosa, Tamps.
>
> En el mes de agosto de 2002, el Sistema de Administración Tributaria (SAT) de la Secretaría de Hacienda y Crédito Público (SHCP) realizó una revisión de cuentas a las empresas y comercializadoras que se dedicaban a la importación y comercialización de productos derivados del petróleo, con excepción de la empresa antes citada [Gor]; solamente a ésta se le recomendó la suspensión de sus actividades, por la amistad que existe entre funcionarios de la SHCP y el director general de la empresa.

De la Peña agrega en su parte oficial otro dato relevante: desde enero de 2003 Transportes Gor comenzó a importar aceite aromático para el importador Consorcio Noreste, "que pudiera estar utilizando para producir combustibles alternos en el interior del país".

En otra investigación relacionada con la misma compañía, identificada con el número INV.383/8083/2002, el área de inteli-

gencia de Pemex relacionó llamadas telefónicas de "los posibles clientes" del consorcio, tanto en México como en Estados Unidos en las ciudades de Reynosa, Miguel Alemán, Tampico, Matamoros, Río Bravo, Nuevo Laredo, Ciudad Victoria, Monterrey, Monclova, Saltillo, Guadalajara, Silao, Querétaro, Orizaba, Poza Rica, Coatzacoalcos, Minatitlán y Córdoba, además del Distrito Federal; y las ciudades texanas de Dallas, McAllen, Laredo, Pharr, Mission, Harlingen, Browsville, San Benito, Mercedes, Houston, Roma y San Antonio, además de Miami.

La prensa local llegó a relacionar a los accionistas del Grupo Gor en una sociedad con Guillermo González Calderoni, el ex comandante de la Policía Judicial Federal que sin duda fue uno de los policías más poderosos del *priato*, estratega de la captura del narcotraficante Miguel Ángel Félix Gallardo en Guadalajara, y la detención del ex líder petrolero Joaquín Hernández Galicia *la Quina*, en Madero, Tamaulipas, en enero de 1989.

Como hijo de ingeniero petrolero que fue, González Calderoni estuvo vinculado siempre a la industria del *oro negro*, como fletero de Pemex, y registrado además como importador de solventes.

Estando ya bajo protección de la DEA y hasta el día en que fue ejecutado —en febrero de 2003—, manejó la empresa petrolera Calidad de Perforación Direccional, LLC, que el 29 de agosto de 1999 constituyó en Hidalgo, Texas, domiciliada en el 1301 de la Carretera Estatal, y registrada ante el Departamento de Estado de Estados Unidos (en la división de corporaciones), a nombre suyo y de Luis E. Izaguirre.

Y es que González Calderoni no fue un "testigo protegido" común para la agencia antinarcóticos. En Estados Unidos recibió la *green card* para su residencia legal. No cambió de identidad, tampoco vivía escondido, ni siquiera disminuyó su presencia pública. Por el contrario, tenía una vida social y sobre todo de negocios bastante agitada. Asimismo, el ex jefe policiaco participaba en el comercio de ropa *americana* usada, que transportaba hacia México en su numerosa flota de tráileres, calculada en 400 unidades.

Por otra parte, en algún momento entre los fleteros de Pemex se comentó su relación con Transportes Gensa (representada por Jorge García Velasco), otra de las compañías a las que en 2002 se les incautaron cargamentos de queroseno. Esta empresa fue creada en noviembre de 2000 en Río Bravo, con oficinas también en Reynosa y Tampico.

Marginado de la protección de los gobiernos priistas, González Calderoni encontró cobijo en el gobierno de la "alternancia". A la llegada de Vicente Fox a la Presidencia de la República, desde Estados Unidos comenzó una vida pública más activa, fortalecida con sus amigos tamaulipecos que se sumaron a las huestes panistas, entre ellos el político Jorge Nordhausen González, miembro activo de la asociación Amigos de Fox y también contratista de Pemex.

Desde sus oficinas en Hidalgo, Texas, González Calderoni daba entrevistas a periódicos estadounidenses y mexicanos en las que aseguraba tener pruebas que acreditaban las ligas de Raúl Salinas de Gortari con el narcotráfico, versión de la que también las autoridades norteamericanas hicieron eco. Fue asimismo en esa etapa de su vida pública cuando el ex policía vinculado con la protección a los cárteles de Juárez y del Golfo se convirtió en una suerte de *consigliere* y *broker* de contratos petroleros.

INFLUENCIAS EN LOS PINOS

"Licenciado Manuel Gómez García, muchas gracias por la invitación", agradecía Vicente Fox al ex gerente de Gor, el 3 de julio de 2003, cuando asistió por enésima ocasión como invitado de honor a las comidas de la Canacar. Aquel día se celebraba una reunión en el Casino Militar del Campo Marte, por la entrega formal de la gestión de Gómez y la toma de protesta de la nueva directiva.

Hacía apenas unos meses que Manuel Gómez había dejado el consorcio de su tío para fundar su propia compañía: Intertransports Inc. S.A. de C.V., que constituyó el 17 de enero de 2003, domiciliada en Reynosa. De inmediato ingresó en el padrón de provee-dores de Pemex y recibió contratos para transportar hidrocarburos y suministrar agua a diversos activos de producción.

La detección de los cargamentos de queroseno en sus pipas no le significó a Transportes Gor su cese como contratista de la pa-raestatal, ya que se argumentó que los vehículos en los cuales se encontraron los cargamentos no eran exactamente los que la com-pañía rentaba a Pemex.

Incluso, posteriormente se le adjudicaron contratos sin licita-ción pública de por medio. Uno de ellos, el PGPB–URAF–S-030/2005, por 150 mil pesos para que llevara agua potable a la Superintendencia de Ductos Reynosa, en mayo de 2005. Para 2006 se le pagó un monto similar por el contrato PGPB–URAF-S-075/2006, por el mismo concepto. Asimismo firmó numerosos contratos con Pemex Refinación para el transporte de refinados en distintas regiones del país.

En 2005 algunas de las pipas de Intertransports se encontra-ron en un predio en Reynosa donde se almacenaba combustible sustraído a Pemex (AP/PGR/TAMPS/REY-1/519/05). Al año siguiente, en 2006, la GSSF detectó en sus vehículos cisterna carga-mentos de condensado hurtado en la Cuenca de Burgos.

En febrero de 2008, Manuel Gómez García, propietario de In-tertransports y ex gerente del grupo Gor, fue ejecutado. De su muerte se manejó la versión de que era una disputa relacionada con el robo y el contrabando de hidrocarburos.

LAS RELACIONES POLÍTICAS

A Francisco Javier García Cabeza de Vaca le complace mostrar al mundo el nivel de sus influencias, por eso la bienvenida en su página de Facebook la da su fotografía en un estrecho abrazo con su amigo y ex coordinador como diputado federal en la LVIII Legislatura, Felipe Calderón Hinojosa.

En la fotografía de esa red virtual su semblante es diametralmente opuesto al que, en febrero de 1986, el FBI captó en la instantánea con la ficha criminal 33696 02 09 86. Lo detuvieron por robar armas de fuego de un automóvil que se hallaba en el estacionamiento de los Cinemas Gemelos Plitt, en McAllen. Este pasaje de su historia fue revelado por la revista *Hora Cero* de Tamaulipas, y por supuesto no aparece en su página cibernética.

Su presente son comilonas para más de 800 invitados los días de cumpleaños. Él, al centro sobre tarimas que exhiben su nombre en letras gigantes, con adornos azules que hacen juego con su ropa, azul como el logo del partido al que se afilió junto con su familia política, la de su esposa Mariana Gómez Leal, hija del empresario José Ramón Gómez Reséndez. Desde entonces se volvió "soldado del PAN", como gusta definirse.

A Francisco Javier García Cabeza de Vaca, quien en diciembre de 2004 se convirtió en alcalde de Reynosa, Felipe Calderón le encomendó ser su coordinador y enlace con 430 alcaldes del país durante su campaña a la Presidencia.

De su administración, la prensa local documentó corrupción y tráfico de influencias en contratos de obra pública que, según *Hora Cero*, habría adjudicado a empresas familiares, incluidas las de su suegro, a través de prestanombres. Por lo demás, el director de ese medio de comunicación, Heriberto Deándar Robinson, denunció ante la PGR amenazas del político como respuesta a la información publicada.

En su campaña a la alcaldía, García tuvo como coordinador de seguridad a René Izaguirre Rodríguez, el ex policía cuñado de

Guillermo González Calderoni y miembro del llamado Grupo Palma de la PJF. Ya como alcalde electo, García designó a Izaguirre director de la policía de Reynosa, pero durante la víspera de su toma de posesión, fue *levantado* y ejecutado en los límites de Tamaulipas y Nuevo León. Una de las versiones difundidas fue que se trató de un ajuste de cuentas entre grupos del narcotráfico.

Durante la administración de García hubo otro pasaje delicado: la autorización a Osiel Cárdenas Guillén para llevar a cabo aquel famoso festejo del Día del Niño que organizó desde el penal de alta seguridad de La Palma, y que tuvo lugar en abril de 2006 en el parque de beisbol Adolfo López Mateos, al que acudieron 22 mil personas a recibir los regalos y el mensaje de Osiel: "La constancia, disciplina y esfuerzo son la base del éxito; sigue estudiando para que seas un gran ejemplo. Feliz Día del Niño", se leía en una manta.

Cuando concluyó su gestión como alcalde, García se convirtió en diputado local y coordinador del grupo parlamentario del PAN en el Congreso del estado. En octubre de 2010 Calderón Hinojosa lo nombró director general de la Comisión para la Regularización de la Tenencia de la Tierra (Corett), que depende de la Sedesol.

En 2009 su cuñado José Ramón Gómez Leal se lanzó como candidato del PAN a diputado local. En plena campaña circularon en internet fotografías —de las que dio cuenta la prensa— en las cuales aparecía abrazado con el ex policía Armando Montes León, identificado como supuesto sicario de Jaime González Durán, *el Hummer*, uno de los fundadores de *Los Zetas*, ex escolta de Osiel Cárdenas Guillén, y cabeza de la organización en la plaza de Reynosa.

Las fotografías estaban acompañadas de mensajes en los que se señalaba a González Durán como encargado de controlar la sustracción y el contrabando de combustibles de Pemex en la región.

II. Chupaductos

Veracruz.— Transportes Rojas es otra de las compañías a las que en 2002 se le incautaron cargamentos de queroseno de contrabando en la Aduana del Puente Internacional Reynosa-Pharr. La historia de esta empresa nos conduce hasta Poza Rica, antaño la ciudad petrolera más importante del Golfo de México, la misma que en los años cincuenta fue escenario de la adaptación fílmica de *La rosa blanca*, célebre obra donde el escritor alemán Bruno Traven relata los avatares de un pueblo que padeció la voracidad de una multinacional petrolífera.

Martín Rojas López era un modesto chofer que en menos de una década se convirtió en acaudalado empresario, dueño de una flota de camiones y pipas, hoteles, farmacias, boutiques y restaurantes, presuntamente surgidos de la *ordeña* de combustible comercializado por sus empresas Transportes Rojas, Aditivos y Combustibles S.A. (ACISA) y Energéticos Alternos del Norte.

En Poza Rica, la prensa documentó ampliamente el origen de su fortuna sin que ello inmutara a los políticos veracruzanos que congregaba en sus fiestas, donde el menú incluía costosas carnes de venado y bebidas importadas.

El caso de Martín Rojas recuerda al del gánster neoyorquino Alphonse Gabriel Capone, *Al Capone*, el personaje más famoso del Chicago de los años veinte, aprehendido sólo por evasión fiscal.

Rojas fue detenido y encarcelado dos veces por evasión fiscal y en ambas salió liberado bajo fianza. En abril de 2004 la PGR lo aprehendió en cumplimiento de una orden girada por el Tribunal Unitario del Séptimo Circuito en Boca del Río, Veracruz. El cargo: defraudación fiscal por cuatro millones 373 mil 29 pesos, según la causa penal 13/2003.

Cuando Rojas salió se fue a Estados Unidos, país que desde hacía tiempo se había convertido en el principal centro de operación para la reinversión de sus ganancias de los negocios petroleros, al igual que Venezuela. El FBI le siguió los pasos por indicios de lavado de dinero. En julio de 2005 agentes estadounidenses lo detuvieron cuando bajaba de su camioneta, frente al número 700 de Bering Drive, en Houston.

Martín Rojas llevaba una vida apacible entre los petroleros texanos en aquel barrio de calles arboladas y céspedes perfectamente recortados. Ello se reflejaba en varios kilos de sobrepeso. La tarde en que lo detuvieron vestía cómoda ropa casual veraniega, camisa a cuadros de manga corta y *jeans*; iba de compras al *mall*.

La Subprocuraduría Jurídica y de Asuntos Internacionales de la PGR tramitó ante el Departamento de Estado del gobierno de Estados Unidos la solicitud de extradición de Rojas para responder al mandamiento judicial girado por el Juez Octavo de Distrito en Veracruz, por defraudación fiscal (causa penal 58/2005).

La Agregaduría Regional de la PGR en San Antonio, Texas, registró que Jesús Martín Rojas solicitó su deportación voluntaria a Venezuela, y no a México. Pero, finalmente, se le extraditó al país un año después, y al llegar permaneció preso en el penal de Tuxpan, de donde en junio de 2008 obtuvo su libertad bajo fianza.

◆ ◆ ◆

Con la penetración de la delincuencia organizada en Pemex, Poza Rica se convirtió en una ciudad muy violenta, consecuencia del delirio que despierta la fiebre del *oro negro*: asaltos, secuestros, prostitución y droga, trasiegos y consumo al mayoreo.

En la memoria quedaron sólo las apacibles tardes cuando las familias de los petroleros pozarricenses se daban cita para presenciar entrenamientos y partidos del famoso equipo de basquetbol La Ola Verde, los orgullosos campeones nacionales de liga, o para ver los encuentros de su equipo de tercera división profesional, los Petroleros de Poza Rica. Hoy, lo único que procuran es que no los secuestren o los ejecuten, ni verse entre un fuego cruzado. Poza Rica y sus áreas circunvecinas se ubican entre las zonas petroleras con mayor índice de violencia.

El corrosivo olor a chapopote se entremezcla con el dulzón aroma de la vainilla que los campesinos de la Huasteca bajan a vender a la ciudad durante los días de mercado. Bajo la copiosa lluvia, a 47 grados de un día de junio, el periodista veracruzano César Augusto Vázquez Chagoya, columnista político y director de varios rotativos regionales, cuenta con fechas precisas cómo Martín Rojas construyó su imperio:

Después de ser el chofer del periodista Raúl Gibb, a principios de los años ochenta, Martín Rojas López se fue como *madrina* de la Policía Judicial Federal a vivir muchos años a Matamoros [la misma corporación policiaca en la que Osiel Cárdenas sirvió también como *madrina*], y luego regresó con mucho dinero; ahora le decían "Don Martín". Puso gasolineras y bodegas de combustible en Coatzacoalcos, Cosoleacaque y Poza Rica.

El 30 de mayo de 2002, en Coatepec se dio la explosión de dos pipas en una gasolinera en desuso donde hubo 25 lesionados y seis muertos; en las investigaciones se supo que en el lugar se vendía combustible adulterado, llegando las pesquisas hasta Poza Rica, señalando como proveedor a Martín Rojas López.

Rojas siempre tuvo la protección política del Grupo Totonacapan, políticos priistas algunos de ellos convertidos luego al PAN:

Guillermo Zorrilla Fernández, alcalde de Tecolutla en 1995, luego, en 1997, diputado local, y secretario de Operación Política del PRI estatal, después diputado federal; Alfonso Allegretti Mejía, delegado de Seguridad Pública en el alemanismo y luego presidente del PRI municipal en Martínez de la Torre; Régulo Salazar Mejía, un rico citricultor de Papantla; Basilio Picazo Pérez, de la asociación ganadera de Coyutla; y Patricio Chirinos del Ángel, de Tempoal.

En el año 2000, Guillermo Zorrilla Fernández logró imponer como alcaldesa de Tecolutla a su esposa Fidelia Saldívar, Basilio Picazo Pérez ganó la presidencia de Coyutla, y Patricio Chirinos del Ángel alcanzó la alcaldía de Tempoal. A partir de entonces, como nunca antes, la región de Martínez de la Torre y Costa Esmeralda (del Puerto de Nautla al Río Tecolutla) fueron reconocidos como paso de narcotraficantes o centro de operaciones.

Martín Rojas López era entonces muy amigo de Rogelio González Pizaña, el famoso *Geño*, originario de Lechuguillas en Vega de Alatorre, principal sicario del cártel del Golfo y uno de los líderes de *Los Zetas*, quien se iniciara recogiendo cargamentos de cocaína hasta convertirse en uno de los favoritos de Osiel Cárdenas Guillén. Tomó luego el apelativo del *Kelín* de Nautla. Primero fue jefe de *Los Zetas*, después de *Los Norteños*, detenido en Guadalajara y recluido en el penal de La Palma, después de haber huido del penal de Matamoros.

Cuando Osiel fue capturado, el *Geño* se encargaba de las operaciones de narcotráfico desde Colombia a Estados Unidos. Aparte de sus relaciones con Allegretti, Zorrilla y Martín Rojas, sentía un especial afecto por Francisco Mota Uribe, quien tiene la misma historia de todos los narcotraficantes, llegando con mucho dinero a Colipa, donde fue alcalde, haciéndose cargo del rancho del *Geño*, llamado La Vigueta, pero como salió mal como alcalde, se fue a cuidarle un hotel y un restaurante en Lechuguillas.

Francisco Mota Uribe impulsó el proceso interno del PRI donde se eligió como candidato a diputado federal por Martínez de la Torre, el 28 de marzo de 2003, a su amigo Guillermo Zorrilla Fernández. Aquel día, con tanta alegría, Mota Uribe se fue a celebrar al puerto de Veracruz, donde anduvo tomando con el amigo del *Geño* que venía de Matamoros: Víctor Manuel Vázquez Mireles, alias *el Meme Loco*, famoso lugarteniente de Osiel Cárdenas Guillén. Estaban en el malecón bebiendo cuando fueron detenidos por la policía intermunicipal y remitidos a la ciudad de México.

Al *Meme Loco* lo recluyeron en La Palma, a Francisco lo soltaron. Después de este hecho, Francisco Mota vendió su rancho a la cantante Paquita la del Barrio y se fue a vivir a Baja California, donde formó un equipo de béisbol profesional: Los Cerveceros de Tecate, así como una escuela para beisbolistas jóvenes.

Guillermo Zorrilla Fernández empezaba su campaña de proselitismo para las elecciones del 6 de julio de 2003; el 14 de junio, a días de que su hermano fuese sometido a votación, Gabriel Zorrilla Fernández fue detenido por elementos de la AFI por portar credencial e insignias de la Procuraduría General de la República.

El del Totonacapan es uno de los grupos políticos más poderosos de Veracruz, especialmente crítico de ellos fue el periodista Raúl Gibb Guerrero, quien escribió sobre los negocios de Martín Rojas, de Rómulo Salazar Mejía, Guillermo Zorrilla Fernández y Alfonso Allegretti Mejía; todavía el día de su asesinato inauguraba un periódico en Martínez de la Torre.

En las páginas de *La Opinión* de Poza Rica, el periódico más influyente del norte de Veracruz, se documentaron ampliamente los negocios y el origen de la fortuna de Martín Rojas. Por ello, cuando el director del rotativo fue asesinado en abril de 2005, a Rojas se le relacionó con el caso.

Cuando Rojas fue extraditado, los organismos de defensa de la libertad de expresión manifestaron su exigencia de que se revisara el caso. Desde su sede en Francia la organización internacional Reporteros Sin Fronteras emitió un comunicado que citaba:

> La policía mexicana tiene a un sospechoso en la investigación sobre la muerte de Raúl Gibb Guerrero, asesinado en Veracruz; se trata de Martín Rojas, líder de una banda local implicado en un caso de tráfico de carburante, presunto cabecilla de la red de contrabando de gasolina del estado de Veracruz *Los Chupaductos*.

Al paso del tiempo, como la mayoría de los crímenes contra periodistas en el país, el caso quedó sin resolver. Lo que las autoridades federales le demandaron a Rojas fue que presentara sus declaraciones y pagara sus impuestos.

GASOLINA MEXICANA

Otro caso peculiar respecto de las compañías a las que en 2002 se les incautaron cargamentos de queroseno es el de Servicios Especializados Alanís, domiciliada en el kilómetro 246 de la Carretera Nacional, en el municipio de Santiago, Nuevo León.

En septiembre de 2009, agentes del departamento del *sheriff* del condado de El Paso arrestaron a 16 mexicanos que *ordeñaban* gasolina de Pemex y la llevaban a comercializar a esa ciudad texana a un precio menor que los refinados del mercado local, anunciándola como "gasolina mexicana". Según las investigaciones del *sheriff*, el grupo de *ordeñadores* operaba desde hacía un año. A diario cruzaban las aduanas estadounidenses, burlando las revisiones con pedimentos falsos. Nueve de los detenidos eran choferes de Servicios Especializados Alanís.

Para 2006 ya no era negocio traer al país cargamentos de queroseno. Se invirtieron los papeles y, a partir de entonces, serían los mexicanos los que proveyeran a los petroleros gringos de materias primas para refinar combustibles. Al mismo tiempo, se detectaron los primeros robos de condensado en la Cuenca de Burgos.

CAPÍTULO 3

Cuenca de Burgos: la olla de miel

I. Condensado de complicidades

Cuenca de Burgos.– Cerca de la medianoche del 2 de agosto de 2006, en la estación de recolección de gas Cuitláhuac, la número tres de las 150 estaciones del Proyecto Integral Cuenca de Burgos, Rogelio Gutiérrez, empleado del Departamento de Operación de Pozos de Pemex Exploración y Producción (PEP), terminó de llenar la pipa color blanco Freightliner de la compañía Intertransports.

El autotanque número 2135 con placas de circulación 169-DS-9 era conducido por Lenin López, de 35 años de edad, oriundo de Huimanguillo, Tabasco, avecindado en Reynosa desde que ingresó a trabajar para Manuel Gómez García, el ex presidente nacional de la Cámara Nacional del Autotransporte de Carga (Canacar), que en enero de 2003, después de desempeñarse durante varios años como gerente del Grupo Gor, fundó su propia compañía.

—Ya están 30 mil litros. ¿Cuántos viajes te faltan?

—No sé todavía —respondió Lenin.

Las pipas contratadas por Pemex para llevar agua a las estaciones de recolección de gas ingresaban en el Activo de Producción Burgos Reynosa, con la autorización previa del jefe de turno, quien les recibía la carga y las despachaba hasta la salida. El viaje era relativamente tardado: 30 mil litros de volumen hacían que la pipa se desplazara lento entre las brechas; el regreso debía ser mucho más rápido, con el tanque completamente vacío. Era un trajinar cotidiano de día y de noche, porque en el área entraban pipas que abastecían de agua y salían otras contratadas para transportar el condensado, subproducto de la extracción de gas natural, para llevarlo al centro procesador de Pemex Gas.[1]

Las entradas y salidas de cargamentos son estrictamente supervisadas por el personal de la subsidiaria PEP mediante el control de facturas, bitácoras, pedimentos, sellos de seguridad. Se trata de un sistema de control robustecido por los agentes *especiales*, la policía interna que en toda la zona hace rondines y vigilancia permanente para atender cualquier eventualidad.

Como encargado de la operación de pozos, la función de Rogelio Gutiérrez consistía en recibir y registrar en bitácoras las descargas de los autotanques, y bombear el condensado de la estación de recolección a los ductos. Ese trabajo lo hacía desde 1996, año en que ingresó a laborar en Pemex asignado, precisamente, al Activo de Producción Burgos Reynosa, de manera que conocía el área y los procedimientos como la palma de su mano.

Aquella noche parecía que todo funcionaba según los procedimientos cotidianos, pero en realidad no era así. En la bolsa derecha de su pantalón, el empleado de Pemex traía una pistola Raven Arms modelo P25, número de serie 467829, pavón cromado con cachas de madera, cuatro cartuchos útiles en el cargador y uno

---

[1] El condensado se obtiene durante el proceso de extracción del gas natural; es un subproducto líquido fácil de refinar y como materia prima en derivados de petróleo alcanza un valor muy alto debido a su bajísimo nivel de contaminantes.

en la recámara. Estaba armado en su horario de trabajo porque lo que aquella noche hacía Rogelio era abastecer uno de los cargamentos de condensado que ilegalmente se sacaban de Burgos para traficarse a Estados Unidos, donde los contrabandistas lo vendían a grandes y prestigiadas compañías petroleras como la BASF alemana y la Murphy, de origen estadounidense, las cuales empleaban el hidrocarburo para la formulación de gasolinas. Por lo menos desde 2006, en la Unión Americana muchos consumidores adquirieron gasolinas formuladas con materia prima robada a Pemex y traficada con la protección de los cárteles de la droga mexicanos.

Transportistas de México y Estados Unidos estaban implicados en el negocio. En el caso de los primeros, se trataba de algunos de los fleteros de Tamaulipas, Nuevo León y Coahuila, contratados por PEP para suministrar agua en la Cuenca de Burgos y trasegar hidrocarburos de los pozos a las estaciones de recolección en todos los activos de producción de la zona.

Esa noche, por ejemplo, Intertransports debía trasladar 30 mil litros de agua de la Estación Torrecillas número uno a la Estación Cuitláhuac número tres. En efecto, llevó el líquido, pero cuando debía salir con la pipa completamente vacía, el conductor se instaló en el área de llenado, para que el trabajador de Pemex le surtiera condensado. Los sorprendió Ernesto Vega, empleado de otra empresa contratista llamada PTS.

—¿Qué están cargando? —preguntó curioso Ernesto.

—¡Ayúdanos y tú no viste nada! —respondió Rogelio.

Se conocían porque ambos laboraban en el turno nocturno en la Estación Cuitláhuac, y porque los dos vivían en el vecino municipio de Río Bravo. Rogelio sacó su cartera y le entregó mil pesos.

—No has visto nada —repitió.

Ernesto tomó el dinero y lo guardó en la bolsa de su casaca. Rogelio terminó de llenar la pipa y cerró las válvulas. Lenin subió a la unidad, la puso en marcha y con un ademán se despidió de Rogelio. En unos minutos estaba fuera del activo. Con su pesada carga la pipa trastabillaba entre brechas y caminos de terracería.

LA COMPAÑÍA ENTRA EN EL NEGOCIO

Con la implicación de empleados de Pemex y de sus contratistas inició la sustracción de condensado de la Cuenca de Burgos, que a partir de 2006 comenzó a introducirse de contrabando en territorio estadounidense, a manos de redes internacionales en las que el Servicio de Inmigración y Control de Aduanas de Estados Unidos (ICE, por sus siglas en inglés) descubrió la participación de la dupla que formaban el cártel del Golfo y *Los Zetas*, llamada *La Compañía*.

La Compañía era dirigida por un "triunvirato" integrado por Antonio Ezequiel Cárdenas Guillén, alias *Tony Tormenta*, hermano de Osiel Cárdenas; Jorge Eduardo Costilla Sánchez, *el Coss*, el *Doble X* o *Dos Equis*, y Heriberto Lazcano Lazcano, *el Lazca*, *el Verdugo*, *el Licenciado*, o *Zeta-3*, quien asumió el liderazgo de *Los Zetas* tras la caída de su jefe fundador Arturo Guzmán Decena, *Zeta-1*, ocurrida en noviembre de 2002 en Matamoros.

La incursión del cártel en el negocio de los hidrocarburos le sumó considerables ingresos para sostener la costosa estructura con la que entonces controlaba el tráfico de drogas desde Colombia y Venezuela hacia México y Estados Unidos. Administraban redes de narcomenudeo, giros negros, tráfico de indocumentados y piratería en casi la mitad del país, todos los estados del Golfo, más Nuevo León, San Luis Potosí, Chiapas, parte de Michoacán y el Distrito Federal. E incluso, más allá del territorio mexicano, en los departamentos fronterizos de Guatemala en el sur, y en el norte, en estados como Texas y ciudades importantes como Atlanta, Georgia, la que el Departamento de Justicia de Estados Unidos identificó como epicentro de las operaciones del cártel en el vecino país del norte.

La facilidad con que *La Compañía* contrabandeaba el condensado era posible gracias a que desde los años en que Osiel Cárdenas lideraba el cártel del Golfo, se tenía en nómina a las corporaciones policiacas estatales y federales asignadas a Tamaulipas, incluidos los equipos de la Policía Federal que participaban en los operativos conjuntos organizados desde la ciudad de México, además de su grupo de informantes, vigías (los llamados *halcones*) y funcionarios aduanales, operadores clave para los negocios petroleros.

Desde 2006, cuando se registraron los primeros robos y las importaciones ilegales a Estados Unidos, el gobierno mexicano tuvo conocimiento de ello. Los directivos de Pemex fueron informados de lo que ocurría en el activo de producción más importante del noreste mexicano. El área de inteligencia de la paraestatal se los notificó, pero ellos callaron y decidieron clasificar cada uno de los hurtos como información reservada por 12 años.

Desde entonces también se supo que no se trataba de robos aislados ni cometidos por la delincuencia común, sino que los cárteles de la droga estaban detrás del negocio, un hecho que ya se había puesto de manifiesto en las primeras confrontaciones entre elementos de la Gerencia de Servicios de Seguridad Física (GSSF) y miembros del cártel del Golfo.

Así, un reporte interno emitido por la GSSF el 15 de enero de 2006 en Reynosa detalla:

En la Avenida Tecnológico, 15 sujetos armados que se dijeron pertenecer al cártel del Golfo sometieron al personal de la GSSF despojándolos de sus armas de cargo, amenazándolos de que no se metieran con ellos, y que si querían plata o plomo, dejándoles mil dólares, los cuales fueron puestos a disposición del MPF [Ministerio Público Federal].

En las pocas ocasiones que llegaron a instancias judiciales los fleteros argumentaron que sus choferes actuaban de forma individual; sin embargo, esos conductores tenían el respaldo jurídico de un abogado que los ponía en la calle en menos de 24 horas. Incluso, a veces, el defensor que representaba al chofer era el mismo que defendía a los empleados de Pemex detenidos *infraganti* en la sustracción ilícita. Uno de esos casos fue precisamente el del cargamento que cerca de la medianoche del 2 de agosto de 2006 salió en una pipa de Intertransports.

Cuando Lenin, el operador del autotanque número 2135, salió de la Estación Cuitláhuac, se internó por los caminos de terracería que lo conducirían hacia la carretera a Reynosa y después a Río Bravo, donde entregaría el cargamento. Pero cuando pasaba por la brecha El Becerro, justo en la intersección con El Charco, lo alcanzaron los *especiales* Édgar Ibarra y Noel Orozco. Lo habían seguido desde su salida del Activo, extrañados de que se desviara por un camino no autorizado.

—¡Párate! ¿Qué traes allí? —le gritaron obstruyéndole el paso con el vehículo compacto en que ellos se transportaban.

—¿Eh? Nada, vengo vacío.

—Vamos a hacer una revisión.

—¡No! Es que traigo agua, la llevé a la Estación Cuitláhuac, desde la Estación Torrecillas, pero no me la recibieron… no toda… quedó un poco y estoy buscando dónde tirarla.

—Enséñame los papeles.

—¿Eh? Se quedaron allá en la estación.

—¡Bájate y abre la pipa!

—Traigo agua, voy a tirarla… ya se hizo tarde, déjenme ir.

—¡Bájate y ábrela!

A regañadientes, Lenin bajó y abrió la pipa. Cuando los *especiales* descubrieron que era condensado, lo pusieron a disposición del Ministerio Público en Reynosa, junto con Rogelio Gutiérrez, a quien Lenin identificó como el empleado de Pemex que lo atendió en el Activo. Su abogado, el mismo para ambos, originario

Averiguación previa contra chofer de Intertransports por sustracción ilícita de condensado.

también de Río Bravo, logró que los liberaran en menos de 24 horas, aun cuando se reconoció que Rogelio portaba un arma de fuego (AP/PGR/TAMPS/REY-I/1068/2006). Dos mil 500 pesos de multa les permitieron estar de nuevo en la calle.

En una espiral de corrupción y complicidades, los robos se hicieron cada día más frecuentes y a cualquier hora del día. En sólo unos meses el mercado exigía tanto producto, que no era suficiente el personal de Pemex que surtía los pedidos. Entonces comenzaron a asaltar las pipas propiedad de la paraestatal y las que esta dependencia contrataba con terceros, para llevar el condensado de los tanques de almacenamiento a las terminales y centros de producción.

Desde la llamada frontera chica o ribereña, en Tamaulipas, y hasta Piedras Negras, en Coahuila, a lo largo de caminos y brechas de toda la Cuenca de Burgos los comandos armados, vestidos de negro y encapuchados, permanecían apostados, prestos al atraco, en cuanto el *halcón* les notificara que el cargamento iba en camino. Los informantes usaban la red de comunicación interna de Pemex, que funciona vía *radio trunking*, un sistema móvil para un grupo privado de usuarios, quienes pueden compartir datos de forma automática y organizada. Para conectarse a esa red interna no basta con tener los aparatos, sino que se requieren los códigos de llamada; los comandos criminales los obtuvieron.

No había nada que interfiriera el negocio, la coordinación perfecta les permitía solucionar cualquier imprevisto, como el que ocurrió el 27 de abril de 2007, en la estación de gas La Sierra Cuervito, donde empleados de Pemex abastecieron ilegalmente 46 mil 600 litros de condensado en un tractocamión, que sacaron del pozo Cuervito 404. Cuando el chofer se enfilaba hacia afuera del área fue descubierto por los *especiales*. Lo detuvieron junto con la carga, pero cuando lo conducían al Ministerio Público de China, Nuevo León, los interceptó una camioneta negra en la que viajaban tres hombres vestidos de negro, encapuchados y armados.

—Si no nos entregan el camión aquí mismo se mueren. Aquí traemos granadas —advirtió el jefe del comando.

En otra ocasión, el 17 de julio de ese mismo año, empleados de contratistas de Pemex fueron sorprendidos con ocho autotanques cargados con 101 mil 500 litros de condensado robado. Cuando transitaban por el libramiento Reynosa-Monterrey, fueron detenidos por militares del Décimo Regimiento de Caballería Motorizada; pagaron una fianza de 20 mil pesos y fueron liberados.

Asimismo, resulta ilustrativo el hallazgo de un autotanque que iba cargado con más de 30 mil litros de condensado sustraído ilegalmente. Un chofer lo transportaba sobre la carretera Reynosa-San Fernando la noche del 23 de julio. Tenía la instrucción de trasladarlo a la ranchería Palo Blanco, en el municipio de Nuevo Laredo. Lo delató la estela de condensado que dejaba a su paso sobre el pavimento, pues la válvula no iba bien cerrada. Los *especiales* que vigilaban el área avistaron el chorreadero y le ordenaron al conductor que se detuviera. El reloj marcaba las 20:55 horas. En unos segundos, como de la nada aparecieron ocho camionetas tipo *pick up* que rodearon el camión y el vehículo de los vigilantes.

—Somos del cártel del Golfo; todo está controlado —dijo el jefe del comando—. Cincuenta mil es lo que damos a los vigilantes —explicó.

Los *especiales* reportaron que rechazaron el dinero, pero que "para evitar una confrontación por superioridad numérica" se retiraron. El autotanque continuó su camino hacia Nuevo Laredo, custodiado ahora por las ocho camionetas.

Cada detención de sus cargamentos generaba la molestia del cártel. Por aquellos días, el Ejército y la Marina incautaron varias bodegas en Reynosa y Río Bravo, municipios donde guardaban el condensado para después llevarlo a Estados Unidos. En consecuencia hubo represalias.

La noche del 26 de julio, dos supervisores del Activo Reynosa fueron interceptados por un comando cuando salían de las oficinas administrativas: cien hombres armados a bordo de diversos vehículos los encapucharon, los esposaron y los *levantaron* durante siete horas. Al interior de uno de los vehículos los interrogaron para que revelaran quién había dado el *pitazo* para la detención de las pipas intervenidas. Les pedían también detalles sobre las condiciones operativas de las instalaciones de Pemex y el nombre de los directivos.

A partir de entonces, los comandos armaron operativos para recuperar los cargamentos incautados. El 1° y 11 de agosto dos choferes fueron detenidos con 43 mil litros de condensado robado. Las pipas incautadas permanecieron en el corralón de Grúas Monterrey, en el municipio de Guadalupe, pero la noche del 21 de agosto, un comando del cártel del Golfo entró a recuperarlas. Esa práctica se volvió recurrente: los pocos embarques incautados eran fácilmente rescatados. El 18 de septiembre, por ejemplo, un grupo armado entró en el mismo corralón de Grúas Monterrey para sacar otro cargamento decomisado. En ese antiguo *yonke* el Ejército encontraría una fosa clandestina en 2010.

A partir de que comenzaran las primeras sustracciones y envíos a Estados Unidos, el contrabando de condensado creció rápidamente. Alcanzó tal nivel, que ya en 2007, según cifras internas de Pemex, 40 por ciento de todo el hidrocarburo que producía la Cuenca de Burgos se sustraía ilegalmente y se vendía en el mercado negro, básicamente en territorio estadounidense.

"La olla de miel", así es como la industria petrolera mundial identifica a la Cuenca de Burgos, en el noreste mexicano. La razón se debe a su enorme riqueza: 70 mil kilómetros cuadrados que comprenden uno de los yacimientos de gas natural más productivos del mundo que, por supuesto, despierta la codicia de cualquiera.

El hidrocarburo se extrae mediante dos mil 827 pozos a lo largo y ancho de 98 municipios de los estados de Tamaulipas, Nuevo León y Coahuila, y se transporta por medio de ductos a las 150 estaciones de recolección y 52 centros de transferencia, y en pipas a los centros procesadores.

El condensado se traslada también en vehículos cisterna a las estaciones de recolección, y de los tanques de transferencia se envía al centro de almacenamiento de Reynosa, al complejo procesador de Pemex Gas y Petroquímica Básica (PGPB) en ese mismo municipio; de igual modo, una parte de la producción se manda a la refinería Ingeniero Héctor Lara Sosa, en el municipio de Cadereyta Jiménez, en Nuevo León.

En México, la comercialización de condensado a particulares está prohibida. Sólo Pemex, a través de su subsidiaria PEP, tiene potestad sobre su explotación y venta, que debería ocurrir exclusivamente entre los organismos de la paraestatal: de PEP a PGPB y a Pemex Refinación. A diferencia de otros hidrocarburos, como la gasolina, que pueden de alguna manera ser sustraídos o transportados por personas no tan experimentadas en la industria petrolera —aunque no exentos de riesgos—, la sustracción, el envasado y trasiego del condensado sí requieren manos sumamente experimentadas, pues se trata de un hidrocarburo muy volátil y en extremo explosivo. Por esa simple razón, su contrabando jamás hubiera sido posible sin contar con los conocimientos de los petroleros.

Lo que hizo tan vulnerable la Cuenca de Burgos a la *ordeña* fue el incumplimiento de las obligaciones contractuales por parte de las trasnacionales: Repsol, Petrobras, Teikoku Oil, Techint, Tecpetro y D&S Petroleum. Pemex entregó a esas empresas la operación y explotación de la zona, mediante un modelo de contrato diseñado y autorizado por José César Nava Vázquez en su calidad de abogado de la paraestatal (2001-2003), proceso validado por Felipe Calderón como secretario de Energía. Las compañías prácticamente no invirtieron en la seguridad en la zona, como las obligaban las cláusulas pactadas. Las consecuencias fueron fatales: después de 2007 ya no sólo eran grupos armados los que irrumpían para interceptar cargamentos de condensado, sino comandos instalados en algunos pozos para *ordeñarlos* de manera permanente y abastecer a los socios estadounidenses que reclamaban más y más producto, puesto que habían pactado compromisos de venta con petroleras de talla mundial.

Hasta hoy, los hidrocarburos que comercializa la mafia se almacenan en los mismos tanques que los que factura Pemex; se transportan por los mismos ductos, se distribuyen en los mismos vehículos. Sólo para evitar confusiones, a partir de la ruptura entre el cártel del Golfo y *Los Zetas*, se marcan con la insignia de la organización a la que pertenecen, como sucede con los cargamentos de droga.

La logística empleada para contrabandear el condensado era semejante a la que antes se usó para traer el queroseno de Estados Unidos a México: los embarques son sacados por las aduanas formales —de Reynosa, Nuevo Laredo y Tampico— a territorio texano, y almacenados en las terminales privadas de Port Isabel y Port Arthur.

Incluso algunas de las compañías en cuyas bodegas se almacenaba el queroseno que entraba en México, se convirtieron en receptores del condensado robado; entre ellas se encuentra la empresa Transmontaigne (la cual fue demandada por Pemex en mayo de 2011 como potencialmente involucrada en la sustracción y comercialización de condensado de Burgos). De esas terminales, el producto es entregado en lanchas y barcos a sus compradores finales.

Hay otro elemento coincidente: en los autotanques de empresas donde antes se encontraron cargamentos de queroseno después se hallaron embarques de condensado. En 2007, por ejemplo, el Ejército mexicano encontró 14 pipas de Transportes Fergo, Transportes del Río Bravo, Transportes Gor y Transportes Javier Cantú Barragán, con condensado que había sido robado.

La empresa Transportes Javier Cantú Barragán es contratista de Pemex para el traslado de hidrocarburos, y cuenta además con sus propias franquicias gasolineras. Es propiedad del empresario del mismo nombre, hermano de Serapio Cantú Barragán, un político priista que entre 2002 y 2004 fue alcalde de Reynosa. Ambos hermanos son amigos cercanos del ex gobernador Eugenio Hernández Flores.

En Tamaulipas, el empresario Javier Cantú es conocido por ser dueño del Lienzo Charro Tamaulipeco, que se promueve como el más grande techado de América Latina. Ofrece populares charreadas que reúnen a gente de toda la entidad y de McAllen, Roma, e Hidalgo, en Texas. En ese lienzo charro, cada Día del Niño el contratista de Pemex patrocina festivales en los que se colma de dulces y juguetes a los pequeños de Reynosa.

Durante su gobierno, Eugenio Hernández, muy afecto a la charrería, asistía como invitado de honor. En ese espacio hípico los Cantú organizaron también masivos eventos y colectas para la campaña de Rodolfo Torre Cantú, el ex coordinador médico de

Pemex, vislumbrado como sucesor de Hernández en la gubernatura, de no ser porque el 28 de junio de 2010 fue asesinado.

II. La conspiración

Magnate petrolero antes que político y presidente de Estados Unidos (fundador y socio de las compañías Bush Exploration, Spectrum 7, Harken Energy y Halliburton), George W. Bush, ya al frente de la Casa Blanca, puso especial empeño en la política energética de su país, que junto con China, es el mayor consumidor de hidrocarburos del mundo.

Con la llamada Integración Hemisférica Energética como objetivo principal, buscó que su homólogo Vicente Fox cediera parte de la operación y el control de las regiones petroleras mexicanas más productivas. No en balde, en su primera visita al rancho San Cristóbal le planteó a su anfitrión: "Vicente, aquí puedes hacer cambios que modificarán el hemisferio para siempre. Necesitas una reforma de la energía para abrir tus mercados a la inversión privada", según registra el mismo Vicente Fox en su libro *La revolución de la esperanza*.

La entrega de la operación de la Cuenca de Burgos a trasnacionales fue "parte de esa integración energética entre México y Estados Unidos", explica el político Manuel Bartlett Díaz, quien durante el sexenio foxista presidió la Comisión de Energía del Senado de la República.

El nuevo modelo dio mayores márgenes de operación y ganancias a "compañías" que desde hacía años trabajaban en la Cuenca de Burgos, como la Halliburton, en la que tanto Bush como su vicepresidente Dick Cheney tenían acciones. En aquel *staff* presidencial otros personajes también deseaban paladear esa "olla de miel".

Los socios de Continental Combustibles Inc., consorcio texano dedicado a la compra y venta de combustibles, no habían tenido un crecimiento tan rápido y ganancias tan lucrativas como las que consiguieron a finales de 2006, gracias a su novísimo vicepresidente de Operaciones, Josh Crescenzi, quien tan sólo en unos meses logró que los márgenes de ventas se incrementaran 500 por ciento.

Continental y sus filiales Geer Camiones Cisterna, Inc., Depot Petróleo y Continental Enterprises Comercio, tuvieron entonces una inusitada expansión y ambiciosos planes de negocios. En abril de 2007 adquirieron dos empresas, Petróleo Depot Inc. y Texas UPDA Trading, Inc., con amplia infraestructura y ubicación estratégica en el puerto de Brownsville: salidas a mar y tierra, además de comunicación directa con la vía del ferrocarril y una enorme terminal portuaria privada con capacidad para recibir lo mismo una pequeña barcaza que grandes buques cisterna.

Esas instalaciones resultaban clave para los nuevos negocios que coordinaba el vicepresidente Crescenzi. La terminal de Brownsville se convirtió en el principal punto de desembarque de los cargamentos de condensado que Continental, por un lado, vendía a diversas petroleras, y por otro, usaba como materia prima para la mezcla de la gasolina que comercializaba de manera directa.[2]

---

[2] A diferencia de lo que ocurre en México, donde el monopolio del refinado y la comercialización de primera mano de los hidrocarburos es exclusiva de Pemex, en Estados Unidos la industria petrolera está descentralizada, en manos de empresas privadas de todos los niveles, pues cualquier empresario puede dedicarse a ese negocio. Muchas compañías refinan y venden sus gasolinas de manera directa o la maquilan en grandes refinerías.

Aunque contaba con esta infraestructura tan amplia, en unos meses resultó insuficiente para el volumen de condensado que Continental comenzó a recibir —en promedio seis mil barriles por día—, de manera que había que buscar nuevas vías de distribución; entonces se proyectó instalar ductos en toda la región. Gracias a su amplia cartera de relaciones públicas, Crescenzi pactó millonarios contratos con importantes refinerías de Texas para abastecerles condensado. Ningún ejecutivo petrolero se negaría a negociar con un ex colaborador del presidente George Bush y su vicepresidente Dick Cheney.

Josh Crescenzi llegó a Continental con una licenciatura en desarrollo de liderazgo y administración de empresas, de la Texas A&M University, y de la Escuela George H. W. Bush de gobierno y servicio público de avanzada. Pero su mayor logro, la llave maestra para sus negocios, fue que, en 2004, trabajó en la Casa Blanca como enlace del presidente y el vicepresidente con los medios de comunicación.

Después de la Casa Blanca laboró para Stephen Payne, cabildero de altísimos vuelos, conocido *broker* y asesor de negocios —particularmente del sector energético—, acompañante de Bush en sus giras a las reuniones de la OTAN, y quien además, después de los atentados del 11 de septiembre de 2001 en Nueva York, era el pivote de las relaciones Estados Unidos-Pakistán, de acuerdo con declaraciones del presidente Pervez Musharraf, registradas por la prensa estadounidense y europea.

Los detalles sobre la vida pública de Payne vienen a cuento porque al igual que él, su pupilo usaba y presumía sus buenas relaciones con el poderoso gabinete de Bush. Muy pronto, Crescenzi se convirtió en la estrella de la compañía, aunque el secreto de su éxito, más que sus relaciones públicas, fueron sus "socios estratégicos", como él los llamaba. El precio al que obtenía el condensado le dejaba márgenes tan altos, que incluso se dice que planeaba exportarlo a otras regiones.

En un comunicado que por esos años emitió Timothy Brink, director general de Continental, refiere que su "nuevo" proveedor les entregaba en promedio 200 camiones cisterna por día, lo que significaba ventas de 20 mil barriles de condensado que semanalmente el consorcio distribuía a sus clientes vía marítima.

La identidad de los socios estratégicos que abastecían a Crescenzi la pondría en evidencia en 2009 el Servicio de Inmigración y Control de Aduanas de Estados Unidos (ICE, por sus siglas en inglés), al difundir los resultados de una investigación que develó los alcances del mercado negro de hidrocarburos. Se trataba de los cárteles de la droga mexicanos, el del Golfo y *Los Zetas*; es decir, la llamada *Compañía*.

TRANSACCIONES MAFIOSAS

En enero de 2007, en su oficina de Bagby Street, en Houston, Donald Schroeder, presidente de Trammo Petroleum Inc., recibió la llamada telefónica de un ejecutivo de Continental que le hablaba de parte del señor Crescenzi.

—Hay condensado mexicano, ¿le interesa?

—Sí, claro —debió responder Schroeder.

—Bueno, más tarde le llamamos.

Un poco después, el teléfono sonó de nuevo; esta vez era Crescenzi, vicepresidente de Continental.

—¿Te interesa el condensado?

—Sí, sí.

—Es robado —le aclaró Crescenzi.

Se trataba de una propuesta peliaguda para el ejecutivo del Grupo Transammonia, el gigante de la industria química, que nació en 1965, en el corazón de Nueva York, sede de sus operaciones mundiales. La división petrolera de la compañía era relativamente nueva, operaba desde 2002, y Schroeder era quien la dirigía.

—¿Me oíste, Donald?

—Sí, sí —respondió.

—Te digo que es condensado mexicano, ro-ba-do —enfatizó Crescenzi.

—Sí, te oí. Y me interesa.

Schroeder lo compró y lo revendió a sus clientes, entre los cuales se encontraba BASF, la empresa de químicos más grande del mundo. Los cargamentos de condensado mexicano se los entregó Trammo a BASF en la terminal que esta compañía, de origen alemán, tiene en Port Arthur, Texas.

Un cliente ingrato, así es como podría definirse a BASF por comprar condensado robado de Pemex, dados los privilegios que la alemana ha tenido en México, aunque en tribunales norteamericanos, los representantes de la compañía sostuvieron la versión de que desconocían el origen del producto; sin embargo, en la industria petrolera mundial es sabido que Pemex no vende su condensado a particulares.

Las relaciones comerciales de BASF con Pemex datan de finales de los años ochenta, cuando el corporativo comenzó a comprarle a la paraestatal materia prima para su producción de adhesivos, plásticos y textiles. En México BASF produce insumos agrícolas, y en su planta de Tultitlán, Estado de México, fabrica recubrimientos para la industria automotriz, que coloca en el mercado internacional. Sus subsidiarias BASF Mexicana, Química Knoll de México y BASF Pinturas son contratistas del gobierno federal.

Aun después de que el ICE comprobara que BASF compró por lo menos dos millones de dólares de condensado robado de Pemex, con lo que "alentó" la lucrativa actividad de la mafia, según se señala en la demanda que en 2010 presentó Pemex contra 12 compañías vinculadas con los robos de condensado, en México la administración de Felipe Calderón la siguió beneficiando con las compras gubernamentales.

En abril de 2010, por ejemplo, la Sedena le compró por adjudicación directa seis mil kilogramos de ULTRAMID B3WG7 NEGRO52573495, una especie de fibra de vidrio (adquisición número 00007003-0131-10), según registra Compranet, el sistema oficial de compras gubernamentales del gobierno federal. También entidades como Fonatur la mantuvieron como su principal proveedor de adhesivos.

Finalmente, no debemos olvidar que además de venderle a Trammo el condensado que esa empresa a su vez le ofreció a BASF, Combustibles Continental lo comercializó con otras poderosas compañías, como la Murphy Oil Corporation, consorcio con sede en El Dorado, Arkansas, y operaciones en Canadá, el Reino Unido y Malasia, cuyos dividendos la hacen una de las empresas más grandes de Estados Unidos, la número 92 según el *ranking* de *Forbes*.

Murphy produce aceite y gasolina que comercializa en sus propias estaciones bajo el nombre de Murphy U.S.A., instaladas en puntos estratégicos como los Walmart y Sam's de toda la Unión Americana. El condensado mexicano se usaba para producir esa gasolina, de manera que muchos estadounidenses, sin saberlo, llenaron el tanque de sus autos con combustible cuya materia prima proveían los cárteles mexicanos.

Para enrolarse en este mundo hay tres opciones: crear una organización delictiva, unirse a uno de los cárteles establecidos (*Señores de Guerra, Omertà, Payaso Perforadores, Puño de Dios, Autoridad Siciliana*), o bien, ser un sindicato de un solo hombre criminal. Ya reclutado, se requiere desarrollar estrategias y habilidades sociales para matar, traficar, extorsionar, defraudar, sobornar, chantajear, negociar y todo aquello que implique encumbrarse en el poder hasta lograr ser un capo. Conseguirlo no es fácil, pues no se trata sólo de ejecutar a soplones y policías no alineados, sino de adquirir la maestría para robar, invertir y esconder el dinero.

Esta historia no es lineal, se construye día a día, con las estrategias de guerra que cada cártel desarrolla para acabar con el enemigo. La disputa es por los territorios y los negocios de las cosmopolitas calles neoyorquinas. Se trata del mundo mafioso que ofrece en internet el *Mobster Game*, una especie de *Second Life* —el famoso entorno del ciberespacio donde los usuarios interactúan como avatares a través de un soporte lógico— basada en la película *Mobsters* (*Mafiosos*).

En este juego hay una regla de oro: cero tolerancia a las trampas. Por eso está prohibido reunirse con un cártel contrario para atacar al propio, patear a alguien del cártel para sacarlo de la organización y luego invitarlo de nuevo, o abandonar al cártel para librar alguna situación y luego regresar. La reputación se forja a medida que es menor la preocupación por la ley, y se refleja en mayores actos criminales, aunque tampoco es fácil; el respeto tiene un precio y se mide en la sangre.

Jonathan y Charlie son jugadores permanentes del *Mobsters Game*. En esta realidad virtual, los hermanos Dappen son protagonistas del "mundo de la delincuencia organizada". El caso de Jonathan es singular, pues quiso materializar su realidad virtual. Pero si *Jon*, como le llaman sus amigos, fuera un muchacho más analítico y menos impulsivo, quizás esta afición que tiene a los juegos de mafiosos le hubiera servido para aplicar la regla táctica que implica sobrevivir en el *Mobster Game*: advertir cuando en la organización se ha colado una *rata*.

Y entonces en su vida real hubiera sospechado que algo raro había en esas llamadas cada vez más frecuentes de Josh Crescenzi, para coordinar los embarques de condensado, en las que su timbre de voz ya no era normal. Pero *Jon* estaba ocupado gastando, con los amigos en la ciudad de México y McAllen, los generosos dividendos que le dejaban sus gestiones al frente de Petro Salum. El veinteañero disfrutaba la vida nocturna en sitios exclusivos y aparecía en las páginas de sociales como un brillante ejecutivo de la industria petrolera.

Según las investigaciones del ICE, Jon Dappen era uno de los intermediarios entre mexicanos y estadounidenses para importar por las aduanas el condensado robado. Usaba documentación apócrifa en la que registraba el producto como nafta.

Junto con Arnaldo Maldonado Maldonado, un mexicoamericano presidente de la compañía Y Griega, registrada también como importadora de hidrocarburos, Dappen recibía y coordinaba el movimiento de camiones en la frontera de Estados Unidos y hasta su ingreso a las terminales de almacenamiento en Brownsville.

El negocio marchaba sobre ruedas, tal como Timothy Brink lo informaba a sus accionistas. Cada mañana vía telefónica Crescenzi le indicaba a Maldonado la cantidad de condensado que necesitaba. Maldonado hablaba con Dappen y con "los mexicanos". En tanto se alistaban los embarques, Maldonado y Dappen arreglaban la documentación con las aduanas.

Sí, todo marchaba sobre ruedas, hasta el día en que, preocupado, Maldonado le informó a Crescenzi acerca de un pequeño inconveniente:

—Los mexicanos quieren más dinero.

—¿Quiénes?

—Los de la Aduana del Puente de Nuevo Laredo.

Y fueron las diferencias entre el monto de los sobornos a los agentes aduanales, lo que llevó a que el ICE recibiera ciertos datos sobre "un posible contrabando de condensado que ingresaba por la aduana de Nuevo Laredo".

OPERACIÓN CÁLCULO

En septiembre de 2008, como parte del llamado Project Reckoning (Operación Cálculo), una acción conjunta entre Estados Unidos e Italia para combatir el narcotráfico, la División de Operaciones Especiales del Departamento de Justicia de Estados Unidos, la DEA, el FBI y el ICE detuvieron a 12 residentes de El Valle del Río Grande acusados de narcotráfico y lavado de dinero.

Entre ellos se encontraba Luis Ariel Rivera Rodríguez, un mexicano nacionalizado estadounidense, de 35 años de edad, quien tenía consigo más de un millón 100 mil dólares en efectivo. Según Rivera, una parte de ese dinero era el pago del condensado comercializado en Estados Unidos. Asimismo, aseguró que en México el cártel del Golfo y *Los Zetas* eran quienes daban la autorización para su sustracción y comercialización.

Ante las autoridades estadounidenses, Rivera describió parte del *modus operandi*. Explicó cuáles eran las compañías contratistas de Pemex que extraían el condensado de los campos petroleros y cómo posteriormente estas pipas transferían el producto robado a tanques donde se confinaba. Más tarde, los vehículos se llenaban con agua y continuaban su camino a las instalaciones de Pemex, donde empleados de la paraestatal que recibían sobornos registraban la entrega de agua como si fuese condensado. De esta manera el condensado sustraído se llevaba a la frontera donde se cruzaba por las aduanas hacia Estados Unidos. En ese tiempo, según refirió Rivera, las compañías pagaban a Jaime González Durán, *el Hummer*, hasta 600 mil dólares mensuales para que les autorizara cruzar los cargamentos. Rivera identificó a dos personajes, *el Rayo* y *el X2*, como los encargados de coordinar este negocio.

Cuando el ICE recibió información sobre el contrabando de condensado que cruzaba por la Aduana de Nuevo Laredo, la agencia asignó a sus agentes especiales en San Antonio, Jerry Robinette, y de Houston, Robert Rutt, una operación para seguir el rastro de las pipas que llegaban a Brownsville.

Para los agentes no fue tan complicado llegar hasta Continental, receptáculo de la mayoría de esos cargamentos. Confiado de que las autoridades aduanales estaban en la nómina y que muchas empresas de la zona eran parte del negocio, Crescenzi descuidó los detalles: las descargas, por ejemplo, se hacían de forma abierta a cualquier hora del día.

Cuando los agentes Robinette y Rutt llegaron hasta él, Crescenzi, conocedor de cómo funciona el sistema en ese país, se ofreció de inmediato a colaborar con el ICE a cambio de librar la cárcel. Los agentes le instruyeron grabar sus conversaciones con todos los intermediarios y compradores, para que dichos testimonios se ofrecieran como prueba en el juicio al que los agentes planeaban llevar a los empresarios.

Y sí, Crescenzi grabó sus propias instrucciones para que Maldonado negociara con los aduanales el monto de sus sobornos y para que Dappen ingresara más cargamentos con la documentación apócrifa; también grabó las entregas a BASF y Murphy; prácticamente grabó todo. Los involucrados no detectaron falsedad alguna en esa voz que les decía lo bien que iba el negocio mientras les prometía más condensado mexicano y les informaba acerca de los ambiciosos planes de expansión. Ninguna suspicacia para suponer que el chico de la Casa Blanca era una *rata* que se les había infiltrado.

En 2009, el ICE hizo públicos los resultados de su investigación y llevó al estrado a Jonathan Dappen, Arnaldo Maldonado, Donald Schroeder y al mismo Crescenzi. Como se vieron perdidos, todos se declararon culpables con la finalidad de negociar penas menores.

Elocuente sin duda es el interrogatorio del juez a Maldonado, una vez aceptada su culpabilidad:

JUEZ: ¿Cómo hacía usted las entregas?

MALDONADO: Alguien me llamaba por la mañana y me hacía saber cuántos camiones querían que se cruzaran. Los problemas a los que nos enfrentamos es que en una ocasión alguien en el puente no estaba cooperando con nuestra gente en México.

JUEZ: ¿Y este gas condensado valía miles de dólares?

MALDONADO: Supongo que sí.

JUEZ: Bueno, usted sabe del negocio, ¿sí o no?

MALDONADO: Sí, señor, aunque sé más de refinación de aceite de motores.

JUEZ: ¿Aceite de motores?

MALDONADO: Sí… sí, su señoría.

JUEZ: Vaya. Entonces, entiende que esos camiones valían cada uno cientos de miles de dólares.

MALDONADO: Sí, señor.

De las operaciones de esta célula, el ICE detectó 149 cuentas bancarias en Texas, a través de las cuales los cárteles lavaron 49 millones de dólares. Para delitos de tal magnitud podría decirse que la justicia estadounidense fue demasiado benevolente con sus ciudadanos, sobre todo cuando sus agencias de investigación habían sido las que comprobaron la participación de los cárteles del narcotráfico en esas operaciones.

El argumento judicial para que todos libraran la cárcel —salvo el arresto domiciliario temporal que se les impuso a algunos— fue que las sustancias que introdujeron no eran materiales peligrosos, tampoco drogas ni armas y que, además, todos cooperaron en el juicio al aceptar su culpabilidad.

A Tim Brink, jefe de Crescenzi, por ejemplo, se le dictó arresto domiciliario de seis meses, aunque con la posibilidad de salir diariamente a laborar a su oficina; benevolencia del juez sugerida por los fiscales ante "su cooperación" en el caso. Durante su juicio, el abogado de Timothy Brink, presidente de Continental, argumentó que funcionarios de Pemex, a quienes no identificó, le proporcionaron a su cliente nombres y tarjetas de presentación de individuos que eventualmente lo conectaron con las personas que le entregaban el condensado, que resultó ser robado. "Pemex lo guió hacia esa dirección y ha llegado adonde está ahora", argumentó el defensor. Los abogados de otras compañías como la Murphy y BASF argumentaron que también desconocían el origen del producto.

Al cabo de los meses, varios de los implicados establecieron nuevas compañías. Jonathan Dappen, por ejemplo, formó Multi

Frontera Logística LLC y M&B Trading Corp. Por su parte, el *ex Bush's*, como la prensa de Estados Unidos identificó a Crescenzi, es hoy ejecutivo de Ctc Contractors, LLC, asentaba en Houston, de acuerdo con información de Corporation Wiki, la base de datos que registra en internet a corporativos y socios que operan en territorio estadounidense.

En México: implicaciones políticas

Del lado mexicano, el gobierno federal le imprimió al caso un tinte político cuando, en marzo de 2009, la PGR detuvo a Miguel Ángel Almaraz Maldonado, ex dirigente del PRD en Tamaulipas, y entonces candidato a una diputación federal por ese partido; fue acusado de liderar una de las células de *Los Zetas* vinculada con el robo de condensado. Junto con él, aprehendieron a José Raúl Zertuche González, dirigente estatal de Nueva Izquierda, corriente política de ese mismo partido fundada por Jesús Ortega. Y como parte de la misma célula, capturaron a Jesús Óscar Ibarra Castellanos, Álvaro Jacinto Martínez Ibarra, Yolanda Carrizales Cabrera, Nora Elvira Hernández González, José Salvador Alemán Chávez, Omar Lorenzo Marín Bojórquez, Leonel Rodela Pérez, Samuel Carlos Alberto Lom Juárez, Jorge Aguilar Pérez y Mónica Isabel Pérez Sánchez, todos bajo los cargos de delincuencia organizada y operaciones con recursos de procedencia ilícita.[3]

A Almaraz Maldonado, Zertuche González, Marín Bojórquez y Pérez Sánchez se les acusó también de comercialización de objetos

---

[3] En enero de 2011, en Texas, la policía de Estados Unidos detendría a José Eduardo Alemán Chávez, identificado como parte del mismo grupo.

robados, y a Martínez Ibarra por la posesión de armas de fuego y cartuchos para uso exclusivo del Ejército.

Tras la detención de Almaraz, Jesús Ortega, entonces dirigente nacional del PRD, argumentó que se trataba de un golpe político. De alguna manera tenía razón, pues se detuvo a Almaraz cuando estaba en plena campaña por una diputación federal, pese a que desde hacía varios años, en el sector petrolero se hablaba sobre sus negocios. Por ello, a los tamaulipecos no les sorprendió que, finalmente, el gobierno mexicano reconociera lo que desde 2007 denunció Juan Antonio Guajardo Anzaldúa, ex alcalde del municipio de Río Bravo.

Guajardo Anzaldúa era un político echado para adelante, abierto, franco y bastante temerario. En más de una ocasión hizo declaraciones públicas en las que identificó, con nombre y apellido, a supuestos operadores del cártel del Golfo: conocidos empresarios, sindicalistas, políticos y funcionarios públicos. A sus 49 años de edad, tenía una larga carrera política que lo llevó a ser electo en dos ocasiones como presidente municipal de Río Bravo, además de ser diputado local, diputado federal y senador por Tamaulipas.

La primera candidatura que lo llevó a la alcaldía (1993-1995) la abanderó el PAN; la de senador, de diputado federal y su segundo periodo como alcalde, el PRD. Su postulación a un tercer periodo como alcalde fue por el Partido del Trabajo (PT). Ese 2007, antes de que el PT lo postulara, buscó primero el respaldo del partido del sol azteca, pero la dirigencia política le pidió que fuera con Almaraz como compañero de fórmula. Guajardo se negó rotundamente, sin callar sus razones a la prensa:

Mi impedimento para aceptar a Miguel Ángel Almaraz Maldonado como compañero de fórmula es porque es evidente que anda implicado en negocios ilícitos como el robo de condensado de campo a Pemex, y si esto no es cierto, que lo desmienta probando el origen de sus ingresos.

En declaraciones a diversos medios de comunicación Guajardo refirió que los empleados de Almaraz con salarios bajos viajaban en camionetas de lujo Suburban, Nitro y Escalade.

En ningún momento estaría dispuesto a tomar parte en una contienda política con una persona de la que todo mundo sabe que anda metido en negocios ilegales, eso no va con mi ideología y por ende no necesito de su imagen o de sus recursos para hacer campaña, porque sería tanto como arriesgarme a que me involucren en sus turbios negocios.

En aquellas declaraciones públicas denunció que el político estaba relacionado con los cargamentos de condensado que el Ejército había asegurado en marzo y mayo de 2007. Pero en ese momento Almaraz parecía intocable. No era un miembro más del PRD, sino parte de la dirigencia estatal del partido, y promotor de la campaña de Jesús Ortega a la presidencia del sol azteca.

Almaraz regalaba juegos de geometría, cuadernos y colores a niños de las zonas marginadas de Río Bravo, en colonias como Morelos, Cuauhtémoc y Ferrocarril, donde los hijos de jornaleros y obreros de maquila se arrebataban los paquetes escolares que el *licenciado* Almaraz les concedía, mientras que, según la Subprocuraduría de Investigación Especializada en Delincuencia Organizada (SIEDO), lavaba dinero producto de los hurtos a Pemex.

Guajardo, en cambio, comenzó a recibir amenazas que públicamente atribuyó a los sicarios del cártel del Golfo. El 6 de noviembre de aquel año llegaron a su casa de campaña a bordo de seis camionetas, 30 hombres armados hasta los dientes que simplemente querían que supiera que lo estaban vigilando.

Semanas después, el 29 de noviembre de 2007, la víspera de su cumpleaños número 49, Guajardo madrugó, como era su costumbre, para verificar algunos pendientes de sus negocios. Por la tarde salió de su oficina hacia su camioneta, que estaba estacionada en la calle. Iría a Reynosa, apenas de entrada por salida, pues planeaba regresar a celebrar con su familia.

Pasaban de las cinco de la tarde, caminaba con escoltas, agentes de la AFI comisionados a su seguridad. De pronto las señales de celular y Nextel quedaron bloqueadas. Enseguida se topó con varios vehículos atravesados en la calle que le obstruían el paso. Desde una Cherokee y una Suburban salieron los primeros disparos. Luego de una *pick up* en marcha un hombre disparó también contra Guajardo y sus escoltas. El sicario bajó de la camioneta y le asestó el tiro de gracia. Se trataba de un operativo similar al que montaron el día en que asesinaron al candidato priista por la gubernatura de Tamaulipas, Rodolfo Torre Cantú, en 2010. Bocabajo, sobre el pavimento, en medio de un charco de sangre, el cuerpo de Guajardo quedó tendido durante dos horas; también los de sus escoltas.

Dos días antes, militares de la Octava Zona Militar, con sede en Reynosa, habían decomisado 120 mil litros de condensado en una pensión cercana al Puente Internacional Reynosa-Pharr; aseguraron 48 vehículos entre autotanques y tractocamiones.

Sobre el asesinato, el área de inteligencia de Pemex emitió un reporte interno (número 2531B) que manifiesta: "La ejecución pudo estar relacionada con el aseguramiento de vehículos que contenían condensado, en pensiones de Reynosa".

Dos años después, en agosto de 2009, la PGR presentaría a integrantes del cártel del Golfo como supuestos autores materiales de la ejecución. En marzo de ese año habían detenido a Almaraz. En las elecciones de aquel 2009, el PRD no ganó una sola de las ocho diputaciones federales. En vano resultó que la misma semana de su detención, Jesús Ortega se deslindara del riobravense que apenas el año anterior había hecho en Tamaulipas una entusiasta campaña para apoyar su candidatura a la presidencia del partido.

MAFIA CORPORATIVA

Con los ojos del ICE sobre las aduanas de Tamaulipas, las organizaciones criminales buscaron "legalizar" el contrabando. En 2009, el representante aduanal de Pemex en Reynosa —que depende de la Unidad de Servicios Aduanales de la Dirección Corporativa de Administración—, recibió una peculiar visita: tres hombres, uno de los cuales vestía uniforme de la subsidiaria PEP, llegaron a su oficina para hacerle una consulta ejecutiva.

En su despacho le preguntaron puntualmente cuáles eran los requisitos y trámites "legales" para importar hidrocarburos a Estados Unidos.

—El trámite lo hacen en la ciudad de México, en las oficinas centrales. ¿De qué empresa son ustedes? —inquirió el funcionario.

—De *La Compañía* —respondió uno de ellos.

Ese año los representantes aduanales de Pemex en Tuxpan y Salina Cruz recibieron visitas similares.

Aun cuando la PGR promovió la idea de que con el juicio en Estados Unidos a los compradores de condensado robado, así como con la detención de la célula encabezada por Almaraz se frenaría ese ilícito, la realidad de la Cuenca de Burgos distaba mucho de ello. El nivel de coordinación de la mafia hacía tambalear al área de seguridad interna de Pemex y al Ejército.

El negocio del condensado se manejaba desde entonces con intrincadas redes donde un grupo lo robaba, otro lo llevaba a la frontera, otro lo colocaba en territorio estadounidense, otro lo almacenaba y otro lo distribuía en el mercado.

Basada en las indagatorias del ICE, en su demanda Pemex identifica distintos eslabones y su función en el negocio ilegal de condensado. Habla de "exportadoras-importadoras" que reciben el condensado robado. Lo trasladan en autotanque y lo conducen a la frontera. Entregan a las aduanas documentos falsos y sobornos a los aduanales para evitar la revisión.

Los "coordinadores". Cuando el condensado está del lado estadounidense, los importadores le informan a los coordinadores el volumen de condensado. Estos coordinadores contactan a transportistas que llevarán el producto a sus almacenes, o de los clientes con los que pactaron la compra.

Los "corredores", así es como se identificó a las compañías que acopian el petrolífero para revenderlo. Y, finalmente, los "compradores/usuarios".

Una historia que proporciona una idea acerca de la precisión alcanzada en la coordinación del negocio, es la que ocurrió en Reynosa en agosto de 2009, la cual quedó asentada en una de las bitácoras internas de la GSSF:

Personal de esta GSSF recibió una llamada anónima denunciando que un autotanque estaba abandonado. Se arribó al lugar a las 20:50 horas observando el tractocamión enganchado con un tonel blanco sin placas, con capacidad de 42 000 litros conteniendo 90% de condensado; se realizó la toma de muestras que fueron llevadas a PEP.

A las 21:00 horas se solicitó apoyo de personal de la Octava Zona Militar. A las 22:04 horas el personal de la Gerencia que se encontraba en el lugar fue rodeado por 7 vehículos de diferentes características de donde descendieron aproximadamente 25 personas con armas largas y el rostro cubierto, desarmando a los agentes de esta Gerencia, alcanzando a escuchar por la frecuencia de radio que traían los delincuentes, que los alertaban de la supuesta proximidad de los elementos militares, regresando el armamento y dándose a la fuga; se observó que 5 vehículos más reforzaban las actividades de estos individuos.

Personal de esta Gerencia se retiró y resguardó en un campo. A las 22:37 elementos de la Zona Militar informaron a esta Gerencia que ya habían asegurado el autotanque.

SIN GOBIERNO Y A MERCED DE LOS CÁRTELES

La ruptura entre el cártel del Golfo y *Los Zetas* que se atribuye a la ejecución en 2009 de Sergio Peña Mendoza, *el Concorde*, a manos de Samuel Flores Borrego, *el M3*, fue un parteaguas para la Cuenca de Burgos. La muerte del hombre que representaba en Reynosa a Heriberto Lazcano, y que además era mano derecha de Miguel Treviño Morales, *Z-40*, desató la división de la sociedad, pero ni una ni otra organización estaba dispuesta a ceder su cuota de negocios petroleros.

Ni siquiera la intervención de las autoridades estadounidenses frenó la sustracción, sólo que a partir de entonces, el mercado negro se dio en un clima de violencia exacerbada, porque ahora eran dos poderosos grupos antagónicos, con estrategias y poderío similares, en disputa permanente por el territorio y sus negocios; uno de los primordiales era el de los hidrocarburos.

En esta región no sólo estaba en juego el contenido de la *olla de miel*, sino su ubicación geográfica: una frontera medular para todos sus negocios ilícitos binacionales, el cruce de drogas, armas e indocumentados.

El área de Nuevo Laredo, uno de los municipios enclavados en la región de Cuenca de Burgos, es el punto fronterizo más estratégico para los cárteles mexicanos, debido a que conecta de forma directa con la autopista 35 de Estados Unidos, que atraviesa justo la mitad de territorio estadounidense y se une con otras importantes carreteras tanto del lado este como oeste de ese país. En la ruptura, el cártel del Golfo conservó el control de Matamoros, su cuna y bastión, además de Reynosa, Valle Hermoso y Tampico. *Los Zetas* tomaron la frontera chica.

La disputa entre los dos grupos ocurre también por el dominio de la estructura de negocios binacionales que ambas organizaciones construyeron a partir de relaciones políticas y sobre todo empresariales.

Son ilustrativas las revelaciones que a su detención hizo Jesús Enrique Rejón Aguilar, *el Mamito*, en julio de 2011, acerca de las relaciones y los acuerdos que supuestamente el cártel del Golfo mantiene con el gobierno, sobre todo a partir de su alianza con el cártel de Sinaloa, la organización que dirigen Joaquín *el Chapo* Guzmán, Ismael *el Mayo* Zambada y Juan José Esparragoza Moreno, *el Azul*.

Tras la disolución de la sociedad llamada *La Compañía*, entre ambos grupos, se agudizó la violencia contra los pobladores de la región gasera, particularmente en los 19 municipios de Tamaulipas que son, además, los que tienen los pozos más productivos.

Entre dos fuegos, familias enteras de la zona ribereña se aventuraron en éxodos masivos ante la ausencia de gobierno, cuando su cotidianidad se vio a merced de tiroteos que podrían prolongarse hasta por ocho horas, como en Ciudad Camargo o en Ciudad Mier, con sus ranchos, brechas, derechos de vía y pozos petroleros ocupados por la mafia.

En Ciudad Mier, el "Pueblo Mágico" de Tamaulipas, antaño controlado por el cártel del Golfo, tras la muerte de Ezequiel Cárdenas Guillén (en noviembre de 2010), a punta de bala y granadazos, *Los Zetas* pusieron un ultimátum para que toda la gente saliera del pueblo. Con esos pobladores se fundó en el Club de Leones de Miguel Alemán —municipio fronterizo con Roma, Texas— el primer refugio oficial para víctimas de la guerra calderonista.

En cualquier caso, los métodos de sustracción ilegal de condensado se hicieron más violentos y para los trabajadores petroleros el simple hecho de acudir a cubrir su jornada laboral se tornó en una situación particularmente riesgosa.

Incompetencia para investigar

Así como en las áreas centrales de Pemex en la ciudad de México se tuvo desde 2006 información precisa acerca de los hurtos de condensado —y se clasificó como confidencial—; el gobierno de Felipe Calderón supo desde los inicios de su gestión de qué aduanas y hasta con qué frecuencia salían los cargamentos.

En agosto de 2007 recibió una carta que alguien le envió desde Tamaulipas, dirigida también al secretario de Hacienda, Agustín Carstens Carstens —que desempeñó ese cargo de diciembre de 2006 a diciembre de 2009—, y a Juan José Bravo Moisés, administrador general de Aduanas. En dicho documento se denunciaba lo siguiente:

Sr. Presidente de México:

En las aduanas de Reynosa y las que se encuentran cerca de ésta se está realizando el paso de productos pertenecientes a Petróleos Mexicanos, sin que estas aduanas soliciten a los exportadores ningún documento que acredite la propiedad de dichos productos. Realizando así el robo en contubernio con las autoridades de aduanas.

La aduana de la ciudad de Reynosa y los puentes fronterizos que se encuentran cerca permiten el paso de carrostanque a Estados Unidos sin que se les pida ningún permiso ni procedencia del producto, realizándose un robo escandaloso ya que por ese lugar pasan al vecino país más de 200 carrostanque por día.

Como usted sabrá es una mafia entre Petroquímica Gas [*sic*] autoridades civiles y militares, así como agentes aduanales y lo más delicado, la Secretaría de Hacienda, ya que ésta jamás pide a quién se le compró el producto que se exporta a Estados Unidos; la única manera de evitar ese robo es que la aduana pida las facturas correspondientes de a quién le compran y los pagos que se hacen de este producto para enviarlo fuera del país.

Más peculiar, sin embargo, fue la respuesta que el gobierno dio al denunciante a través de la Secretaría de la Función Pública: "Incompetencia para investigar".

A medida que crecía el robo, también aumentaba la participación de empleados de Pemex en las operaciones ilícitas. Quienes se negaban a hacerlo, lo mínimo que podían esperar eran amenazas y golpizas, si acaso tenían la mala fortuna de ver *lo que no debían* o pasar *por el camino equivocado*.

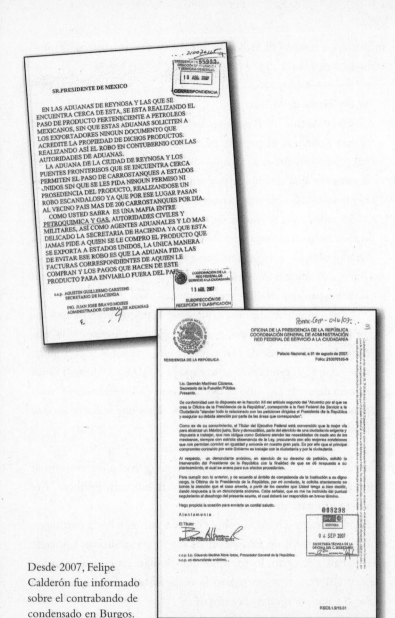

Desde 2007, Felipe Calderón fue informado sobre el contrabando de condensado en Burgos.

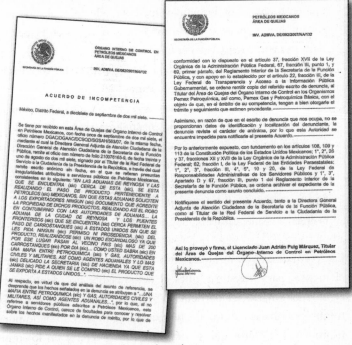

La SFP declaró incompetencia para investigar.

Aterrorizados, algunos trabajadores buscaron la manera de comunicar su situación a los directivos de Pemex en la ciudad de México, pues según su versión no podían confiar en sus jefes directos, quienes, de acuerdo con su testimonio, también estaban implicados. Enviaron diversas misivas que no tuvieron respuesta. En una situación desesperada, el 16 de noviembre de 2007, uno de esos trabajadores presentó una denuncia (número DE/276/07) ante las contralorías internas de Pemex. Descriptivo y conmovedor, el texto decía:

Presento esta denuncia porque estoy desesperado de la situación aquí en Reynosa. En los últimos meses he sido golpeado tres veces por no querer cooperar con el robo de condensado en Pemex y la verdad ya estoy harto de tener miedo.

Al que no quiere cooperar del robo lo amedrentan, lo secuestran o amenazan a su familia y nada podemos hacer.

Día tras día camiones de condensado son robados a la institución [...] Una de las gentes que se ha estado llevando el producto se llama Jorge Tamez y es de la compañía Refinados y Lubricantes del Norte. Al que se pone de acuerdo le da dinero y le deja hasta su tarjeta de su compañía, que tiene domicilio en Avenida Revolución 3610 interior 5-A, Contry San Juanito. Su planta está en la carretera a las pedreras en Santa Catarina, muy cerca de la TAR de Santa Catarina.

Las contralorías cerraron el caso argumentando que no había elementos para investigar, pues el denunciante no identificaba a algún funcionario en particular. Quizás el denunciante se acostumbró a trabajar con miedo, porque nadie movió un dedo por él ni por los petroleros que se negaron a involucrarse en los robos. Ni Jesús Reyes Heroles ni su sucesor, Juan José Suárez Coppel, se ocuparon de resguardar la integridad de los trabajadores de la Cuenca de Burgos; tampoco lo hicieron sus dirigentes sindicales. En consecuencia, la violencia contra ellos se incrementó. A las amenazas y golpizas siguieron los *levantones*.

2010, AÑO CONVULSO EN LA CUENCA DE BURGOS

Todos sabían que algo así ocurriría, incluso los mismos *levantados*, pues fueron advertidos de su secuestro semanas antes de que ocurriera. Pero qué podían hacer si los jefes de Pemex, tan ocupados en sus cómodas y blindadas oficinas de la ciudad de México, no tenían tiempo para escuchar acerca de sus temores.

Esperaban que el señor Suárez Coppel, el mismísimo director general, los atendiera a ellos, simples obreros de campo, pero el *doctor* Suárez estaba para atender asuntos más importantes, como sus negocios privados, también en Pemex, sí, pero que operaba su socio, el hijo de su gran amigo Francisco Gil Díaz.

El año 2010 fue el más violento para los trabajadores de Pemex en la Cuenca de Burgos. En mayo, por el testimonio de sus familiares a la prensa, se supo que cinco trabajadores habían sido *levantados* por un comando armado que atacó el pozo Gigante 1. Pero, como se verá en la relación de hechos, ésta apenas era una muestra de lo que estaba ocurriendo.

La noticia de los petroleros *levantados* escandalizó por sus implicaciones. Desde el Legislativo se le exigía al director de Pemex informar sobre la situación real en la paraestatal. En una somera explicación, durante una comparecencia en San Lázaro, el día 24 de junio, Suárez Coppel se limitó a reconocer que en la región gasera existía la presencia de grupos armados y que habían tenido algunos problemas para la producción, además de la desaparición de cinco trabajadores.

La realidad, que el gobierno de Felipe Calderón ocultó, era de dimensiones mucho más graves. En toda la Cuenca de Burgos había pozos prácticamente ocupados por comandos armados, que eran quienes decidían si los trabajadores de Pemex y sus contratistas podían o no laborar. Algunas áreas estaban convertidas en verdaderas zonas de exclusión; las pipas, los tractocamiones, las camionetas y los automóviles de Pemex eran empleados para los narcobloqueos. Entre pozos y estaciones de recolección de gas se desataban batallas diarias entre el cártel del Golfo y *Los Zetas*. La situación se recrudeció y en algunas regiones incluso se cancelaron las operaciones.

Los reportes de inteligencia de Pemex revelan cómo el blindaje de la seguridad nacional se rindió ante los cárteles con sus comandos de sicarios y *halcones* en pozos de gas, estaciones de recolección, brechas y caminos en los que impusieron su ley de plomo. A continuación se hace un registro cronológico de lo que sucedió ese tórrido año 2010.

Enero

El 18 de enero, en el Activo Reynosa, un comando trasegaba condensado robado en dos autotanques cuando fue sorprendido por la guardia de *especiales* que inspeccionaba la zona. Tras inquirir sobre el origen del hidrocarburo, a bordo de cinco camionetas Avenger llegaron 12 hombres con armas largas que golpearon a los vigilantes, los despojaron de sus armas de cargo, radios de comunicación, credenciales y pertenencias. El comando se fue con los autotanques.

Febrero

El 1º de febrero, agentes de seguridad física de Pemex custodiaban las pipas que transportaban condensado de una estación de recolección de gas de San Fernando a la de Reynosa cuando fueron interceptados por un comando que viajaba a bordo de dos camionetas. Los golpearon y amenazaron de muerte, exigiéndoles entregar una cámara con la que supuestamente les habían tomado fotografías; insistían en recordarles que en otra ocasión ya les habían advertido que los "dejaran trabajar". Y hasta que comprobaron que los agentes no traían ninguna cámara los dejaron ir, quitándoles sus armas de cargo y arrojando los cartuchos en la batea de la camioneta de Pemex.

El 7 de febrero, poco después de que saliera de la TAR Reynosa, en la colonia Ampliación Rodríguez un trabajador fue despojado del autotanque que conducía por un comando armado que utilizó el vehículo para obstruir el paso sobre esas calles. Ese mismo día, en la frontera entre Tamaulipas y Veracruz, en Pánuco, se encontró un autotanque de la TAR Tampico, en cuyo interior se descubrieron dos cuerpos sin vida.

Al día siguiente, personal de seguridad de Pemex efectuaba un patrullaje en coordinación con elementos de la Secretaría de Marina (Semar). Sobre la avenida Punta del Sol, en Reynosa, fueron agredidos con armas de fuego por un comando. Se desató un enfrentamiento que dejó a tres marinos muertos y siete heridos; del lado de los agresores también hubo tres muertos y varios detenidos. Se les aseguraron armas de alto poder, droga y vehículos, entre ellos una camioneta perteneciente al área de telecomunicaciones de Pemex. Dicha unidad estaba asignada a un ingeniero de la paraestatal que en el enfrentamiento fue detenido como parte del grupo agresor.

El 12 de febrero, elementos de seguridad de Pemex, en coordinación con la Semar, intervinieron ocho toneles con 16 mil litros de condensado en un predio en San Fernando. Tres días después, del estacionamiento de la TAR Reynosa fue robado el autotanque de una contratista.

El 18 de febrero un comando tomó una de las estaciones de recolección de gas en el Activo Integral Reynosa; sacaron a los empleados de Pemex y de sus contratistas. Al día siguiente, un enfrentamiento armado obligó a suspender durante varias horas el reparto de combustible de la TAR Reynosa a las estaciones de servicio de la zona, mientras que en el Activo Integral Reynosa tres personas realizaban cortes con segueta en una línea de descarga de un pozo. El día 22 del estacionamiento de la TAR Tampico fue sustraído un tractocamión de Pemex con 44 mil litros de diesel.

En el municipio de Díaz Ordaz, el día 23, tres trabajadores del Departamento de Asuntos Externos y Comunicación del Activo Integral Reynosa tuvieron que resguardarse durante una hora en una escuela primaria, ante la presencia en el exterior de comandos armados; mientras tanto, la carretera Reynosa-Nuevo Laredo era ocupada por hombres encapuchados que vigilaban el paso de los vehículos y los obligaban a identificarse.

A la medianoche del día 24, en el acceso principal a los campos del área de Tampico, un comando armado de 25 personas, que llegó a bordo de cinco vehículos, interceptó a un trabajador del Departamento de Servicios Generales, a quien golpearon e interrogaron sobre sus actividades en Pemex.

El día 25, grupos armados tomaron los accesos de Pemex hacia las carreteras federales en el área de Reynosa; 16 fletes de hidrocarburos fueron cancelados hasta el día 28. También el 24, en Tampico, un ingeniero fue despojado de la camioneta con logos de Pemex Refinación.

El 27, hacia Cadereyta, a un kilómetro de las oficinas de seguridad interna de Pemex, un comando arrojó granadas de mano y *rafagueó* diversas oficinas de gobierno; hubo también enfrentamientos con elementos de la Sedena.

El 2 de marzo, enfrentamientos armados en diferentes puntos de Nuevo Laredo obligaron a la TAR a suspender el reparto de hidrocarburos. En tanto, en la zona de Ciudad Mier, trabajadores de una compañía fueron interceptados por un comando armado cuando se dirigían a un pozo; les destruyeron los celulares y los amenazaron de muerte. No denunciaron por temor (cita un reporte de inteligencia del 4 de marzo).

El día 3, un trabajador recibió la llamada de su padre que laboraba como vigilante en el acceso que conduce a una de las estaciones de recolección de gas, manifestándole que había sido detenido por varios sujetos; luego sería liberado tras un operativo conjunto de Pemex y Semar.

El día 8, hacia la zona de Cadereyta arrojaron un artefacto explosivo en una franquicia de Pemex. El 9, en Reynosa, una trabajadora jubilada fue interceptada por un vehículo del que bajó un hombre y le disparó en dos ocasiones. El día 10 aparecieron *narcomantas* en Río Bravo, del lado de Tamaulipas y también en Nuevo León. Al día siguiente, en Río Bravo, se registró un enfrentamiento armado y bloqueos sobre la carretera con camiones, vehículos y autotanques de Pemex.

El 13 un comando se llevó a un trabajador de la Estación Arcos 2, liberándolo horas después en el centro de Reynosa. En la Estación de recolección Cuitláhuac, un comando amagó al operador de una compañía para sustraer equipo de esa instalación.

Todo el mes, los *halcones* reforzaron su vigilancia en Burgos. En las inmediaciones de la TAR de Tampico eran los *halcones* quienes autorizaban el ingreso a los trabajadores de Pemex. Las cuadrillas de empleados que transitaban de Reynosa a Ciudad Mier eran golpeadas por comandos armados. Les cateaban los vehículos y les confiscaban sus identificaciones.

—¡Ya les dijimos que no queremos gente de Pemex ni de compañías —advertían.

El 18 un comando sustrajo materiales del Campo Reynosa.

El 19 se instalaron *narcobloqueos* de Reynosa hacia Cadereyta. En la zona ribereña, cinco trabajadores de una contratista se trasladaban hacia los pozos de Nueva Ciudad Guerrero para el cambio de guardia; a las 14:30 entraron a la brecha que conduce a uno de los pozos principales, cuando se percataron que desde el interior de dos camionetas, cinco hombres los vigilaban. Allí los interceptaron; horas después los liberaron en las inmediaciones de la cabecera municipal.

Por temor a represalias se negaron a detallarle a la policía interna de Pemex lo que ocurrió durante las horas en las que permanecieron secuestrados y las condiciones para su liberación.

El día 21, en un enfrentamiento nocturno entre dos comandos fue herido un trabajador petrolero.

El 22, en las inmediaciones de la TAR Tampico se registró un enfrentamiento entre grupos armados y elementos del Ejército. Luego, un comando transportado en 15 camionetas se instaló en la zona. A la mañana siguiente, los trabajadores de la terminal eran interceptados por *halcones* que, tras interrogarlos, los dejaban ingresar a la instalación petrolera.

El 25, camino a Ciudad Mier, una cuadrilla de trabajadores de mantenimiento fue interceptada en dos ocasiones por grupos armados. En la primera les revisaron el vehículo y sus identificaciones; en la segunda, los golpearon, les quitaron sus pertenencias y herramientas.

—¡No queremos ver obreros de Pemex ni de compañías por la región! —dijo un hombre del comando.

—Ya les advertimos —secundó otro.

El día 26 a las 18:48 un comando de cuatro hombres encapuchados y armados persiguió a un contratista hasta la TAR. En Nueva Ciudad Guerrero, personal del área de pozos fue retirado "debido al clima de inseguridad que impera en la región", según informó el coordinador de Seguridad Industrial y Protección Ambiental del Activo Integral Burgos a personal de la GSSF, a quienes solicitó operativos en la estación de compresoras. A los empleados de los campos del municipio de Doctor Coss, en Nuevo León, se les redujo el horario a las 16:00 horas, y se instruyó que a todas las unidades se les instalaran sistemas de localización GPS.

A partir de la mañana del día 30, los vehículos, los camiones y las pipas de Pemex fueron usados recurrentemente para los *narcobloqueos* desde Reynosa hasta Díaz Ordaz. En Reynosa había enfrentamientos armados entre los autotanques que transportaban condensado del campo Nejo a la Batería Monterrey, en Reynosa, y los caminos hacia Matamoros y Valle Hermoso estaban bloqueados con vehículos cisterna.

En Tampico, comandos armados a bordo de 20 lujosas camionetas pasaban frente a las instalaciones de Pemex efectuando disparos. A las afueras de una televisora colocaron cartulinas donde advirtieron a los funcionarios que no intervinieran en sus asuntos. Al hospital regional de Pemex llegaban los heridos del enfrentamiento en el Boulevard Colosio.

Ese mes de marzo cerró con mayor turbulencia que con la que había comenzado. Antes de las nueve de la mañana se desató un enfrentamiento entre el cártel del Golfo y *Los Zetas*, quienes persiguiéndose por diferentes calles de Reynosa, a bordo de más de 20 vehículos, realizaban disparos con armas de fuego. Personal de la GSSF implementó un operativo para resguardar siete autotanques cargados con condensado que se transportaba del campo Nejo a la Batería Monterrey. Los tanques quedaron atrapados en un *narcobloqueo* en la salida que conduce hacia los municipios de Reynosa, Matamoros y Valle Hermoso.

Cerca del mediodía, de nuevo en Reynosa, sobre el Boulevard Colosio se registró un enfrentamiento armado entre *Los Zetas* y el Ejército. Dos militares de la Octava Zona fueron ingresados en el Hospital Regional de Pemex, con heridas de esquirla por granada en el cuero cabelludo y la espalda, y otro herido por proyectil de arma de fuego en el lado derecho del abdomen.

Abril

Este mes arrancó con un enfrentamiento matutino entre el cártel del Golfo y *Los Zetas* sobre el Boulevard Hidalgo.

Y el día 2 por la mañana se suscitó otro enfrentamiento en la zona administrativa de Pemex, en la colonia Jarachina, en Reynosa; mientras que en Tampico, a las 15:00 horas, dos comandos se enfrentaron a balazos, y a las 23:00 horas, en ese mismo puerto y dentro del marco de las fiestas de abril a las que cotidianamente asisten las familias de los petroleros, en un evento al aire libre, un comando disparó contra los asistentes, con un saldo de siete muertos. Una hora después *rafaguearon* diversos antros y centros nocturnos en Tampico y Ciudad Madero.

El 6 de abril se instalaron *narcorretenes* en las estaciones de recolección de gas en Camargo y Doctor Coss. Petroleros y contratistas fueron amenazados para que salieran de la zona y recibieron advertencias de no transitar por aquellas brechas. Ese mismo día, en uno de los pozos de gas en Doctor Coss, una cuadrilla encontró tres cuerpos esposados a la orilla de la *pera*: eran el director de la policía municipal de Los Aldamas, Oliver García Peña, y dos de sus subalternos. Por ese día la TAR de Tampico suspendió el reparto de hidrocarburos "a consecuencia de la situación de inseguridad que prevalece en la región".

El 8 de abril entró un comando en las instalaciones de una contratista de Pemex y sustrajeron 20 camionetas y equipo de cómputo. El 9 hubo enfrentamientos en Camargo, y el 10, la ocupación del campo de gas Reynosa por un comando armado, sobre la carretera ribereña entre Nueva Ciudad Guerrero y Ciudad Mier.

El 11 apareció un ejecutado junto a una estación de recolección de gas en General Bravo. Más tarde se llevaron a dos de compañía: Sergio Alberto Salinas de la Riva y Alberto Leonides Rodríguez González, de las empresas Velcom y Tecpetrol.

Ambos trabajadores habían recibido el aviso de que en el ejido Santa Gertrudis, en Camargo, una antena estaba caída, así que ese domingo, pasadas las 6:30 de la mañana, salieron de Reynosa hacia la estación de trabajo en el poblado Venecia, a unos 35 kilómetros —entre el municipio de Díaz Ordaz y Camargo—, donde recogerían su herramienta en la oficina de Tecpetrol. Viajaban en una Frontier Nissan 2008, placas de circulación WH62328, propiedad de Tecpetrol, y en el camino los *levantaron*.

El 13 de abril a las nueve de la noche un comando armado llegó a amedrentar a balazos a los trabajadores de uno de los pozos en General Bravo; luego en el patio de maniobras de la TAR Reynosa ingresó una camioneta "sospechosa" color negro. Después, mientras salía a repartir gasolina a una franquicia sobre la carretera ribereña, el autotanque de Pemex fue seguido por una camioneta color blanco.

Al día siguiente hubo *narcobloqueos* en la carretera desde Reynosa a Monterrey; y en San Fernando se registraron enfrentamientos entre los dos cárteles que dejaron como saldo un muerto y cuatro vehículos abandonados. Afuera de la TAR de Tampico los tripulantes de una camioneta color negro con vidrios polarizados estuvieron despojando de sus vehículos a los conductores que arribaban a la zona. Y en Altamira, dos sujetos sustraían materiales y tubería en el pozo Tamaulipas 201.

El 15 de abril se presentaron enfrentamientos y bloqueos en los pozos de Reynosa y Cadereyta; los heridos fueron atendidos en hospitales de Pemex. A las 15:35 un comando *rafagueó* las inmediaciones de la Casa de Bombas de la Refinería de Ciudad Madero. En un pozo de gas de Río Bravo se encontraron dos camionetas con impactos de arma de fuego y al interior dos cuerpos sin vida.

Los comandos armados mantenían bajo estricta vigilancia a obreros de campo, choferes y funcionarios de Pemex; un ejemplo claro de este acoso es el de un conductor de una pipa, propiedad de Pemex, que el día 15 de abril de 2010, cuando entregaba un pedido a una gasolinera ubicada sobre la carretera San Fernando-Reynosa, fue abordado por diversos hombres que le solicitaron su número de celular. En cuanto el chofer regresó a la terminal se lo comentó a su jefa y ésta le ordenó que al día siguiente no saliera a ninguna entrega. Por la noche, el operador recibió una llamada:

—¿Por qué no saliste a trabajar hoy? —cuestionó el interlocutor.

—Es que la pipa está en el taller mecánico —justificó el chofer.

—Mentira. Vimos la pipa durante el día —respondió su interrogador advirtiéndole que estaba bajo vigilancia.

El 19 hubo enfrentamientos en Camargo, Valle Hermoso y Cadereyta. Tres días después se encontró en Río Bravo un túnel donde la toma clandestina conectaba con los pozos.

El 21 en General Bravo, Nuevo León, el Ejército aseguró un camión con 42 mil litros de condensado. Junto con éste, en otra camioneta, viajaba un trabajador del Departamento de Operación de Pozos del Activo Integral Burgos y otro empleado de compañía; y en un tercer vehículo, cuatro hombres más.

La mañana del 22, cuatro trabajadores de compañía fueron secuestrados por un comando de 15 camionetas con hombres armados. Tres de ellos fueron liberados ese mismo día a orillas de la carretera; del otro trabajador no se supo nada más (su vehículo fue encontrado días después en China, Nuevo León). Por la tarde, en Doctor Coss, a las 14:00 horas, un comando ingresó en el campamento de perforación. Se llevaron gasolina y víveres.

El 26 de abril, a las 20:00 horas, un comando de 40 *zetas* entró en las instalaciones de un pozo en General Bravo, donde había 10 trabajadores; cinco de ellos alcanzaron a huir. Al resto lo amenazaron de muerte. En una de las estaciones de recolección del mismo campo detonaron granadas. Al día siguiente varias contratistas sacaron a sus empleados de la zona.

El 27 se intensificó la presencia de comandos *zetas* en todos los campos y pozos de General Bravo; se trataba de convoyes de 20 camionetas y hombres armados que advertían a los petroleros que debían salir de la zona. Al día siguiente, los comandos ocuparon los pozos de Miguel Alemán.

El 28, en un operativo en una finca de Sabinas Hidalgo, Nuevo León, la Sedena rescató a 16 personas secuestradas; entre ellas el trabajador de una compañía prestadora de servicios de mantenimiento a pozos de gas en Burgos. Pero los petroleros no tuvieron un respiro para celebrar el rescate de uno de los suyos, pues a los pozos de General Bravo llegaron comandos armados a expulsar a los obreros de Pemex.

El día 30, tras una jornada de enfrentamientos en Tampico, Madero y Altamira, *levantaron* a un ingeniero del área de perforación de pozos. Al día siguiente, tres petroleros fueron ejecutados en Doctor Coss.

Más osados, en los días siguientes los comandos ingresaron en los hoteles de Reynosa y General Bravo donde se hospedaban ejecutivos y trabajadores de una compañía contratista de Pemex; llegaron a advertirles que no querían verlos en los pozos o las brechas.

Mayo

El Día de la Santa Cruz de 2010, en la Cuenca de Burgos, 14 trabajadores de Pemex —todos sindicalizados, con varios años de experiencia y algunos incluso a punto de jubilarse— se enfrascaron durante horas en una discusión generada por el dilema que enfrentaban entre obedecer o no a su jefe, quien los envió a trabajar a la zona de Nuevo Laredo, pero el solo hecho de trasladarse para allá les aterraba porque los comandos armados estaban *levantando* gente.

Decidieron escribirle una carta a su dirigencia sindical y a los directivos de la paraestatal, en la que exponían los motivos por los cuales solicitaban que no los enviaran a esa zona:

> Por la inseguridad que se vive en nuestra región y en el lugar donde hace 1 año 7 meses pernoctamos en Ciudad Miguel Alemán, lo cual nos hizo sentir seguros, pero ahora nos notificaron que nos vayamos a Nuevo Laredo, lugar que a nuestro sentir y por lo que vivimos diariamente no sentimos seguridad, aclarando que no nos negamos a ir a nuestras áreas de trabajo pero sí nos sentimos inseguros.

Carta de trabajadores a sus directivos y a la dirigencia sindical.

La misiva no tuvo eco y la situación se tornó más tensa cuando en distintos puntos de la Cuenca de Burgos aparecieron mantas en las que los cárteles invitaban a los trabajadores a reclutarse con ellos como guías en los terrenos. Como no tuvieron respuesta, comenzaron a *levantarlos*.

El 4 de mayo se registraron nuevos enfrentamientos en las estaciones de recolección de gas del municipio de China. Un comando tomó fotografías al personal que hacía trabajos de limpieza en los pozos de Montemorelos y las camionetas de Pemex en que se transportaban. Otro grupo armado *levantó* a seis trabajadores que tomaban datos sísmicos en Camargo, y en un retén de *zetas* dos trabajadores de una subcontratista en Miguel Alemán sufrían la misma suerte; los liberaron al día siguiente.

El 6 de mayo, cuando viajaban a bordo de una camioneta de Pemex hacia los campos de Reynosa, Jorge Antonio Cobos, coordinador de Mantenimiento, Equipo Dinámico y Sistemas Auxiliares, y otros trabajadores, fueron interceptados por un vehículo del que descendieron cuatro sujetos armados. Uno de ellos le reclamó que "si no entendían que no los querían en el área". Les ordenaron que se retiraran, y cuando se iban les tiraron tres balazos en el *camper* de la camioneta. Aquel día otros comandos armados bloquearon los campos de gas de Doctor Coss y General Bravo.

El 7 de mayo un vigilante de la Terminal Marítima Madero fue asaltado por un comando, y liberado bajo amenazas. Identificó a uno de los agresores como trabajador de Pemex.

El día 11, un comando armado a bordo de cuatro vehículos encaró a la guardia de *especiales* que patrullaba la estación de recolección de gas Reynosa. Les reclamaron su presencia en el área. Los *especiales* expresaron que atendían el reporte de una fuga de combustible.

Ante la respuesta, un hombre del grupo agresor dio el parte informativo vía radio. En segundos llegaron diversas camionetas y más elementos armados. Les ordenaron a los vigilantes de Pemex que se retiraran, porque esa zona estaba bajo su control, y les explicaron que si insistían en estar allí, tendrían que "dejarlos trabajar y aceptar el dinero que les ofrecieran".

El informe de inteligencia, fechado ese mismo 11 de mayo, cita:

Agregaron que contaban con la ayuda de ingenieros de Pemex para el asesoramiento de sus labores. Asimismo pretendieron entregar un fajo de billetes que fue rechazado por los elementos de esta Gerencia de Seguridad que procedieron a retirarse de las instalaciones.

Al día siguiente, una toma clandestina en Reynosa generó la presencia de dos *especiales*. En una brecha los interceptó un comando, los revisaron y les exigieron sus datos personales que inscribieron en una libreta.

—Los vimos cuando llegaron al derecho de vía. No queremos ver militares por esta área —dijo un hombre que se identificó como jefe del grupo.

—¡Aquí todo se sabe! Si denuncian, los vamos a *levantar* —secundó otro.

En Nuevo Laredo, el 14 de mayo un agente aduanal de Pemex Internacional notificó a las oficinas de la ciudad de México que posiblemente suspenderían labores durante todo el fin de semana pues se esperaban enfrentamientos entre el cártel del Golfo y *Los Zetas*.

El 16, ocho trabajadores de la compañía Delta fueron *levantados*.

El día 19 fue especialmente conflictivo: los comandos instalaron retenes en toda la frontera chica. En la brecha hacia la estación Enlace en Nueva Ciudad Guerrero, trabajadores de varias compañías vieron abandonados los vehículos de las cuadrillas 16 y 17 de Pemex. En el sector Velero, a exceso de velocidad cruzaban las unidades de las cuadrillas 8 y 15 con rumbo a Nuevo Laredo. Sus vehículos aparecerían luego en la entrada a un pozo que ocupó un comando, pero de ellos no se tuvo más rastro; tampoco contestaron ya sus celulares. Doce cuadrillas más debieron resguardarse en las instalaciones administrativas de Pemex. Mientras que afuera, en la zona, otro comando golpeó a los de la cuadrilla número 21.

A otros trabajadores un comando les advirtió que salieran del área, que no los querían ver ahí, pues sabían que ellos traían "a los michoacanos en las brechas" y ya los tenían identificados.

El 21 de mayo, en el pozo Gigante 1 estaban de turno algunos de los 14 trabajadores que el 3 de mayo enviaron a sus superiores la carta donde informaban sobre la situación de riesgo en la que se encontraban. Al pozo arribó un comando armado, los echaron al sueldo, los golpearon e interrogaron.

En cuanto los hombres armados se fueron, los petroleros informaron lo ocurrido a sus jefes, Ignacio Olea Acosta, Arturo Rodríguez y Adalberto Mancilla, e hicieron lo propio con sus representantes sindicales Gustavo Fong y Moisés Balderas. Dos días después, los *levantaron*.

El 23 de mayo de 2010, antes de las siete de la mañana, Christopher Adán Cadena ingresó en las oficinas de la Estación Gigante 1, donde se ubica el pozo de gas natural del mismo nombre, uno de los más productivos de Burgos, en el municipio de Nueva Ciudad Guerrero. Saludó a Eduardo Zavala, a quien relevaría.

Entre las ocho y las 9:45 de la mañana, un comando armado tomó por asalto la Estación y el pozo Gigante 1.

—¡Todos boca abajo! —gritó uno de los hombres agresores.

Los cinco trabajadores petroleros se echaron al suelo: Saúl García Ayala, instrumentista especializado en máquinas de compresión, de 47 años de edad, 29 trabajando para Pemex en el departamento de sistemas de compresión de gas y gasolina; Anselmo Sánchez Saldívar, de 50 años, 28 laborando en la Cuenca de Burgos como mecánico especialista; Mario Zúñiga Salas, 59 años, 32 trabajando en la paraestatal; Francisco Rivera, ayudante de mecánico, y Christopher Cadena García, de 22 años de edad.

A 130 kilómetros, en Reynosa, Rosalía, la esposa de Saúl, sintió una corazonada y supo que algo malo le sucedía a su marido. El día anterior, sábado de su descanso, la había pasado con ella, con su hija y los nietos. La madrugada del domingo se despidió con la promesa de regresar a la siguiente semana.

Pero Saúl tenía por costumbre llamarle hasta tres veces por día, y aquel domingo el teléfono no repiqueteó ni una sola ocasión. En cada uno de los cinco hogares se repitió la misma historia: las horas de silencio, la sospecha de secuestro y una petición de rescate que nunca hubo, hasta que las cinco familias coincidieron en el local sindical y las oficinas de Pemex, donde fueron a preguntar por los suyos.

Algo peculiar ocurrió en las instalaciones petroleras el día del secuestro. Eduardo Zavala Balboa, encargado de turno al que suplirían, avistó al comando y se escondió en las oficinas de la estación. Desde allí reportó a sus jefes la presencia de civiles armados y pidió auxilio, pero no hubo respuesta.

Entre el momento en que vio a los hombres armados y cuando se llevaron a sus compañeros, pasaron más de cien minutos en los que nadie atendió la emergencia. Luego Zavala, el único testigo del caso, fue retirado de la zona recurriendo al argumento de un supuesto "periodo vacacional", por instrucciones de la dirección.

La relatoría del secuestro quedó inscrita en un documento interno de PEP. Con la leyenda "Inseguridad Estación Compresoras Gigante 1", el jefe del Sector Arcabuz-Culebra informó de lo ocurrido al administrador del Activo Integral Burgos, Miguel Ángel Maciel Torres, en los siguientes términos:

06:50. Se presenta a laborar normalmente el trabajador Christopher Adán Cadena García, F-421413, en las oficinas de operación en la Ciudad Miguel Alemán.

08:05. El operador en turno en la Estación Gigante 1, Eduardo Zavala Balboa, F-622896, sale de la caseta a abrir el portón para esperar a su relevo, percatándose de la presencia de personas civiles armadas fuera de la Estación e inmediatamente regresa a la caseta y habla a la jefatura de campo de Ciudad Mier, no obteniendo respuesta alguna.

08:15. Observa por la ventana de la caseta de operación la unidad núm. 23 en la cual venía el chofer de la unidad así como su relevo, percatándose que el personal armado tenía tirados en suelo boca abajo a dichas personas. Procediendo él a resguardarse entre las unidades motocompresoras de la Estación.

09:45. Se percata que se retira el personal civil armado llevándose tanto la unidad como al personal antes mencionado.

09:50. Reporta de los hechos al supervisor de plantas compresoras Luis Manuel Herrera López, F-135955.

10:00. El supervisor de plantas compresoras Luis Manuel Herrera López (F-135955) reporta a Jesús Francisco Salinas Navarro (F-211621) de los acontecimientos suscitados en la Estación de Compresión Gigante 1, al mismo tiempo se corrobora dicha información con personal de guardia del Sector Miguel Alemán, Víctor Manuel Barragán Hernández (F-454471).

10:05. Me reporta Jesús Francisco Salinas Navarro de lo sucedido.

Luego del secuestro, los familiares buscaron apoyo del Sindicato Nacional de Trabajadores Petroleros de la República Mexicana (SNTPRM); viajaron a la ciudad de México para intentar hablar con el líder Carlos Romero Deschamps. "Ni uno ni otro nos dieron la

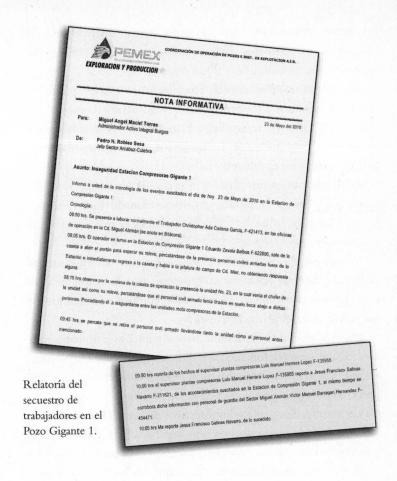

Relatoría del secuestro de trabajadores en el Pozo Gigante 1.

cara, empresa y sindicato dejaron solas a las familias", dice Armando Galván, primo de Anselmo Sánchez.

El 6 de junio aprovecharon la visita del líder sindical a uno de los eventos de apoyo en la campaña del candidato de la Alianza Todos por Tamaulipas, Rodolfo Torre Cantú. En el encuentro, en el salón Alejandra de la Quinta Blayser, levantaron pancartas con fotografías del hijo, el hermano, el padre, el compañero de trabajo: "Compañeros petroleros, estamos solos, apóyennos", "Exigimos su apoyo para secuestrados", "Que regresen".

—¡Ahorita nos ponemos de acuerdo, ustedes saben que nosotros no le sacamos a los problemas! —dijo ufano Romero Deschamps. Su "ahorita" nunca llegó. Flanqueado por guardaespaldas abandonó el salón mientras la custodia de la dirigencia local impedía el paso a los familiares.

—Mi hijo no es un número ni una cifra como dicen los directores de Pemex —expresa un descorazonado Luis Armando Cadena Tijerina, padre de Christopher Adán, el más joven de los secuestrados.

"Desde ese día la empresa no quiso responder por ellos aunque estaban en hora de trabajo, y no quisieron asumir su responsabilidad", reclama Rosalinda. "Hemos estado completamente solos", se queja Armando, el primo de Anselmo.

Poco después de que denunciaron el rapto, los familiares recibieron amenazas telefónicas, y los directivos de Pemex les suspendieron el salario con el pretexto de que el contrato colectivo no prevé cómo actuar en un caso de desaparición.

Las familias dicen que si los directivos de Pemex hubiesen atendido las alertas, ninguno habría sido *levantado*. Acusan complicidad y negligencia en el caso. "Los jefes hicieron caso omiso a todos los problemas que ellos habían tenido y que les habían reportado", dice Rosalinda. Desde entonces ni rastro de ellos.

Desamparadas y expuestas, las cinco familias no pudieron hacer mucho: sigilosamente acudieron al sindicato y preguntaron si había noticias; suplicaron a los militares de la Octava Región que los buscaran; vivieron atentos de las detenciones y hallazgos de la Marina. Finalmente rezaron en la clandestinidad del hogar repitiendo incesantes plegarias con la esperanza de la ayuda divina ante la indiferencia terrenal.

—¿Buscarlos? ¿Dónde? ¿En el monte, en los campos, en los pozos? —pregunta Rosalinda—. No nos queda más que esperar y rezar.

—Yo todos los días me comunico a su celular, en la mañana, tarde y noche, todos los días; aún tenemos la esperanza de que nos conteste —interviene Nelly, la nuera de Mario Zúñiga.

—Que sea lo que Dios quiera —invoca Luis Armando, padre de Christopher, en un profundo suspiro.

Al día siguiente del secuestro de los cinco obreros de Pemex, en Miguel Alemán, hubo enfrentamientos armados.

El 29 de mayo a las 12 del día, resguardados por un grupo de *especiales*, varios trabajadores reparaban un ducto dañado por una toma clandestina. De pronto llegó un comando de 25 hombres en seis camionetas. Les ordenaron irse. Minutos después llegó el jefe del grupo agresor y ordenó que cuando terminaran la reparación se fueran inmediatamente. A los *especiales* les indicó que no hicieran patrullajes nocturnos "porque podemos confundirlos".

Junio

El 3 de junio un ingeniero de compañía que iba de Reynosa hacia un pozo de Nuevo Laredo fue *levantado*. Tres días después se suscitaron bloqueos y enfrentamientos en Nueva Ciudad Guerrero y Valle Hermoso. Se cerraron pozos en Guerrero y Mier.

El 20 desapareció un trabajador de una compañía cuyo vehículo se encontró en el acceso a un pozo en el municipio de Miguel Alemán.

Al día siguiente en las oficinas del Activo Integral Burgos se anunció el cierre de pozos en los municipios de Nueva Ciudad Guerrero y Ciudad Mier "debido al clima de inseguridad prevaleciente en la jurisdicción, dada la presencia de civiles armados pertenecientes a la delincuencia organizada, situación que se ha agudizado ante la disputa por el control de la plaza" (informe de inteligencia del 21 de junio de 2010).

El 24 de junio cinco *zetas* que controlaban el pozo Arcos 145, en Ciudad Mier, intercambiaron fuego con los *guachos* de la Octava Región que llegaron a desalojarlos. Murieron los *zetas*, ganaron los *guachos*. Les decomisaron 11 mil 336 cartuchos útiles, 99 cargadores y cuatro granadas.

Con 17 impactos de bala resultó la camioneta de Pemex que el 25 de junio un comando quitó a los trabajadores en un pozo del municipio Méndez, y que fue hallada tres días después.

Ese 28 de junio los embarques del campo Reynosa quedaron atrapados entre los bloqueos que diversos comandos instalaron en la carretera federal San Fernando-Reynosa. En Ciudad Mier se suspendió el egreso de los embarques de gas y condensado.

Julio

El 7 de julio sobre la carretera Reynosa-Monterrey dos trabajadores de compañía lograron esquivar un retén falso; recibieron en su huida cinco impactos de bala en la camioneta. Se refugiaron en la TAR Cadereyta. Allí los militares del 87 Batallón les recomendaron por seguridad no denunciar ante las instancias de seguridad pública del estado "dada la posibilidad de que se cuenta con malos elementos".

El día 14, los trabajadores de una estación de recolección de gas en el municipio de Miguel Alemán fueron advertidos por un comando que debían salir de la instalación.

El 16, conductores de pipas fueron despojados de sus unidades para los bloqueos en Nuevo Laredo. Hacia mediodía oficialmente se suspendió el reparto en la zona.

El 19, comandos armados desalojaron a los trabajadores de los pozos de Nuevo Laredo; a los de Reynosa les "autorizaron" trabajar hasta las 15:00 horas. El personal de vigilancia suspendió los patrullajes.

El 27 de julio comandos armados rodearon las oficinas administrativas de Activo Integral Burgos, en Reynosa.

El 30, en la brecha que conduce al campo productor Sigma, se encontró un vehículo y dentro el cuerpo de un hombre sin vida. Por las brechas hacia Cadereyta fueron hallados otros dos cuerpos.

Agosto

Agosto comenzó con ataques a vehículos de Pemex sobre la carretera Reynosa-Matamoros; los comandos arrojaban artefactos de fabricación casera llamados *estrellas*.

A partir del día 3, cuando se intensificaron los enfrentamientos entre comandos armados que mantenían ocupados distintos pozos del Activo Integral Burgos Reynosa, los trabajadores eran sometidos a revisiones en retenes, cateos e interrogatorios de los dos bandos (cártel del Golfo y *Los Zetas*).

El 18 de agosto en la colonia Almaguer, en Reynosa, se encontró un tonel con condensado junto a un predio en cuyo interior había seis toneles más del mismo hidrocarburo. El 19, las estaciones de recolección de gas en San Fernando registraron bajas por sustracción. Para esa fecha en la zona ya no había personal de Pemex, pues los comandos los habían expulsado.

El último día de ese mes, en los campos de gas de Nuevo León se encontraron dos cuerpos sin vida, amordazados y sujetos con cinta en las manos.

En agosto diversos pozos del Activo Integral Burgos —en Tamaulipas y Nuevo León— permanecieron ocupados por comandos armados; los vehículos y tanques de Pemex, cargados o no, fueron usados para los *narcobloqueos*. Ingenieros y obreros eran *tableados* (castigo que consiste literalmente en golpear al otro en las nalgas y los pies con tablas gruesas) por no acatar la instrucción de disminuir la velocidad si el comando apostado en el camino les hacía señas; tableados si no respetaban el toque de queda; tableados si entraban en las zonas de exclusión, tableados si se quejaban ante sus superiores; tableados si respondían; tableados si se quedaban callados.

Septiembre y octubre

En septiembre se intensificaron los enfrentamientos en las brechas de los campos Caudaloso, Sigma, Lomitas y Cañón del Activo Burgos. Fueron *levantados* trabajadores que según los comandos no respetaban los toques de queda; los castigaban incautándoles las camionetas de Pemex y abandonándolos en brechas remotas.

El 8 de octubre en el camino del campo Nejo, en San Fernando, hacia Reynosa, desaparecieron tres trabajadores.

El 13 amaneció con *narcobloqueos* en la carretera Mante-El Limón, precedidos por un enfrentamiento entre un comando y militares, en el que quedaron varados tres autotanques que harían la ruta de reparto de hidrocarburos en la zona. Del lado de Reynosa, en las inmediaciones de una estación de recolección de gas se encontró un vehículo quemado con dos civiles ejecutados dentro; cinco días después, en la brecha hacia los pozos de San Fernando, un comando *levantó* a tres ingenieros de Pemex y dos empleados de seguridad industrial; los liberaron esa misma noche.

El 28 de octubre se localizaron diversas tomas clandestinas en Reynosa. Los comandos instalaron tomas directas del gasolinoducto que corre de la Estación de recolección de gas Cuitláhuac a la Central de Medición Reynosa.

Noviembre y diciembre

Para noviembre aumentó la incidencia de tomas clandestinas en el campo de gas Reynosa; se detectaron seis entre los días 3 y 5 de ese mes.

El día 6 desde temprano hubo enfrentamientos entre *Los Zetas* y el cártel del Golfo en distintos puntos de la Cuenca de Burgos; de nuevo los autotanques de Pemex se usaron como barricadas. A las 10:59 horas otros dos vehículos cisterna fueron utilizados para bloquear la carretera con dirección a Matamoros; uno de ellos estaba cargado con cuatro mil litros de condensado y el otro con 21 mil litros de agua congénita procedente de una estación de recolección con destino a San Fernando.

Entre las 21:30 y las 22:10 horas se presentó otro enfrentamiento entre ambos bandos en Reynosa, con bloqueos en la carretera Reynosa-Matamoros. Aparecieron en la Cuenca mantas con el siguiente mensaje:

> Una vez más se demuestra el destino de los traidores aplastando a los traidores de "las golfas" que no caben en ninguna parte ni en el infierno allá van a estar los zetas que se nos adelantaron para volverlos a matar, para todas las traidores de las golfas que traen la escuela del informante de Osiel, haber donde se meten porque no tienen a donde ir andan dando vueltas sobre las mismas cacerolas. Atentamente la unidad zeta.

El 23 de noviembre cuando circulaba por la calle principal del municipio de General Bravo, un empleado del departamento de mantenimiento a sistemas fue interceptado por un comando a bordo de tres camionetas; le robaron el vehículo de Pemex y los equipos de comunicación que transportaba.

En esa misma área, el 1° de diciembre un trabajador fue interceptado por un comando integrado por sujetos vestidos con overol naranja, de los que usan los contratistas de Pemex, y portando armas largas a bordo de una camioneta. El día 4, en el campo Reynosa quedó abandonado un tractocamión sin placas con 30 mil litros de condensado hurtado.

En lo general, pues, fracasaron las estrategias para la seguridad en la zona que Pemex pagó a compañías extranjeras. Una de ellas, Forma BI Consultores, contratada en agosto de 2009 para el "servicio estratégico de seguridad física etapa I —control de acceso en edificios administrativos— en instalaciones del Activo Integral Burgos", cobró 58 millones de pesos. Falló también la contratación que PEP hizo por adjudicación directa con la International Security and Defence Systems Ltd., para "evaluar los riesgos y las amenazas físicas" en la región. Las compañías de seguridad nunca advirtieron que los de Burgos se volverían campos de guerra.

La ingobernabilidad fue en aumento, y en ese vacío de autoridad, los campos gaseros se convirtieron en pistas clandestinas y áreas de carga y descarga de drogas, como aquel febrero de 2010, cuando un grupo de *zetas* tomó un campo de abastecimiento de combustible del poblado El Triunfo, en Reynosa; desalojaron al personal de Pemex para cargar y descargar 979 paquetes con más de cuatro toneladas de mariguana. La Semar dice que los desalojó a balazos.

En ese boyante mercado negro de condensado, las bodegas "clandestinas" para resguardar el hidrocarburo, los equipos y los vehículos usados para su trasiego y hasta las herramientas contables del negocio se ubicaban en las zonas industriales de Reynosa. Una de éstas se incautó en 2010 en la calle Cerro de la Silla: equipo de cómputo, autotanques, cajas, lanchas con sus remolques, plataformas y camionetas.

Había vehículos con placas de Tamaulipas y de Texas, y tractocamiones de RC Express, Servicio RC Express Estaciones de Gasolina, Fergo, Autotanques Temsa, Euro Transportes Internacionales, además de herramientas y materiales para el trasiego de combustibles, principalmente mangueras (AP/PGR/TAMPS/REY-UMAN/1917/10).

Tras su ruptura, el cártel del Golfo continuó operando las bodegas de Reynosa y Río Bravo. *Los Zetas* hicieron de San Fernando su principal bodega de condensado robado, allí mismo donde mantenían su centro de entrenamiento y donde en agosto de 2010 se encontraron los cuerpos de 72 migrantes centro y sudamericanos asesinados, y luego 193 cadáveres en fosas clandestinas.

En junio de 2010, Pemex presentó en cortes estadounidenses la primera demanda por el robo y la comercialización de condensado, en contra de las compañías BASF Corporation, Murphy Energy Corporation, Trammo Petroleum Inc., BIO-UN Southwest Inc., Valley Fuels U.S., Petroleum Depot, Inc., Continental, Fuels Inc. y High Sierra Crude Oil Marketing, por la posesión y adquisición de condensado sustraído ilícitamente en la Cuenca de Burgos.

La demanda, presentada en instancias civiles, tenía el propósito, según Pemex, de "inhibir la introducción y comercialización ilegal de hidrocarburos". Sin embargo, en la Cuenca de Burgos no dis-

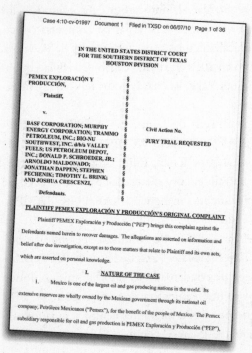

Demanda contra
petroleras destinatarias
de condensado robado.

minuyeron ni la extracción ilícita ni la violencia en contra de los trabajadores, como si los compradores no temieran ser enjuiciados.

El 4 de junio de 2010, el *levantón* le tocó a José Antonio Jiménez, empleado de Scomi. A las nueve de la mañana salió hacia un pozo rumbo a Nuevo Laredo, y cuando llegó a la instalación se lo llevaron.

Para diciembre de ese año, el ingeniero Walter Nudding, jefe del Departamento de Mantenimiento del Sector Ductos Reynosa, reportó a la Gerencia de Seguridad que el 25 de noviembre de 2010 un individuo con una motoconformadora realizaba una brecha en el derecho de vía derribando durante su trayecto cercas y portones que delimitaban las propiedades. Cuando le cuestionaron respondió que trabajaba "para la maña" y que le habían ordenado hacer dicho camino.

Y desde aquel diciembre de 2010 los comandos armados, en diversas áreas de la Cuenca, impusieron a los petroleros un horario para permanecer en los pozos hasta las tres de la tarde; después de esa hora, absolutamente todos debían estar fuera.

En mayo de 2011, el jurídico de Pemex presentó, también en cortes estadounidenses en el distrito de Texas, otra demanda en contra de otro grupo de empresas identificadas como "potenciales involucradas" en el mercado negro de condensado, hidrocarburo que según la paraestatal algunas de esas compañías habrían adquirido con conocimiento de su origen.

Los consorcios demandados son Big Star Gathering Ltd, LLP; F&M Transportation, Inc.; Joplin Energy, LLC; Hutchison Hayes Energy, LLC; Jeff Kirby; Plains All-American Pipeline, L.P.; Sem-Crude, L.P.; Saint James Oil, Inc.; Superior Crude Gathering Inc.; Western Refining Company, L.P.; y Transmontaigne. Además de las personas físicas James Jensen y Jeff Kirby.

Respecto a Transmontaigne —empresa constituida en Delaware y con centro de operación en Denver, Colorado—, según las acusaciones de Pemex, "participó en la conspiración de negligencia, ya que sabía o debía saber que sus instalaciones estaban siendo utilizadas para el tráfico de bienes robados".

Lo peculiar de esta segunda demanda es que además de compañías dedicadas a la distribución de hidrocarburos, se incluyó también como acusadas a empresas operadoras de ductos como la Plains All American Pipeline LP, SemCrude, filial de SemGroup's y Western Refining. Aparentemente, al igual que Josh Crescenzi, a otros también se les ocurrió la idea de que era más eficiente y lucrativo transportar el condensado robado a través de ductos conectados desde la región fronteriza de México a Estados Unidos. De hecho, en su demanda Pemex refiere que a lo largo y ancho de la frontera, los cárteles construyeron túneles e instalaron "sus propios ductos para facilitar los robos".

Big Star Gathering Ltd, LLP, tiene su principal área de operación en George West, Texas, y es una filial de Saint James Oil, Inc., corporación de Nevada con sede en Utah; el demandado James Jensen es su representante en este último estado. Para efectos de su supuesta implicación en el mercado ilícito de condensado, según Pemex, James Jensen —ciudadano nativo de Utah— "actuó en el ejercicio de sus funciones como presidente de los acusados Big Star y St. James".

Joplin Energy, LLC, es una división de la Hutchison Hayes Energy, LLC, ambas con sede en Baytown, Texas.

La F&M Transportation, Inc. es de origen texano pero con sede en Edinburg.

Superior Crude Gathering Inc. tiene su sede en Corpus Christi y es acusada junto con su presidente Jeff Kirby, ciudadano de origen texano.

IN THE UNITED STATES DISTRICT COURT
FOR THE SOUTHERN DISTRICT OF TEXAS
HOUSTON DIVISION

PEMEX EXPLORACIÓN Y PRODUCCIÓN,	§	
Plaintiff,	§ § §	
v.	§ § §	Civil Action No. _____
BIG STAR GATHERING LTD L.L.P., F&M TRANSPORTATION, INC., JAMES JENSEN, JOPLIN ENERGY, LLC, F/K/A HUTCHISON HAYES ENERGY, LLC, JEFF KIRBY, PLAINS ALL-AMERICAN PIPELINE, L.P., SEMCRUDE, L.P., SAINT JAMES OIL, INC., SUPERIOR CRUDE GATHERING, INC., TRANSMONTAIGNE PARTNERS, L.P., WESTERN REFINING COMPANY, L.P.,	§ § § § § § § § § § § § §	JURY TRIAL REQUESTED
Defendants.	§ § §	

PEP'S ORIGINAL COMPLAINT

PEMEX Exploración y Producción ("PEP") complains of the Defendants identified above as follows:

I. NATURE OF THE CASE

1. This lawsuit addresses the tra[...] condensate stolen in Mexico. Natural gas co[...] mixture of hydrocarbon liquids that is produ[...] generally transported in liquid form and us[...] petrochemical plants. Because condensate ofte[...]

---

38. The cartels built tunnels and even their own pipelines to facilitate the thefts. Pipelines were tapped far from any witnesses.

39. PEP has not sat idly by while Mexico's sovereignty has been invaded by these thefts. Although the condensate is gathered in a remote part of Mexico, extensive efforts have been implemented to guard Mexico's patrimony.

40. The issue is so important that the coordinated effort to protect Mexico's resources was launched by the President of Mexico, Felipe Calderon. In his words, "this is our national patrimony and we need to defend it."

41. As part of this effort, PEP enlisted the assistance of the Mexican Army, which was mobilized to guard the fields.

42. An anonymous hotline was created and the Mexican people exhorted to help stop the looting.

43. PEP has tried to maintain low liquid levels in remote storage tanks by continuously pumping condensate to collection centers.

44. PEP has also installed an elaborate electronic system to detect the loss of pressure when condensate is removed from its pipelines and gathering stations. Security cameras were also installed.

45. Military and private helicopters await any electronic notification of suspicious drops in pressure or other suspicious activities, but the Burgos Field is so expansive that many times it is impossible to get to the theft locations in time to stop the criminals.

46. In the courts, PEP and the Executive Branch of the Mexican government initiated investigations and criminal charges in Mexico against approximately 140 individuals involved in the Mexican thefts, including two Mexican customs agents who were jailed for allowing tanker trucks of stolen condensate to pass through Mexican customs and into the United States with

Petroleras, transportistas y operadoras de ductos, potenciales involucradas en el mercado negro de condensado.

Plains All-American Pipeline, L.P. es una empresa constituida en Delaware, con su principal centro de operación en Houston y Austin.

SemCrude, L.P., es también una empresa de Delaware, con su centro operativo en Oklahoma City.

De la misma manera, Western Refining Company, L.P., está constituida en Delaware, y su principal centro de operación es El Paso, Texas.

La acusación distingue que al parecer algunas de esas empresas adquirieron el condensado cuando ya otras habían *lavado* su origen; es decir, que serían ajenas a la sustracción o la comercialización con conocimiento de que era robado y trasladado a territorio estadounidense por las organizaciones criminales, ya que lo adquirieron por medio de terceros; pero que tampoco se aseguraron de que el hidrocarburo tuviera los derechos o título de propiedad "y por tanto era ilegal bajo las leyes de México y los Estados Unidos".

La nueva acusación habla también de documentos de exportación apócrifos y sobornos a funcionarios aduanales. Según indagatorias del ICE, este grupo de empresas se relaciona con el que coordinaba Arnaldo Maldonado, dueño de la compañía Y Griega. Se destaca también la supuesta participación de James Jensen como la persona que en ocasiones "viajaba a México a organizar las compras del condensado que los cárteles habían robado".

Transcurrirán por lo menos dos años para que el juzgado emita su fallo y establezca el monto de la compensación que la paraestatal reclama, y está también la posibilidad de que el asunto se dirima mediante un acuerdo extrajudicial, pues lo que los abogados de Pemex demandan es sólo un resarcimiento económico, como ocurrió con la primera demanda.

La venta de condensado robado "requiere una conspiración en Estados Unidos para pasar el gas por la frontera, lavar su fuente y fraudulentamente distribuir y vender el producto al beneficiario final", refiere Pemex en su acusación. En efecto, las empresas que compran el condensado robado alientan la sustracción y los delitos adicionales para lograr su cometido, como la desaparición de trabajadores petroleros.

Sólo que en sus demandas los abogados de Pemex omiten un detalle: que en la mayoría de los robos hay participación de empleados de la paraestatal y de contratistas. De manera que, mientras existan funcionarios corruptos, habrá contrabando. Gracias a ellos los cárteles de la droga descubrieron lo redituable que resulta robarle a Pemex y usar su infraestructura oficial para comercializar los hidrocarburos y lavar sus ganancias. Difícilmente dejarán esta actividad, pues en la industria en Estados Unidos o en cualquier otro país, siempre habrá empresarios dispuestos a hacer negocios con los "socios estratégicos mexicanos".

Como en un viejo *western* americano, "los delincuentes cruzan el Río Grande para refugiarse con sus ganancias mal habidas". Así refieren los representantes de Pemex lo que hoy ocurre en la Cuenca de Burgos.

La situación es muy semejante a la del negocio de la droga, mientras haya narices que esnifen o venas que se pinchen, habrá narcotráfico. Mientras haya demanda de condensado "barato", habrá sustracción ilícita.

En el ámbito global el robo de condensado de la Cuenca de Burgos representa sólo 30 por ciento en promedio de los hidrocarburos que se le hurtan a la paraestatal, el resto son gasolinas, diesel, turbosina, gas licuado, aceites, nafta y asfalto; y para todo esto hay un amplio mercado.

CAPÍTULO 4

Ordeñadores

I. De *gafes*, *kaibiles* y *especiales*

Comarca Lagunera.– En el sexenio de Felipe Calderón, mientras que la atención de la Presidencia, de la Secretaría de Energía y de los directivos de Pemex estuvo concentrada en consumar la privatización de la paraestatal, el robo de hidrocarburos se desbordó en las regiones y los campos petroleros de todo el país.

Además del saqueo exponencial en la Cuenca de Burgos, en 2007 se detectaron en el Sistema Nacional de Ductos de Pemex 323 tomas clandestinas, el mayor número en la historia de la empresa, casi una diaria, y eso sólo cuantificadas las descubiertas, más las herméticas conectadas de forma continua en distintos puntos del país.

Si bien la *ordeña* de hidrocarburos mediante tomas clandestinas no era nueva, jamás se había dado con tal incidencia, y, sobre todo, había un factor del que debieron alertar los organismos de seguridad: que el control de la sustracción ilegal lo estaban tomando los cárteles de las drogas a los que Calderón combatía en su guerra oficial, máxime que el Sistema Nacional de Ductos es para Pemex la columna vertebral de su infraestructura de distribución, y al igual que el resto de las instalaciones petroleras, un área de seguridad nacional.

En términos llanos, el *ordeñador* común dejó de actuar por cuenta propia. Si no se adhería al cártel, debía pagarle *derecho de piso*, la *renta* por cada toma clandestina, por cada pipa *ordeñada* o revendida, por abastecer clandestinamente gasolineras de la red de franquicias oficiales y diversos sectores industriales. Para que al *ordeñador* se le permitiera seguir trabajando, ya no bastaba pagarles una cuota a los funcionarios regionales de Pemex ni a los líderes locales del Sindicato Nacional de Trabajadores Petroleros de la República Mexicana (SNTPRM), los lugartenientes de los cárteles enquistados en cada región reclamaban también sus dividendos.

Una de las primeras plazas donde se impusieron las nuevas reglas fue San Pedro de las Colonias, un municipio situado en la región suroeste del estado de Coahuila, entre el Desierto Laguna de Mayrán y una desembocadura del río Nazas, en el corazón de la Comarca Lagunera.[1]

La razón de que fuera San Pedro en donde los cárteles comenzaron a alinear a los *tapineros* obedecía a que durante todo el sexenio de Vicente Fox dicho municipio, junto con los veracruzanos Tierra Blanca y Juan Rodríguez Clara, era la zona con mayor incidencia de tomas clandestinas. A los *tapineros* se les conoce así porque para conectar la toma clandestina deben manipular un sistema de válvulas llamado *taping machine*, que permite hacer conexiones a líneas vivas o en operación sin interrumpir el servicio (la mayoría son realizadas por empleados y ex empleados de Pemex).

Así, la noche del 29 de noviembre de 2007 un comando armado les señaló a los agentes de seguridad interna de Pemex las

[1] "La cuna de la Revolución mexicana" es como los historiadores llaman a San Pedro de las Colonias, porque fue allí donde Francisco I. Madero fundó el Club Antirreeleccionista y escribió *La sucesión presidencial*.

nuevas formas de operar. Dos *especiales* patrullaban los derechos de vía en los alrededores del municipio, cuando llegaron al centro de San Pedro, y a la altura del ayuntamiento se les emparejaron dos camionetas sin placas.

—¡Párense!, vamos a platicar —les ordenó el tripulante de una de las *pick up* mientras les apuntaban con armas largas.

El vehículo de Pemex detuvo la marcha. De las unidades descendieron cuatro hombres y una mujer, con AR-15 al hombro y Uzis.

—Nosotros también fuimos *gafes*[2] —dijo el hombre que se identificó como mando—. Y aquí también traemos un *kaibil* —prosiguió—. Estamos controlando la plaza.

—Nosotros sólo atendemos a Pemex —dijo el *especial*.

—Nosotros controlamos todo; nosotros controlamos Pemex —soltó desafiante el jefe del comando sin escuchar réplica y continuó—: ¿Conocen a los *tapineros*? Nosotros los acabaremos; a eso venimos. Aquí hay un dinero para ustedes —el cabecilla les extendió un fajo de billetes.

Los *especiales* dicen que rechazaron el soborno; el comando de *zetas* abordó sus camionetas y aceleraron. Su imagen se difuminó entre las brumas y las sombras de la gélida noche en la misma serranía donde en 1914 Doroteo Arango y su famosa División del Norte asestó una de las férreas derrotas a las fuerzas federales.

De esta manera, los *tapineros* que operaban en las inmediaciones de los nueve mil 942 kilómetros cuadrados de San Pedro de las Colonias fueron enterados de que a partir de ese momento para *tapinar* tendrían que pedir permiso y, por supuesto, pagar su

---

[2] Alusión a que la mayoría de los *especiales* son militares, y entre ellos algunos del Grupo Aeromóvil de Fuerzas Especiales (GAFE), la unidad de élite del Ejército mexicano, los llamados boinas verdes, de cuyas filas desertaron los tenientes que fundarían *Los Zetas*, al mando de Arturo Guzmán Decena, *el Z-1*.

cuota. Desde aquel 2007 se alinearon, porque ni siquiera los militares podían controlar los embates de los comandos. De hecho, a estos últimos los ahuyentaron a balazos en diciembre, cuando llegaron custodiando una brigada de ingenieros petroleros que buscaban inspeccionar los ductos en ese municipio.

Pronto los comandos extendieron su área de control a toda la región petrolera que converge en la Comarca Lagunera, desde el suroeste de Coahuila y el noreste de Durango, tierra de alacranes.

El 29 de agosto de 2008, en Gómez Palacio, personal de la Superintendencia del Sector Torreón de Ductos Norte recibió una notificación anónima supuestamente emitida por *Los Zetas*, mediante la cual les indicaban que "no debían entrometerse en sus negocios de combustible en el ducto, ya que en caso contrario se afectaría a su familia". La Gerencia de Servicios de Seguridad Física (GSSF) indica en su reporte que "se les recomendó extremar las medidas de seguridad durante los desplazamientos y dialogar con sus familiares". El área de inteligencia registró indicios de que el anónimo se habría enviado desde dentro de la petrolera.

MILICIA DESDE *EL INFIERNO*

Sólo un *tapinero* muy osado, o quizás ingenuo, se atrevería a desafiar las nuevas reglas de la *ordeña*, dado el poderío del cártel que con su milicia traída desde *El Infierno* llegó a controlar el negocio del *oro negro*.

Un averno que se ubica en lo más profundo de la selva del Petén, en el municipio Melchor de Mencos, en Guatemala. Allí, en una pequeña comunidad llamada La Pólvora, se ubica la Escuela de Adiestramiento y Operaciones Especiales Kaibil, que entrena a la brigada de soldados de élite más feroces del mundo bajo un mítico lema: "¡Si avanzo, sígueme; si me detengo, aprémiame; si retrocedo, mátame!"

El origen y la historia de esta milicia de élite explican por qué los cárteles mexicanos integraron *kaibiles* a sus filas para sus misiones especiales. Ideada por los Boinas Verdes estadounidenses como una obsesión por superar la derrota sufrida en Vietnam, la institución fue subsidiada por la Escuela de las Américas —la temible "Escuela de los Asesinos"—, creada por Estados Unidos para formar especialistas en contrainsurgencia para Latinoamérica.

Los mandos de la Escuela Kaibil dicen que el modelo centroamericano superó sus orígenes con el proyecto de formar soldados que mezclaran las especialidades de los Ranger de Estados Unidos, los Lanceros de Colombia y los Tigres del Ejército de Panamá, casi sin armamento y mucho más efectivo.

Como consecuencia inmediata de la política de gobierno del ex presidente guatemalteco Óscar Berger (2004-2008) de reducir la participación de las fuerzas armadas en la vida pública de Guatemala, 12 mil 800 militares —50 por ciento de la plantilla— quedaron desempleados, entre ellos muchos miembros de la brigada de élite.

Conocedor de la capacidad de esos soldados, el primer narcotraficante que los reclutó como escolta personal fue el guatemalteco Otto Roberto Herrera García; diez *kaibiles* cuidaban siempre sus espaldas. Tras su fuga del Reclusorio Sur en la ciudad de México, donde permaneció preso menos de un año, el capo retomó esa escolta en 2005. Con su brigada *kaibil*, por cierto, convirtió el Petén en bodega de droga para su socio mexicano Joaquín Guzmán Loera.

Posteriormente, los ex *gafes* mexicanos comenzaron a reclutar *kaibiles*, como admite el coronel de infantería Eduardo Morales

Álvarez, jefe de la brigada *kaibil*, quien no oculta su molestia al recordar cómo muchos miembros de su grupo se incorporaron a las filas del narcotráfico. Morales Álvarez es uno de los pocos soldados que ha aprobado todos los cursos que existen en el mundo para convertirse en un militar de élite.

"La idea de reclutar *kaibiles* dentro de la organización fue con el fin de reforzarnos ya que se tenía la idea de que están mejor preparados que los *gafes*", cita en su declaración ministerial del 17 de julio de 2006 Mateo Díaz López, ex integrante del GAFE del

Declaración del comandante Mateo Díaz.

Ejército mexicano, reclutado por el cártel del Golfo para el grupo original de sicarios de *Los Zetas*, en el que *el Comandante Mateo* tenía la clave *Zeta-10*.

En efecto, el entrenamiento *kaibil* requiere esfuerzos sobrehumanos y no todos los pueden soportar, como los 21 oficiales de distintos ejércitos del mundo que de *El Infierno* del Petén salieron muertos y otros tantos con severos traumas, después de ser sometidos durante 60 días a estrictas pruebas físicas y psicológicas, a mil 440 horas bajo un sol de 38 grados en una salvaje jungla entre jaguares, serpientes y ríos llenos de cocodrilos; con entrenamientos día y noche, y —si acaso se gana— el derecho a dormir tres horas diarias, acostumbrando el estómago a comer "todo lo que se mueva".

El reclutamiento se hizo en la plaza de Poptún, el principal municipio del departamento de Petén, donde vive 80 por ciento de los integrantes de la brigada *kaibil*, varios de los cuales se convertirían a la postre en *ordeñadores* de Pemex.

Cuando llegaron a tierras petroleras no les faltó protección gubernamental ni facilidades para realizar sus negocios. Como tenían el problema de que en retenes o en cualquier vía les solicitaban alguna identificación, recibieron del gobierno de Veracruz licencias de manejo que los identificaban como mexicanos, así lo declaró uno de estos *kaibiles* en una indagatoria interna integrada por la Secretaría de Gobernación (Segob).

♦ ♦ ♦

Pero regresemos a San Pedro, donde los cárteles convirtieron a los *tapineros* en sus trabajadores y a los policías en sus *halcones*; en ese municipio hasta el comandante de la policía trabajaba para ellos.

Tapineros no alineados pagaron con la vida, como José Luis Ortiz Palacios, *el Correcaminos* o *el Corre*, un neoleonés originario del ejido El Coyote, identificado por la Procuraduría General de la República (PGR) como uno de los principales *ordeñadores* en Nuevo León, Coahuila y Durango.

El ex trabajador de Pemex, que también usaba los nombres de José Luis Hernández Alvarado, José Luis Serrano Palacios, José Luis Ortiz Alvarado y Luis Ortiz Palacios, era maestro del *taping machine*; por ello cobraba a terceros hasta 100 mil pesos por instalarles una sola interconexión. Durante años, él directamente *ordeñó* un ducto que corre por el municipio de Matamoros, Coahuila, desde una interconexión que instaló en un inmueble de su propiedad, en el ejido Compuertas.

En enero de 2009 fue ejecutado y su cuerpo apareció a un costado de la antigua carretera Saltillo-Torreón, en el ejido La Concha. Estaba desnudo, atado de pies y manos.

En cambio, quienes se alienaron tuvieron una especie de seguro para sus cargamentos. En agosto de 2008, por ejemplo, en la zona de Tierra Blanca, Veracruz, los *especiales* detuvieron un autotanque para revisarlo. El operador les dijo que lo conducía a una desgasificadora de Minatitlán y lo dejaron seguir su camino. Posteriormente los agentes se percataron de que eran seguidos por una camioneta con placas de California y dos vehículos más sin matrícula en los que venían 13 hombres con armas cortas y largas; uno de ellos se identificó como "de la compañía de la última letra". Su propuesta era que "si trabajaban juntos, para todos había". En su reporte *los especiales* dicen que ellos respondieron que no querían compromisos.

Tres semanas después, en un baño del Complejo Petroquímico Coatzacoalcos apareció la leyenda: "GAFES Fuerzas Especiales del Ejército, soy *zeta* de Laredo, muera *La Familia Michoacana*".

En las regiones del norte se presentaron situaciones similares. El 7 de mayo de 2008 los vigilantes de Pemex localizaron una toma clandestina en el municipio de Castaños, Coahuila, y detuvieron a un hombre y varios vehículos, además de confiscar un tonel con 40 mil litros de combustible. Poco después un comando rescató al hombre, los vehículos y hasta se llevó los equipos de comunicación de Pemex.

Negocios

El negocio de los hidrocarburos representó para los cárteles otra de las vías para compensar la férrea competencia en el mercado de las drogas y sostenerse económicamente durante la guerra oficial de Felipe Calderón, ante el marcado sesgo que los expertos en temas de seguridad advirtieron como encaminado a fortalecer al cártel de Sinaloa. Como refiriera un integrante del cártel del Golfo a elementos de seguridad interna de Pemex, hurtan ese producto porque su negocio, el del narcotráfico, "está flojo". Por ello, controlar la *ordeña* de hidrocarburos y otras prácticas lucrativas ilícitas en Pemex se convirtió en una actividad medular para los cárteles, así que encomendaron a hombres de su entera confianza para realizar esas labores.

En el corredor que va de Durango a Coahuila y Nuevo León, uno de esos hombres fuertes en estos menesteres para *La Compañía* fue Sigifredo Nájera Talamantes, alias *el Canicón*, *Chito Canicón*, *Chito* o *Chito Can*, quien para ocultar su identidad usaba también el nombre de Joel Silva Pulido, aunque era inconfundible por los enormes tatuajes que tenía en los brazos; uno de ellos, la figura de un payaso, y el otro, una bola de billar.

Informes de inteligencia del gobierno de Estados Unidos documentan que Nájera se inició como comprador de cocaína por kilos a *La Compañía*. En 2007, a sus 22 años de edad, la organización le encargó transportar de Río Bravo a Miguel Alemán un valioso cargamento de 300 kilos, valuados cada uno en 13 mil 500 dólares. Desde entonces *Canicón* trabajó bajo las órdenes de Manuel Vázquez Mireles, *el Meme*, y fue encomendado a misiones especiales asignadas por Jaime González Durán, *el Hummer*.

El Departamento de Justicia de Estados Unidos señala a Sigifredo Nájera como responsable del atentado con granadas a su consulado en Monterrey, y a las instalaciones de Televisa en esa misma ciudad. Lo acusa además de la tortura y ejecución de nueve militares en la Séptima Zona Militar, con sede también en la capital de Nuevo León.

En 2009 lo detuvieron en Saltillo, en una casa de la calle Paseo de las Rosas en la colonia residencial San Patricio, y junto con él, a la administradora financiera de la organización.

Por su parte, el líder de *Los Zetas* Heriberto Lazcano designó a su sobrino Roberto Rivero Arana, *el Bebo*, como coordinador de sus operaciones en Veracruz, Campeche, Tabasco y Chiapas. Su grupo usaba uniformes de Pemex, así como sofisticados sistemas de telecomunicaciones y moderno armamento. Su base era Ciudad del Carmen —el corazón de la industria petrolera—, donde Daniel Arturo Pérez Rosas, director de Seguridad Pública, le brindaba protección a cambio de un pago de 200 mil pesos mensuales.

También en 2009 los cárteles controlaban la *ordeña* en tomas clandestinas desde Tenosique, Tabasco, hasta Matamoros, Tamaulipas; a donde llegan los poliductos que hacen frontera con Brownsville, en el lado estadounidense. Si la policía interna de Pemex les cerraba una toma o les incautaba algún embarque, iban al rescate en operativos sincronizados.

En marzo, por ejemplo, cuando personal de la GSSF efectuaba un patrullaje fueron bloqueados por tres vehículos sin placas, de los que descendieron cuatro hombres con armas largas afirmando pertenecer a "la maña". Obligaron a los *especiales* a subir a sus vehículos, y en una brecha de Altamira, en una bodega recién cateada en la que se había encontrado una toma clandestina, llegó en otro vehículo un hombre que se identificó como el encargado de la plaza. Les advirtió que no se metieran con los choferes de sus pipas, que no detuvieran sus unidades en las carreteras y que no revisaran sus bodegas.

El reporte que los agentes de la GSSF enviaron a sus superiores desde Tamaulipas en marzo de 2009, cita:

Al respecto se aclaró que el personal de esta GSSF no busca droga sino tomas clandestinas y en ese sentido no se podía dar marcha atrás, refiriéndole además que en ocasiones se efectúan recorridos con elementos militares y ellos tenían su propio mando. Posteriormente se entregó a los elementos de esta Gerencia un teléfono celular, supuestamente para que se estableciera comunicación en caso de un aseguramiento para constatar que no fuera uno de sus elementos. Después de lo anterior se retiraron los sujetos regresando las armas a nuestro personal.

Ante tal poderío y nivel de coordinación, desde que los cárteles anunciaron que era hora de que los *tapineros* les pagaran dividendos, los más avispados en el negocio tuvieron claro que debían pactar con ellos.

II. Socio mayoritario

Nuevo León.– Por las calles de la Contry Sol hay que andar con cuidado, pues en el momento menos esperado se sueltan las balaceras. Desde que el cártel del Golfo comenzó a disputar la plaza de Nuevo León con *Los Zetas* estas calles del municipio de Guadalupe —como las de Monterrey, San Nicolás de los Garza y Escobedo— se convirtieron en blanco frecuente por ser residencia de varios miembros de esa organización.

Este fraccionamiento se fundó en un lomerío de la zona metropolitana de la capital, del lado de Guadalupe, y se fue expandiendo con imponentes residencias, en su mayoría de estilo californiano, influencia arquitectónica muy recurrente en los gustos de muchos adinerados del norte del país. A diferencia de la vida que se lleva en los cinturones pobres de abajo, más cerca de Monterrey, carentes de muchos servicios, en estas calles de la Contry Sol los funcionarios municipales sí suben a preguntar de casa en casa si algo se les ofrece a los vecinos. Son las ventajas de residir en una zona VIP, con vista directa al Cerro de la Silla. El dinero se distingue por el tamaño de las casas y los finos acabados, y porque a sus dueños difícilmente se les verá a pie.

Entre estas calles *in memoriam* de renombrados escritores exiliados españoles y mexicanos de la Generación del 27, destaca una mansión de cinco niveles, paredes entintadas en color marfil, cúpulas recubiertas de teja y columnas romanas que franquean las amplias terrazas, seis por nivel. El interior es aún más fastuoso: una docena de habitaciones provistas de aire acondicionado, salitas de estar, área de televisión y varios salones de billar. En el primer nivel hay tres cocheras automatizadas y una amplia alberca techada hacia el fondo; las escaleras bajas que dan hacia el sótano son tan grandes como la casa. Ocupa más de media manzana de la calle que lleva el nombre del autor de *Mi vida en soledad*, el veracruzano Rafael Delgado Sainz.

Curiosa coincidencia el que la mansión pertenezca también a un veracruzano: Francisco Guízar Pavón, originario de El Copite, en el municipio de Tierra Blanca. Él es *Pancho* Guízar, como lo conocen en toda la Cuenca del Papaloapan, o el *Rey de la Gasolina*, un peón petrolero que al cabo de los años logró insertarse entre la élite acaudalada de Nuevo León.

De peón a rey

Cualquiera que haya sido su aspiración económica cuando se enroló como peón en la industria del *oro negro*, Francisco Guízar Pavón la materializó con creces. En dos décadas pasó de ser suplente de peón en Pemex a *Rey de la Gasolina*, y se convirtió en uno de los *ordeñadores* más poderosos y mejor organizados del país.

En su reinado, Guízar tuvo varios palacios; el de la Country Sol es uno de ellos, y como el resto, ladrillo a ladrillo se construyó con dinero de la *ordeña* de combustible a los ductos de Pemex.

Cada pared, el techo, las finas molduras de las puertas, los cristales biselados; cada teja vidriada, los azulejos de los baños, fueron pagados con litros y litros de gasolina robada. Con la venta de esos refinados se financió la piscina que puntualmente se abastecía de agua tibia para que la familia y los amigos pasaran plácidos fines de semana. De ahí también se pagaron las tumbonas para reposar la ducha, las sombrillas para atajar el sol, el aire acondicionado en los salones de billar, el paño verde de las mesas y la tiza para afinar los tacos con los que la noche del domingo se cerraba con un *massé*.

Asimismo, de la *ordeña* de ductos se compró la moderna cocina, el bien abastecido refrigerador, cada mueble, cada objeto, cada insumo y cada servicio de aquella mansión. Por algo Francisco presumía el sobrenombre de *Rey*.

Veinteañero, Guízar ingresó a Pemex en 1974. Aquellos eran aún años de bonanza en la Faja de Oro, el yacimiento petrolero del norte de Veracruz y Tamaulipas que durante la década de 1920 ubicó a México como el segundo productor de hidrocarburos en el mundo.

Con esos vastos yacimientos en su tierra, la mayoría de los veracruzanos, como Francisco, buscaba enrolarse en la industria petrolera. Para ello existía una llave maestra: el sindicato petrolero; pero había que acudir de *acarreado* a los eventos sindicales, acompañar al líder local en los mítines, hacerla de mozo y de golpeador, si se requería, hasta que el jefe decidiera que el postulante era digno de una oportunidad. A Guízar le llegó en 1974, como ayudante de perforación sustituyendo temporalmente a Manuel Zapiain Bolán, otro petrolero recién ascendido a perforador. Ganaba 56.59 pesos diarios más tres para el transporte, con un día de descanso a la semana. De forma itinerante cubrió los puestos de otros obreros y un año después su sueldo se había triplicado; así obtuvo su plaza como miembro del SNTPRM.

Muy pronto Francisco aprendió a operar los equipos para ubicar pozos, así como a perforar y colocar árboles de válvulas. En fin, todo lo que requiere un pozo petrolero para comenzar a producir. Conoció además los procesos de distribución de hidrocarburos y la trampa para hacer indetectable la sustracción: inyectar agua a un ducto en la misma intensidad en que corren por allí los hidrocarburos; hay que dominar todo el mecanismo para saber birlarlo. Guízar adquirió la experiencia suficiente que luego usó

Francisco Guízar, *El Rey de la Gasolina*, estuvo en la nómina de Pemex desde la década de 1970.

para trabajar por su cuenta, aunque no al margen de los funcionarios de Pemex ni de los líderes sindicales.

La PGR asegura que existían indicios de que Guízar operaba tomas clandestinas desde hacía aproximadamente 20 años, pero fue hasta junio de 2010 cuando se le detuvo (AP/PGR/DGCAP/DF/77/2010), pues hubo certeza de que nadie metería las manos al fuego por él.

Desde Nuevo León y en su natal Veracruz (entidades donde radicaba alternadamente) coordinaba las células que trabajaban para él prácticamente en medio territorio nacional: Tabasco, Oaxaca, Jalisco, Sinaloa, Durango, Puebla, Estado de México, Querétaro, Hidalgo, Guanajuato, Veracruz, Tamaulipas y Coahuila. Desde Pemex recibía datos precisos del mapa exacto de las redes de ductos, el tipo de hidrocarburos y refinados que cada uno conducía —o mejor dicho, que transportaría—, y en qué momento se bombearía. Con esa información anticipada, Guízar y sus operadores adquirían inmuebles aledaños a los ductos de su interés, lo mismo que terrenos, parcelas, viviendas o bodegas, en las que se construían instalaciones paralelas con tomas herméticas conectadas a tanques enterrados; no en balde sus años de experiencia y la maestría que adquirió en el negocio con el paso del tiempo.

Compró pipas para transportar gasolina o diesel y bodegas para almacenar sus inventarios. Abastecía a gasolineras de todo el país, a negocios privados e industrias de diversos giros.

Francisco Guízar estuvo siempre al día en sus facturas con funcionarios de Pemex por su colaboración en el negocio, y por su protección, con corporaciones policiacas locales y federales de todas las entidades donde operaba, por eso no vivía a salto de mata ni ocultaba su fortuna. En Veracruz aún se recuerdan los palenques que él, amante de los gallos finos, organizaba en sus ranchos, así como sus prolongadas fiestas y asados de fin de semana —acompañados con vinos y licores importados— a los que no faltaban políticos, funcionarios y sindicalistas petroleros.

Cuando el hijo pródigo de El Copite se convirtió en un próspero empresario, en todo Tierra Blanca su extensa familia exhibía la bonanza. Para nadie era secreto el origen de su fortuna, pues cientos de pobladores de toda la cuenca del Papaloapan trabajaban para él.

Un domingo de junio de 2010, Guízar fue arrestado en el Parque Fundidora, a tres kilómetros de su residencia (AP/PGR/DGCAP/DF/77/2010). Aun cuando estaba preso y la PGR hizo públicas las indagatorias sobre él, sus negocios continuaron en marcha. La maquinaria que adquirió para hacerse constructor con contratos gubernamentales siguió concursando, y sus taxis turísticos en Cancún y Cozumel circulaban si problemas. Su detención, en cambio, generó molestia en muchos pueblos petroleros, en donde su figura es como una especie de Robin Hood: robaba a Pemex —dicen—, pero a ellos les daba trabajo y buena paga.

Como buen conocedor, cuando se enteró de que los cárteles habían abrazado el negocio del petróleo, en efecto, Guízar supo que debía pactar con ellos. Pagando protección supo hacerse de los servicios de grupos tan antagónicos como *Los Zetas* y *La Familia Michoacana*.

III. Socios todos

El caso de Francisco Guízar ilustra el *modus operandi* de la *ordeña* de ductos de Pemex: detrás de cada toma clandestina se encuentra la mano de trabajadores o ex trabajadores coludidos o solapados por funcionarios y amafiados con dirigentes sindicales, corporaciones policiacas y, más recientemente, con algunos cárteles del narcotráfico.

El hurto de hidrocarburos de Pemex no sería posible sin la participación de los empleados de la paraestatal. No cualquiera puede conectarse a la red de ductos ni sacar una pipa cargada con gasolina. La sustracción involucra a personal de operación, de distribución, de almacenamiento y ventas; es decir, de todas las áreas inmersas en el proceso de producción y distribución de petrolíferos.

Tal atraco incluye no sólo los hidrocarburos que producen los campos y pozos mexicanos, los que se refinan en las seis refinerías que hay en México (Cadereyta, Madero, Tula, Minatitlán, Salina Cruz y Salamanca), sino también los refinados que se importan para cubrir el mercado nacional, principalmente la gasolina que la filial PMI compra en el extranjero e ingresa en el país a través de las 15 terminales marítimas de Pemex a bordo de buquetanques.

Sujetos de *ordeña* directa son el Sistema Nacional de Ductos, poliductos, oleoductos y gaseoductos, al igual que las 77 Terminales de Almacenamiento y Reparto (TAR) que guardan los refinados, para su distribución en las cinco regiones que abarca el país: Norte, Centro, Golfo, Pacífico y Valle de México.

No hay una sola etapa de los procesos de producción de hidrocarburos de Pemex que no registre sustracción; tampoco una sola subsidiaria exenta de robos de sus materias primas y sus productos terminados.

El *cártel negro* tiene incuantificables células, pues así como los negocios ilegales que se realizan desde las oficinas corporativas en torno a los contratos petroleros (sobreprecios, fraudes, sobornos, comisiones, cohecho, tráfico de influencias, entre otros), es decir, los delitos de *cuello blanco*, son para los altos directivos y los mandos medios, el de la sustracción de hidrocarburos es para el resto.

El *resto* es cualquiera: lo mismo el ex perforador Francisco Guízar Pavón que Gabriel García, un ex vigilante de la Terminal Marítima de Pemex en Guaymas, Sonora, denunciado en agosto de 2010 (DE-189/2010) ante la contraloría por su propia hija, quien lo acusó de enriquecerse robando gasolina; sus palabras resultan sobrecogedoras:

Los hechos que aquí describo han sido cometidos a lo largo de varios años y mi intención al denunciarlos es poner punto final a la casi total impunidad con la que se han desarrollado. Confío en que Pemex lleve a cabo una investigación y tome medidas correctivas que considere oportunas.

Estuvo realizando robos de gasolina de los depósitos de Pemex en Guaymas, de forma muy reiterada [...] empleaba para dichas sustracciones una *pick up* propiedad de Pemex cuyo doble depósito llenaba hasta arriba para posteriormente trasladarse a su casa y allí retirar la gasolina a bidones de plástico para luego revender el combustible. Estuvo en tratos con algunas cooperativas pesqueras a las cuales les daba combustible para sus barcos aprovechando su puesto de trabajo de vigilante de muelle en el Puerto de Guaymas [...]

Con el fruto de esos años de robos se hizo de una propiedad en el puerto de Guaymas, un terreno a pocos metros de la playa Miramar, dos carros, cuentas bancarias en Nogales, Arizona y viajes a Estados Unidos [...].

Otro caso ilustrativo es el del robo *hormiga* de los empleados de la Refinería Miguel Hidalgo, en Tula, que procesa 25 por ciento del crudo que se refina en México; parte de éste lo sustraen en garrafas ocultas en sus mochilitas del *lunch*. Se trata de un derecho tácito, argumentan, cuando ven cómo "los jefes" sacan pipas completas.

"Si aquí todos lo hacemos, todos hacemos lo mismo y nunca ha habido ningún problema", intentó justificar Samuel Martínez, un trabajador de esa refinería, cuando el *especial* de la puerta principal le encontró el recipiente con gasolina que llevaba en su mochila.

Hay dos tipos de sustracciones; una es la que se hace del producto almacenado y en custodia. La estimación oficial es que anualmente se sustraen hidrocarburos de manera ilegal con un valor de 20 mil millones de pesos, aunque esa cifra, según fuentes de Pemex, dista mucho de la realidad, porque el mayor porcentaje de extracción ilegal pertenece a la producción que nunca se reporta, tanto de petróleo crudo y gas, como de refinados, petroquímica básica y secundaria.

El problema encierra un origen contable porque Pemex no tiene sistemas precisos de medición. Las subsidiarias sólo registran aproximaciones de producción, distribución, almacenamiento y venta. Pero en realidad no se sabe cuál es el volumen del cien por ciento de lo que se produce, distribuye, almacena y comercializa. Al pasar cada hidrocarburo de subsidiaria en subsidiaria, los volúmenes no cuadran simple y llanamente porque los controles volumétricos pueden ser manipulados por los funcionarios y empleados.

La instrumentación de medición de lo que se produce, almacena, transporta y distribuye no es compatible porque el área de producción controla los volúmenes mediante instrumentos de nivel con tolerancia diferente a los que usa el resto de las áreas.

Desde 2005, en una revisión a los registros de volúmenes producidos y movilizados para su venta —incluida en los resultados de la Cuenta Pública 2005— la Auditoría Superior de la Federación (ASF) advirtió la falta de confiabilidad en las cifras de los reportes generales del Sistema Nacional de Refinación.

Aquel año, por primera vez, la ASF auditó la manera en que se llevan los inventarios en una parte de la producción nacional. Tomó una muestra para revisar el destino de petróleo crudo asignado a la producción de gasolina.

En 2005 Pemex destinó 498 millones 391 mil 500 barriles de crudo para la producción de gasolina, de los cuales 469 millones 942 mil se enviaron a las refinerías del país, y 29 millones 349 mil a la refinería de Deer Park, Texas, para su maquila y posterior importación a México ya como gasolina.

Acorde con los procedimientos de la paraestatal, los volúmenes que salieron de la subsidiaria PEP a las refinerías quedaron asentadas en el Sistema de Transferencia de Custodia (Sitrac), pero cuando se registraron las cifras ya no eran las mismas. Se reportó que 469 millones 290 mil 900 barriles se habían enviado a las refinerías del país y 29 millones 464 mil 600 a Deer Park.

Luego, la cifra que registró el Sistema Nacional de Refinación (SNR) tampoco era la misma: 468 millones 803 mil barriles de crudo en refinerías nacionales, aunque se consignaron los mismos 29 millones 349 mil barriles a Deer Park.

En los números de producción total de refinados había también grandes diferencias: Pemex reportó en sus registros oficiales 491 millones 837 mil 500 barriles; el SNR, 484 millones 822 mil 900 barriles.

La auditoría a la producción de cada refinería develó además que Pemex Refinación no tenía parámetros o lineamientos para regular la obtención de rendimientos de productos por cada barril de petróleo crudo enviado a proceso, a partir de las características del tipo de petróleo y de la capacidad instalada en cada una de las refinerías. En términos simples, no había parámetros del rendimiento que debía tener cada barril de petróleo, lo que daba pie a disparidades en la producción de cada refinería.

Además de las diferencias en los volúmenes de producción de gasolina, en las refinerías se encontraron miles de toneladas de azufre líquido y sólido, combustóleo, gasóleo y turbosina no reportadas en los inventarios. En la etapa del almacenamiento, cuando los refinados pasaron a las TAR, el volumen tampoco coincidía.

Por todo ello, la ASF determinó que Pemex Refinación no cumplía con la normatividad aplicable al registro y control de volúmenes de petróleo crudo y productos petrolíferos. De área en área, a juicio de la ASF, se manejaban volúmenes irreales. Al cabo de los años, Pemex Refinación, al igual que el resto de las subsidiarias, continuó con la misma mecánica, sin el control suficiente.

En un análisis sobre la deficiencia de los controles volumétricos elaborado por Marco Antonio Díaz Tobías, ex auditor gubernamental con amplia experiencia en el sector petrolero, se explica la problemática real:

> Las subsidiarias de Pemex no tienen un control estricto de sus inventarios en los libros de operación contables y de inventarios. Tampoco se registra ni se hacen cruces de información entre la producción diaria, la refinación y sus importaciones, con las cifras de la distribución, ni con las de volúmenes de almacenamiento y los de las ventas. En realidad no se sabe a ciencia cierta cuánto produce Pemex, cuánto refina, cuánto almacena, cuánto se vende. La información vía sistemas no es confiable y tiene un margen importante de error y de oportunidad.
>
> Es bajo el control de los volúmenes que las refinerías entregan a las terminales de almacenamiento, y alto el riesgo de pérdidas por manejo, así que tampoco se tiene un volumen real de cuánto se sus-

trae ilícitamente, porque la identificación es reactiva, empírica e inconsistente.

Por ejemplo, el robo de embarques completos muchas veces no se reporta porque no se registra su producción, y por tanto ni siquiera se supo que existieron. Bajo la premisa de que para acreditar el robo debe acreditarse la existencia previa, estos robos no se denuncian.

Como contralor de Pemex Refinación, el ex funcionario detectó precisamente el hurto de refinados directamente de los barcos que arriban a las terminales marítimas de Pemex con la gasolina importada. Estos cargamentos ingresan por diversos puertos de importación de Estados Unidos, Venezuela y Pakistán, provenientes de 17 países para cubrir el mercado nacional.

Hay otras peculiares modalidades para sustraer esa producción que no se reporta: además de hacerlo por pipas completas, se saca en túneles conectados directamente a los poliductos con tomas herméticas que llegan hasta las bodegas clandestinas donde se descarga en tanques y vehículos cisterna.

Este tipo de instalaciones paralelas hechas por *tapineros* profesionales operan sobre todo en la región del Pacífico mexicano, específicamente en el Poliducto Topolobampo-Guamúchil-Culiacán, y en la zona de Guadalajara, región tradicionalmente controlada por el cártel de Sinaloa.

CADEREYTA, PARAÍSO DE *ORDEÑADORES*

No fue casual que Francisco Guízar eligiera Guadalupe, Nuevo León, como su principal residencia y base de operación: la Refinería Ingeniero Héctor Lara Sosa, en el vecino municipio de

Cadereyta Jiménez, a sólo 28 kilómetros, y sus dos terminales de almacenamiento y reparto —Cadereyta y Santa Catarina—, son las instalaciones con mayor incidencia en sustracción directa de refinados; es decir, robados de las tres instalaciones de Pemex directamente por sus empleados, ello de acuerdo con reportes y expedientes integrados durante más de una década por la contraloría interna de Pemex Refinación a los que la autora tuvo acceso.

Así como Reynosa es el mayor centro de abasto del condensado comercializado en el mercado negro internacional, en Nuevo León todos los caminos del mercado ilegal de refinados (gasolina, diesel y turbosina) que abastecen gran parte del país llevan a Cadereyta.

Le llaman *La tierra de los locos*, porque dicen que para perpetuar la especie, el incesto era recurrente entre las familias. El imaginario popular la ubica también como *La ciudad de los columpios*, porque en Cadereyta había un psiquiátrico en donde uno de los médicos mantenía a sus pacientes relajados meciéndose en esos asientos colgantes. Y quién no enloquecería cuando la realidad en Cadereyta se muestra delirante, como la desaparición de 38 petroleros cuando la contraloría interna desahogaba una de tantas indagatorias en torno al robo de hidrocarburos.

En Cadereyta los expendios clandestinos operan a cielo abierto las 24 horas del día. Las bodegas donde se almacenan yacen entre caminos tapiados con fosas ilegales y calles en disputa por el trasiego del *polvo blanco*, la *hierba* y el *oro negro*. "Combustible ecológico" o "combustible alterno" es como se ofertan en el mercado negro estos refinados. Y los vendedores se identifican como "distribuidores genéricos" de Pemex.

Desde mediados de la década de 1990, en la TAR de Santa Catarina comenzó a detectarse una fuerte sustracción de combustible y el desplome de las ventas oficiales a las franquicias gasolineras de la región. Entonces no existían *Los Zetas* y el cártel del Golfo aún no se vinculaba con el robo de hidrocarburos. El mercado negro lo controlaban directivos y empleados de Pemex.

Ante el crecimiento exponencial del robo, un grupo de auditores adscritos a la contraloría interna de Pemex Refinación, al mando de Severino Piña, proyectó una forma de identificar el volumen, funcionarios y destinatarios de los hurtos. La estrategia fue registrar y cruzar los números entre los refinados —gasolina, diesel y turbosina— que llegaban de la refinería, los que se almacenaban, los que se facturaban diariamente y que salían de la terminal, y los que se entregaban al comprador.

Durante un mes los auditores registraron cada movimiento, desde que un autotanque ingresaba hasta el volumen que se entregaba a cada cliente. La fórmula era: volúmenes de compra de cada cliente *versus* facturación *versus* volumen de entrega.

Desde la segunda semana los auditores recibieron ofrecimientos económicos para "quedarse dormidos", y como rechazaron la oferta, la siguiente semana personal directivo del área de ventas y facturación de la terminal fue secuestrado por quienes coordinaban el trasiego de combustible robado, y quienes les hicieron saber lo incómodos que los empresarios gasolineros estaban por no recibir sus embarques "especiales", a saber, los robados. Los auditores permanecían las 24 horas y el ejecutivo de ventas fue asaltado y golpeado.

Al siguiente mes los auditores salieron de la terminal, tal como lo proyectaba la auditoría; regresaron 30 días después y retomaron la misma mecánica. La evaluación estadística registró un crecimiento exponencial de las ventas oficiales durante el periodo de la auditoría y la confirmación llegó después. Los auditores refieren que las ventas se desplomaron 70 por ciento cuando ellos dejaron de controlar el manejo de la producción en la terminal; es decir, 70 por ciento del producto que esas gasolineras comercializaban era robado.

Por cada factura "legal" se sacaban tres embarques más, uno para los funcionarios, otro para la dirigencia sindical y otro para policías y empresarios implicados. La mecánica era simple: con una sola factura, los choferes se formaban tantas veces eran los embarques ilegales que iban a sustraer.

Esta dinámica, que aún se aplica no sólo en Santa Catarina, sino en muchas de las TAR del país, requiere la complicidad de todo el personal de una planta, desde el portero checador que verifica el ingreso de cada pipa, el que le suministra el hidrocarburo en el área de llenaderas, hasta los vigilantes que avalan cada salida.

Desde aquellos años en que por primera vez los contralores se ocuparon de indagar el modo de ejecutar estos hurtos, detectaron también que la sustracción de gasolina de las terminales marítimas de Pemex pasaba desapercibida debido a los márgenes de tolerancia establecidos por la paraestatal para la medición de volumen de hasta 10 por ciento por cada buque tanque, y era ese margen el que se sustraía mediante pipas, siendo que la tolerancia real es de 0.1 por ciento.

Una parte del botín era para los policías judiciales y estatales de cada zona. En Veracruz se dio el caso de un superintendente de seguridad industrial de la terminal que llegó a la contraloría a autodenunciarse a cambio de tener protección de la PGR por las amenazas de muerte de los agentes a quienes ya no les podía cubrir la cuota: primero le pedían una pipa por embarque semanal, luego una por día.

"Como ya no pudo pagar la cuota lo tenían en la mira, agobiado por la presión y el miedo. Llegó a la contraloría de Refinación y suplicó que lo resguardáramos hasta la PGR. Así lo hicimos", recuerda uno de esos contralores.

Fruto de esa revisión administrativa que de forma encubierta hacían en Santa Catarina, los contralores reunían la información de aquellas franquicias que presentaban variaciones de compra antes y después de la auditoría; es decir, las destinatarias de los hurtos. Esto sin duda representaba un gran avance para desentrañar las redes de contrabando, pero entonces a las presiones de los funcionarios locales de Pemex se sumó la del director general de la subsidiaria: Jaime Mario Willards Andrade.

En 1995, el polémico directivo relacionado con múltiples casos de malversación de recursos públicos, logró disolver el equipo de auditores del llamado Plan Piloto Santa Catarina, reinstalados todos en distintas áreas, y que el proyecto de auditoría, en vías de aplicarse a todas las terminales, fuera cancelado. Willards Andrade hizo valer el poder y las influencias que le daba su estrecha amistad con el entonces presidente Ernesto Zedillo.

Los años subsecuentes, en Cadereyta la sustracción ilegal de combustibles fue en ascenso. Un caso representativo, que quedó documentado en los archivos internos de Pemex, es el que ocurrió entre la noche del 12 de noviembre y la madrugada del 13 de noviembre de 2001:

Gregorio Ortiz, vigilante de la TAR Santa Catarina, levantó la pluma de la puerta principal y dio acceso a los autotanques PR2765, PR2397 y PR2251, pero en su bitácora no registró la entrada. En dicha bitácora debía anotar los datos precisos de cada vehículo que ingresaba, identificando procedencia y destino.

Los tres conductores se dirigieron al área de estacionamiento, bajaron y hablaron con el vigilante. Luego intercambiaron algunas palabras con el facturista, éste tampoco les expidió factura alguna; sin embargo, sin factura llevaron los autotanques al área de llenado, allí Juan Pedro Fortuna dio entrada y supervisó el procedimiento de carga de los autotanques con aproximadamente 43 mil litros de gasolina magna cada uno. No verificó documentación alguna, tampoco asentó en su registro que dichas pipas habían sido llenadas. La portera checadora Alicia Asenet Salazar les dio salida sin pedir documentos, facturas o remisiones que acreditaran la cantidad de hidrocarburos contenida ni las autorizaciones para retirarse. Pero las pipas no salieron por la puerta principal de la TAR, sino que al interior se desplazaron hasta la salida a una de las dos calles que comunican la terminal con la refinería Héctor Lara Sosa.

Los empleados de la TAR ignoraban que aquella noche personal de inteligencia de Pemex efectuaba un operativo para detectar la manera en que se sustraía ilegalmente los refinados.

En el exterior de la terminal, en una glorieta frente a la puerta de acceso de vehículos y peatonal número 2 de la refinería, a bordo de un vehículo estaban dos agentes que observaban el extraño movimiento.

Cuando la pipa PR2765 se iba, uno de los vigilantes la detuvo.

—Estamos haciendo una revisión. ¿Me puede mostrar los papeles?

—Mmm… no, no traigo, se quedaron allá adentro.

—Su autorización de salida.

—No, no. ¡Hable usted con el señor Óscar o con el ingeniero Salinas… Roberto Salinas!

El agente ingresó en la TAR y buscó a los aludidos. Salinas lo llevó a su oficina; cerraron la puerta. Ahí estaba Óscar Alberto Vázquez, un garrotero de la TAR que, sin preámbulo alguno, soltó:

—¿Cuánto quieres?

—¿Cómo?

—¿Cuánto quieres? —repitió.

—¿De qué me estás hablando?

—Dime cuánto quieres para que arreglemos esto aquí mismo.

—No, yo sólo quiero que me muestren las autorizaciones de esa pipa.

—¡Oh! Tú dime cuánto —exclamó Óscar enfadado, mientras extendía la mano al agente.

Ante la incertidumbre del agente, Roberto Alejandro Salinas, ingeniero de Operación, sugirió:

—Dale lo que va a ser de la pipa.

—¿Ciento cincuenta mil pesos? —le consultó Óscar.

—¿Ciento cincuenta mil? —secundó Salinas dirigiéndose al agente, quien seguía sin responder.

—¿Cuánto quieres? —insistió Óscar con impaciencia.

—¿En cuánto la venden?

—En 150 mil. ¿Quieres 200 mil? ¿Trescientos mil pesos? Mira, para el asunto, aquí mismo te doy 50 mil y afuera el resto.

—¿El ingeniero de turno sabe?

—¡Claro que sabe! ¿Cómo crees que se hace esto? ¡Cuánto! ¿Cien mil? ¿Nos vas a ayudar?

—¿Cada cuándo sacan?

—¿Quieres entrarle?

—¿Quiénes participan?

—Todos, ¿entiendes? ¡Todos!

—¿Desde cuándo?

—Desde febrero estamos sacando. Dos o tres veces por semana.

—¿Cuántas pipas cargan?

—Cinco.

—¿Cuántas han sacado hoy? ¿Cuántas llevan hoy?

—Tres.

—¿Dónde está las otras? Sólo detuvimos una.

—Dos ya se las llevaron y aquí adentro hay otras dos.

—¿A cómo las venden?

—Ya te dije, 150 mil cada pipa de 43 mil litros. ¿Nos vas a ayudar?, te vamos a dar 350 mil pesos.

Las tres pipas que esa noche se cargaron ilegalmente con gasolina y diesel en Santa Catarina, eran de la compañía transportista Javier Cantú Barragán, propiedad del empresario tamaulipeco del mismo nombre.

Charales por peces

En tiempos de Vicente Fox, los panistas anunciaron nuevos bríos para combatir la *ordeña* de combustible. En 2003, el presidente colocó al subsecretario para la Pequeña y Mediana Empresa de la Secretaría de Economía, Juan Bueno Torio, como director general de Pemex Refinación.

Con bombo y platillo, en julio de 2004, dicho funcionario anunció la creación del Centro Maestro de las Actividades en la Lucha contra el Mercado Ilícito de Combustible, un rimbombante nombre para el área que no tuvo resultados efectivos, según se infiere por el crecimiento exponencial que en los años subsecuentes tuvo el mercado negro de combustible.

Al frente de ese centro, como zar antirrobo de combustible, se designó al tamaulipeco José Antonio Herrera Pego, y como segundo hombre al mando a Adrián Cortés Castro, coordinador de asesores de Juan Bueno en la Secretaría de Economía.

Para los proyectos orientados al combate al mercado ilícito, la Secretaría de Hacienda autorizó en 2005 un presupuesto de 474 millones 340 mil pesos, de los cuales ejerció 460 millones 990 mil 400 pesos.

El discurso oficial fue la efectividad en el combate al mercado negro de hidrocarburos, pero cuando la ASF auditó el impacto económico derivado de las medidas adoptadas para el combate del mercado ilícito de combustible, en su revisión a la Cuenta Pública 2005, se encontró con que no había reportes ni procedimientos que permitieran conocer los volúmenes e importes recuperados y cómo las medidas impactaban en términos reales a los estados financieros de la subsidiaria.

De manera que "las operaciones de la entidad fiscalizada no estuvieron respaldadas con documentación comprobatoria", determinó el organismo auditor. Insistimos, cualquiera que haya sido la estrategia de combate evidentemente fracasó, porque éste fue a la alza.

Bajo la proclama oficial del director de Pemex Refinación, de que combatiría férreamente el mercado ilícito de combustible, se intentó reactivar las auditorías en Santa Catarina. Sin embargo, surgieron nuevas presiones de algunos directivos, pues se corrió la voz de que aquel esquema se haría extensivo a cada una de las TAR. Estaban incómodos, particularmente las dirigencias sindicales y los franquiciatarios. Más allá de los discursos oficiales, los altos directivos tampoco tenían un interés real en combatir el problema, así que a fin de cuentas sepultaron definitivamente el Plan Piloto Santa Catarina.

De esta manera lo explica uno de los auditores que encabezó esa auditoría especial:

Con la cancelación definitiva del Plan Piloto Santa Catarina, lo que nos quedó claro es que a nadie le interesaba combatir el robo de gasolina, porque incluso se propuso que los resultados los verificara la Secretaría de Hacienda con la facturación registrada por cada franquicia, pero todos los funcionarios se negaron.

De tal forma, la omisión de los hallazgos que entonces habían obtenido los auditores, más el encubrimiento de funcionarios y empresarios implicados en la sustracción y comercialización de hidrocarburos robados, generó un costo muy alto para el país, porque permitió la incursión de los cárteles de la droga en esa área de negocios.

En julio de 2008, la Dirección General de Pemex reconoció oficialmente el robo de hidrocarburos entre los principales desafíos que la empresa debía resolver, junto con factores como la declinación productiva del Campo Cantarell, la caída de la producción total de la petrolera y el incremento en el consumo de gasolinas, entre otros.

Lo que nunca se dijo es que hay hurtos que se planean desde las oficinas de Pemex, en las áreas administrativas de los campos petroleros, desde los escritorios de los superintendentes, en los locales sindicales, y hasta en las oficinas donde se debían planear las estrategias de protección de las instalaciones.

En los últimos años, 44 empleados adscritos a la GSSF de la empresa estatal, desde el nivel 14 hasta el nivel 41, que corresponde a gerente, fueron despedidos por su vinculación o su omisión en relación con la sustracción de hidrocarburos, de acuerdo con información proporcionada por Pemex en respuesta a una solicitud vía el IFAI. Ello supondría que no todos los *especiales* rechazaban los ofrecimientos económicos, como informaban a sus jefes.

El nivel de complicidades u omisiones explica por qué en las refinerías y terminales de almacenamiento hay tomas "clandestinas"

"2011, Año del Turismo en México"

México, D.F. a 23 de marzo de 2011

Remitente	Subdirección de Recursos Humanos y Relaciones Laborales	**Número**	SRHRL-COG-0050/2011
	Coordinación de Gestión Gubernamental	**Expediente**	
Destinatario	Lic. Ana Elena Figueroa Gilas	**Antecedentes**	
	Titular de la Unidad de Enlace	**Número**	UCA-CPGC-UEPM-130-2011
	Petróleos Mexicanos	**Fecha**	25 de enero, 2011
Asunto	Respuesta 1857200 012911	**Anexo**	No

Mediante solicitud de acceso 1857200 012911, recibida en modalidad de información pública y entrega en copia simple, se requirió:

"En apego a la Ley Federal de Transparencia y Acceso a la Información Gubernamental, solicito el nombre completo de todos y cada uno de los 44 empleados de Pemex que, según dijo el director general Juan José Suárez Coppel en su comparecencia ante el Legislativo que tuvo lugar el 13 de enero de 2011, "han sido separados de sus cargos" porque se identificó "que realizan acciones u omisiones en perjuicio de Pemex".

En cada caso solicito se identifique el nivel de cada uno de estos empleados y su fecha de contratación.

En cada caso solicito se identifique si se trata de personal sindicalizado o de confianza, el área de trabajo al que estaban adscritos, y cada una de sus funciones.

De todos y cada uno de estos casos, en apego a la Ley Federal de Transparencia y Acceso a la Información Gubernamental, solicito copia simple de la versión pública de la ficha de cada trabajador." (sic).

Al respecto se pone a disposición del peticionario archivo electrónico que contiene información de 44 trabajadores que han sido separados de sus cargos por diversas razones, en la que se incluye:

Nivel, fecha de contratación, régimen contractual, área de adscripción y funciones. No omito señalar que la ficha de los trabajadores está clasificada como información confidencial de acuerdo al Criterio 015/10 del Instituto Federal de Acceso a la Información Pública y Protección de Datos - El número de ficha de identificación única de los trabajadores es información de carácter confidencial y Criterio CPM-01/2010 del Comité de Información de Petróleos Mexicanos – Confidencialidad de Datos Personales.

Adicionalmente, se comunica que el Comité de Información de Petróleos Mexicanos, en su 12ª Sesión Ordinaria 2011, celebrada el 17 de marzo de 2011, confirmó la clasificación de información reservada a la relacionada con el nombre de los trabajadores.

Sin otro particular, aprovecho la ocasión para enviarle un cordial saludo.

Atentamente

Lic. Francisco Puisinari Jiménez
Coordinación

No.	Nivel	Fecha Contratación	Régimen Contractual	Área de Adscripción	Funciones
1	41	13/11/07	Confianza	Gerencia de Servicios de Seguridad Física	Anexo 1
2	39	11/08/07	Confianza	Gerencia de Servicios de Seguridad Física	Anexo 1
3	39	15/04/05	Confianza	Gerencia de Servicios de Seguridad Física	Anexo 1
4	39	6/07/03	Confianza	Gerencia de Servicios de Seguridad Física	Anexo 1
5	20	3/02/04	Confianza	Gerencia de Servicios de Seguridad Física	Anexo 1
6	20	3/02/04	Confianza	Gerencia de Servicios de Seguridad Física	Anexo 1
7	39	29/06/05	Confianza	Gerencia de Servicios de Seguridad Física	Anexo 1
8	39	3/11/09	Confianza	Gerencia de Servicios de Seguridad Física	Anexo 1
9	14	4/1/2004	Confianza	Gerencia de Servicios de Seguridad Física	Anexo 1
10	16	16/03/09	Confianza	Gerencia de Servicios de Seguridad Física	Anexo 1
11	18	7/04/97	Confianza	Gerencia de Servicios de Seguridad Física	Anexo 1
12	36	6/04/98	Confianza	Gerencia de Servicios de Seguridad Física	Anexo 1
13	33	9/08/04	Confianza	Gerencia de Servicios de Seguridad Física	Anexo 1
14	24	5/07/04	Confianza	Gerencia de Servicios de Seguridad Física	Anexo 1
15	33	23/01/06	Confianza	Gerencia de Servicios de Seguridad Física	Anexo 1
16	39	2/07/09	Confianza	Gerencia de Servicios de Seguridad Física	Anexo 1
17			Confianza	Gerencia de Servicios de Seguridad Física	Anexo 1
			Confianza	Gerencia de Servicios de Seguridad Física	Anexo 1
			Confianza	Gerencia de Servicios de Seguridad Física	Anexo 1
			Confianza	Gerencia de Servicios de Seguridad Física	Anexo 1
			Confianza	Gerencia de Servicios de Seguridad Física	Anexo 1
			Confianza	Gerencia de Servicios de Seguridad Física	Anexo 1
			Confianza	Gerencia de Servicios de Seguridad Física	Anexo 1
			Confianza	Gerencia de Servicios de Seguridad Física	Anexo 1
			Confianza	Gerencia de Servicios de Seguridad Física	Anexo 1
			Confianza	Gerencia de Servicios de Seguridad Física	Anexo 1
			Confianza	Gerencia de Servicios de Seguridad Física	Anexo 1
			Confianza	Gerencia de Servicios de Seguridad Física	Anexo 1

Solicitud de información folio SISI 1857200 012911

No.	Nivel	Fecha Contratación	Régimen Contractual	Área de Adscripción	Funciones
30	14	24/07/05	Confianza	Gerencia de Servicios de Seguridad Física	Anexo 1
31	16	18/03/08	Confianza	Gerencia de Servicios de Seguridad Física	Anexo 1
32	14	6/03/00	Confianza	Gerencia de Servicios de Seguridad Física	Anexo 1
33	14	20/09/05	Confianza	Gerencia de Servicios de Seguridad Física	Anexo 1
34	14	21/07/03	Confianza	Gerencia de Servicios de Seguridad Física	Anexo 1
35	16	29/04/04	Confianza	Gerencia de Servicios de Seguridad Física	Anexo 1
36	16	23/10/04	Confianza	Gerencia de Servicios de Seguridad Física	Anexo 1
37	31	18/07/03	Confianza	Gerencia de Servicios de Seguridad Física	Anexo 1
38	14	10/03/08	Confianza	Gerencia de Servicios de Seguridad Física	Anexo 1
39	35	7/02/06	Confianza	Gerencia de Servicios de Seguridad Física	Anexo 1
40	14	28/02/96	Confianza	Gerencia de Servicios de Seguridad Física	Anexo 1
41	39	29/01/07	Confianza	Gerencia de Servicios de Seguridad Física	Anexo 1
42	16	6/02/07	Confianza	Gerencia de Servicios de Seguridad Física	Anexo 1
43	36	23/01/07	Confianza	Gerencia de Servicios de Seguridad Física	Anexo 1
44	16	22/05/00	Confianza	Gerencia de Servicios de Seguridad Física	Anexo 1

Elementos de la policía interna despedidos por su vinculación u omisión en el robo de hidrocarburos.

Los nombres de 44 funcionarios implicados en la sustracción se mantendrán en reserva durante 12 años a partir de 2011.

México, D.F., a 22 de marzo de 2011

Lic. Ana Elena Figueroa Giles
Titular de la Unidad de Enlace
Petróleos Mexicanos
P r e s e n t e .

Se hace referencia a la solicitud de información con folio 1857300012911, mediante la cual se requirió: "En apego a la Ley Federal de Transparencia y Acceso a la Información Gubernamental, solicito el nombre completo de todos y cada uno de los 44 empleados de Pemex que, según dijo el director general Juan José Suárez Coppel en su comparecencia ante el Legislativo que tuvo lugar el 13 de enero de 2011, han sido separados de sus cargos porque se identificó que realizaron acciones u omisiones en perjuicio de Pemex. En cada caso solicito se identifique el nivel de cada uno de estos empleados y su fecha de contratación. En cada caso solicito se identifique si se trata de personal sindicalizado o de confianza, el área de trabajo a la que estaban adscritos, y cada uno de sus funciones. De todos y cada uno de estos casos, en apego a la Ley Federal de Transparencia y Acceso a la Información Gubernamental, solicito copia simple de la versión pública de la ficha de cada trabajador". Al respecto, la Subdirección de Recursos Humanos y Relaciones Laborales de Petróleos Mexicanos, a través de su oficio DCA-SRHRL-332-2011 de fecha 17 de marzo de 2011, comunicó al Comité que la información relativa al "nombre de los 44 servidores públicos que se encontraban adscritos a la Gerencia de Servicios de Seguridad Física" está reservada con fundamento en los artículos 13 fracciones I, IV y V y 14 fracción I de la LFTAIPG en relación con el artículo 5 fracciones IV y XII de la Ley de Seguridad Nacional, así como en los numerales Décimo Octavo fracción V inciso a) y Vigésimo Cuarto fracción II de los Lineamientos Generales para la Clasificación y Desclasificación de la Información de las Dependencias y Entidades de la APF y en el Criterio 0005-09 emitido por el Instituto Federal de Acceso a la Información y Protección de Datos, por un período de 12 años a partir del 24 de enero de 2011. La función de la Gerencia de Servicios de Seguridad Física es la de salvaguardar la integridad del personal, instalaciones, bienes y valores de Petróleos Mexicanos y sus Organismos Subsidiarios, instalaciones que son consideradas por el artículo 28 párrafo 4° de la Constitución Política de los Estados Unidos Mexicanos, como áreas estratégicas de la economía nacional, manteniéndolos en un estado de seguridad que permita desarrollar las actividades en óptimas condiciones, sin presencia de riesgos y amenazas, así como la de combatir todos los ilícitos que se cometen en su contra; acciones que se realizan a través de los servidores públicos que laboran en la misma, enfrentando en múltiples ocasiones a la delincuencia organizada, así como siendo objeto de múltiples amenazas por parte de ésta, con causarles un peligro real e inminente a su persona y familiares. La difusión de los nombres de quienes han dejado de prestar sus servicios en la Gerencia de Servicios de Seguridad Física (nombre), pone en riesgo la vida y la seguridad de dichos servidores o ex-servidores públicos, mismos que realizan o realizaron las actividades de seguridad, vigilancia y patrullaje en las instalaciones de Petróleos Mexicanos, ya se recopilando información que permite denunciar a quienes presumiblemente han cometido algún delito en contra de PEMEX o enfrentado a traficantes de hidrocarburos (delincuencia organizada), los cuales constantemente amenazan a los integrantes de la citada Gerencia con causar un daño real e inminente, lo que permitiría represalias por los delincuentes al conocer su situación laboral, poniendo en riesgo sus vidas y las de sus familias. Finalmente, es importante que el Comité tome en consideración el Criterio 0005-09, emitido por el Instituto Federal de Acceso a la Información y Protección de Datos "Nombres de servidores públicos dedicados a actividades en materia de seguridad, por excepción pueden considerarse información reservada. De conformidad con el artículo 7, fracciones I y III de la Ley Federal de Transparencia y Acceso a la Información Pública Gubernamental el nombre de los servidores públicos es información de naturaleza pública. No obstante lo anterior, el mismo precepto establece la posibilidad de que existan excepciones a las obligaciones ahí establecidas cuando la información actualice algunos de los supuestos de reserva o confidencialidad previstos en los artículos 13, 14 y 18 de la citada ley. En este sentido, se debe señalar que existen funciones a cargo de servidores públicos, tendientes a garantizar de manera directa la seguridad nacional y pública, a través de acciones preventivas y correctivas encaminadas a combatir a la delincuencia en sus diferentes manifestaciones. Así, es pertinente señalar que en el artículo 13, fracción I de la ley de referencia se establece que podrá clasificarse aquella

información cuya difusión pueda comprometer la seguridad nacional y pública. En este orden de ideas, una de las formas en que la delincuencia puede llegar a poner en riesgo la seguridad del país es precisamente anulando, impidiendo u obstaculizando la actuación de los servidores públicos que realizan funciones de carácter operativo, mediante el conocimiento de dicha situación, por lo que la reserva de la relación de los nombres y las funciones que desempeñan los servidores públicos que prestan sus servicios en áreas de seguridad nacional o pública, puede llegar a constituirse en un componente fundamental en el esfuerzo que realiza el Estado Mexicano para garantizar la seguridad del país en sus diferentes vertientes".

El Comité de Información de Petróleos Mexicanos (Ing. María Gabriela García Velázquez, Presidente suplente; Lic. Ana Elena Figueroa Giles, Vocal; C.P. Héctor Aguiñaga Pérez, Vocal suplente) en su Décima Primera Sesión Ordinaria 2011, llevada a cabo el 17 de marzo de 2011, vez consideradas las opiniones vertidas, con base en el artículo 29 fracción III de la LFTAIPG, confirmó la reserva de la información requerida a través de la solicitud con folio 1857300012911 (nombre de los 44 servidores públicos que se encontraban adscritos a la Gerencia de Servicios de Seguridad Física); clasificada por la Subdirección de Recursos Humanos y Relaciones Laborales de Petróleos Mexicanos, con fundamento en los artículos 13 fracciones I, IV y V y 14 fracción I de la LFTAIPG en relación con el artículo 5 fracciones IV y XII de la Ley de Seguridad Nacional, así como en los numerales Décimo Octavo fracción V inciso a) y Vigésimo Cuarto fracción II de los Lineamientos Generales para la Clasificación y Desclasificación de la Información de las Dependencias y Entidades de la APF y en el Criterio 0005-09 emitido por el Instituto Federal de Acceso a la Información y Protección de Datos, por un período de 12 años a partir del 24 de enero de 2011. La función de la Gerencia de Servicios de Seguridad Física es la de salvaguardar la integridad del personal, instalaciones, bienes y valores de Petróleos Mexicanos y sus Organismos Subsidiarios, instalaciones que son consideradas por el artículo 28 párrafo 4° de la Constitución Política de los Estados Unidos Mexicanos, como áreas estratégicas de la economía nacional, manteniéndolos en un estado de seguridad que permita desarrollar las actividades en óptimas condiciones, sin presencia de riesgos y amenazas, así como la de combatir todos los ilícitos que se cometen en su contra; acciones que se realizan a través de los servidores públicos que laboran en la misma, enfrentando en múltiples ocasiones a la delincuencia organizada, así como siendo objeto de múltiples amenazas por parte de ésta, con causarles un peligro real e inminente a su persona y familiares. La difusión de los nombres de quienes han dejado de prestar sus servicios en la Gerencia de Servicios de Seguridad Física (nombre), pone en riesgo la vida y la seguridad de dichos servidores o ex-servidores públicos, mismos que realizan o realizaron las actividades de seguridad, vigilancia y patrullaje en las instalaciones de Petróleos Mexicanos, ya se recopilando información que permite denunciar a quienes presumiblemente han cometido algún delito en contra de PEMEX o enfrentado a traficantes de hidrocarburos (delincuencia organizada), los cuales constantemente amenazan a los integrantes de la citada Gerencia con causar un daño real e inminente, lo que permitiría represalias por los delincuentes al conocer su situación laboral, poniendo en riesgo sus vidas y las de sus familias.

Conforme a lo establecido en el artículo 49 de la LFTAIPG, el solicitante podrá interponer, por sí mismo o a través de su representante, recurso de revisión ante el Instituto Federal de Acceso a la Información Pública, dentro de los quince días hábiles siguientes a la fecha de notificación.

Sin otro particular, reciba un cordial saludo.

Atentamente,

ORIGINAL FIRMADO

Lic. María Teresa González Zubieta
Secretaria Técnica Suplente.

Ccp. Lic. Francisco Rubrían Jiménez.- Coordinación de Gestión Gubernamental, SRHRL.
Integrantes del Comité de Información de Petróleos Mexicanos (vía electrónica)

que se instalan a sólo un metro de la puerta principal, como la que se detectó en abril de 2008 en la TAR de Saltillo, Coahuila.

La cuota sindical

Cadereyta es clave de la implicación de integrantes del SNTPRM en la sustracción y el mercado negro de hidrocarburos. Allí los embarques robados salen por la puerta principal de la TAR, y las tomas "clandestinas" se instalan a unos metros de la refinería. Los choferes y porteros —que en la estructura de Pemex ocupan uno de los escalafones más bajos— son dueños de vehículos de lujo y fastuosas viviendas.

Un caso ilustrativo del *modus operandi* del desvío de ruta ocurrió el 15 de marzo de 2007: el conductor de la pipa PMX5338 sale de la Terminal de Santa Catarina con su último reparto de la jornada; son las 04:15 de la mañana. Después de que deposite los 20 mil litros de Pemex Magna en la gasolinera Petro Saga S.A. de C.V., deberá regresar a la TAR y entregar la unidad para concluir con el horario de trabajo que comenzó a las 10 de la noche.

Auxiliándose de la luz del tacómetro, José de León echa un vistazo al reloj que ciñe su muñeca izquierda; su turno acaba dentro de una hora con 45 minutos, en punto de las seis de la mañana; Petro Saga queda muy cerca y a esa hora el tráfico aún no congestiona la periferia de Monterrey. Quedan por lo menos dos horas antes de que el taciturno amanecer en la sultana del norte se trastoque con el ensordecedor concierto de cláxones de padres desesperados por dejar a los hijos en la escuela camino al trabajo, así que éste es el mejor momento para otras entregas, calcula.

La pesada pipa trastabilla cuando José da el volantazo para cambiar de rumbo. Enfila hacia la avenida Mineral del Monte, luego toma la carretera Monterrey-Saltillo, después entra al Boulevard Díaz Ordaz, ahora la avenida Fleteros hasta la Calzada Madero, posteriormente Bernardo Reyes hasta el cruce con la avenida Fidel Velázquez, en la colonia Constituyentes del 57. Se detiene en el número 1505 en la gasolinera Servicio Arco Vial, S.A.

En ese sitio, el encargado le da entrada hasta la zona de descarga; abre la cerradura del depósito y lo deja al descubierto. Mientras, con el juego de llaves del camión, José rompe los sellos de la caja de válvula (número 199685) y el del domo (199686), abre el mecanismo y acciona la manguera para que la gasolina magna llene el depósito ajeno, 456 litros *ordeñados* en minutos.

José gira la válvula, echa un vistazo al nivel y cierra el domo. Con un ademán se despide del encargado, sube a la pipa y retoma el camino. Cuando llega a Petro Saga baja y hace como que va a retirar los sellos de la caja de válvula. El quisquilloso encargado le detiene la mano.

—¡Están rotos los sellos!

—No, no es cierto; apenas los estoy quitando.

—Vienen rotos, no te voy a recibir.

—No te pongas así. Recíbeme, que tengo que regresar, ya va a acabar mi turno, es la última entrega.

—No, están rotos; a ver, déjame ver… —el encargado revisa el nivel de certificación.

—¡No'mbre, si viene muy abajo! No, no te recibo.

Infructuosamente José intenta convencerlo. Intercambia malas palabras. Se encoge de hombros, cierra de nuevo la pipa y enfila de regreso a la TAR. A las 5:25 está de vuelta, le comenta a su superior que en Petro Saga no le admitieron la carga por el nivel bajo. El jefe le autoriza que se forme en la fila de llenado donde se le completará el faltante.

Aquel día José hizo lo que hace la mayoría de los choferes de Pemex: cuando salen de las terminales a repartir los refinados que previamente adquirieron las franquicias, se desvían de ruta y entregan primero en una gasolinera distinta, y con esa misma primera factura regresan a la terminal para rellenar el faltante.

Este tipo de *ordeña* generalmente está relacionado con integrantes del SNTPRM, de acuerdo con los expedientes integrados en el Órgano Interno de Control (OIC) de Pemex Refinación y en la SFP, a los que la autora tuvo acceso.

Las descargas "fuera de ruta" se hacen en gasolineras con las que ellos previamente han pactado el suministro, el costo y la frecuencia de entrega. Desde las estaciones pequeñas hasta las de conocidas cadenas de franquicias hacen este tipo de negocios.

Con los choferes repartidores de Pemex los clientes del mercado negro tienen menos riesgos que con proveedores privados, porque a pesar de ser una entrega clandestina, la mercancía sale de la terminal con una factura original (aunque esté a nombre de otro cliente); el producto se los entrega un conductor uniformado y a bordo de una pipa oficial. Y sobre todo que aún en caso de flagrancia el asunto no irá más allá de una sanción administrativa. Prácticamente no hay riesgo para el comprador.

En el desvío de ruta el portero checador de las TAR y el repartidor trabajan de la mano, pues el primero le autoriza su reingreso a la TAR para rellenar lo *ordeñado*.

Aunque se trata de un escalafón bajo, el empleo de chofer repartidor y cobrador de autotanque es uno de los más cotizados, pues además de las numerosas prestaciones que les otorga la paraestatal —este puesto sólo lo ocupan sindicalizados— se habla de que reciben 400 pesos por cada descarga clandestina.

El desvío de ruta para descargas no autorizadas es el delito más frecuente integrado por la contraloría interna de Pemex Refinación y en los reportes que elabora el área de inteligencia de la empresa estatal. Ocurre en las 77 TAR, pero aun cuando detengan *infraganti* a uno de esos conductores, los contralores y *especiales* doblan las manos ante el sindicato.

Por ejemplo, en mayo de 2006 la Gerencia Regional de Pemex Refinación le suspendió el suministro a la franquicia ES4520, ubicada en Monterrey, por supuestas irregularidades. Según documentación de Pemex, dicha franquicia es propiedad de Emely Eileen Issa Tafich y su esposo Eduardo Saide Canavati, en un capital accionario de 90 por ciento y 10 por ciento, respectivamente. Issa Tafich es hija de Salomón Issa Murra, un acaudalado empresario de la Comarca Lagunera, propietario de las gasolineras del Grupo Simsa.

Para seguir operando, se pactó el suministro mediante adquisiciones que hacía otra gasolinera, aunque se descargaba en dicha franquicia. La contraloría interna en Pemex Refinación abrió una investigación en contra de los choferes Mauro Flores Reyes, Fernando Galván Ávalos, Javier Delgado y Rubén Alejandre, adscritos a la TAR Santa Catarina, por el desvío de combustible. El organismo contralor argumentó el despido, pero el SNTPRM sólo emitió una sanción.

A pesar de no haber cifras exactas del volumen de refinados que se sustraen por esta vía para comercializarlos en el mercado negro, en mayo de 2011 el diputado federal Arturo Zamora Jiménez y Pedro González, presidente de la Asociación Mexicana de Empresarios Gasolineros, calcularon que la merma de gasolina que sale de las pipas de Pemex es en ocasiones de hasta 10 mil litros por cada uno de los vehículos. Y, según sus estimaciones, en promedio unos 20 mil millones anuales de litros de gasolina se venden en el mercado negro; un amplio volumen se concentra en puestos clandestinos. El caso de Mérida es uno de los más representativos: 120 estaciones de servicio formales por 350 estaciones piratas.

Para quitarse a la contraloría de encima los empleados sindicalizados de Pemex que participan en este negocio ilícito tienen a sus ajustadores en cada centro de trabajo. Si el organismo contralor identifica a un sindicalizado en este tipo de hurtos, el ajustador se encargará de comunicarle quién es intocable ante un eventual despido, y si es que acaso se le impondrá sólo una sanción de carácter administrativo.

Ello ocurrió con José de León, quien resultó ser sobrino de Jesús Mendoza de León, líder de la Sección 40 del SNTPRM, y uno de los dirigentes cercanos a Carlos Romero Deschamps, el secretario general del sindicato. Mendoza también tiene en Pemex una plaza de chofer repartidor y cobrador de las TAR.

Romero Deschamps, conocido por sus gustos y aficiones de jeque —automóviles de colección, yates de lujo, veleros y pesca deportiva—, sabe que los choferes representan una pieza clave; él mismo proviene de ese gremio. De tal suerte que desde 1993, cuando tomó el mando del sindicato, poco más de cien de sus secretarios y funcionarios sindicales han tenido en la paraestatal el puesto de chofer repartidor de TAR.

Los dirigentes locales y los ajustadores enquistados en las oficinas administrativas tienen consigna de proteger a quien toma la cuota sindical de los hidrocarburos. Aun si la contraloría se empeña en investigar a uno de los suyos, se le garantiza no sólo su empleo, sino la defensa del líder y de abogados, aunque difícilmente es necesario, los contralores saben de antemano que perderán la batalla.

Pero ¡ay de aquel chofer que *ordeñe* por su cuenta!, hasta el sindicato azuza la investigación, ¡que se castigue a quien trasgredió las reglas!, que las deslealtades se pagan caro.

CASA DE: .... EN [............]

Referente al Sr. **JOSE DE LEON**, se supo que se llama **JOSE DE LEON GUTIERREZ** [............] y se encuentra sancionado por parte de la representación sindical conforme a la cláusula 32 del C.C.T.V. a partir del día 23 de abril hasta el 22 de diciembre del presente año, asimismo por parte de la T.A.R. Satélite de Santa Catarina, N. L., se le suspendió 8 días sin derecho a salarios, ni prestaciones y con interrupción de antigüedad, al comprobársele faltante de producto en el Equipo de Reparto.

El citado Trabajador según acta de investigación administrativa laboral que se anexa, salió de la T.A.R. Satélite de Santa Catarina a las 04:15 horas con el Equipo PMX 5338 con 20,000 litros de Pemex Magna, laborando en el 3er. turno de 22:00 a 06:00 horas correspondiente a los días 14 y 15 de marzo respectivamente del año 2007.

SEGÚN INFORMACIÓN VERBAL, SE SUPO QUE JOSE DE LEÓN SE DESVIÓ DE SU RUTA DESCARGANDO PARTE DEL PRODUCTO EN LA ESTACIÓN NO. 3570, SERVICIO ARCO VIAL, S. A., UBICA EN AVENIDA FIDEL VELÁSQUEZ NO. 1505, EN MONTERREY, N. L, DE LA COLONIA CONSTITUYENTES DEL 57, C. P. 64280, EN MONTERREY, N. L. en donde se presume que violó los sellos No. 199095/199095, de lo que no se le pudo comprobar y no se menciona en el acta de investigación.

Posteriormente sin sellos de seguridad de la caja de válvula y domo de la Unidad PMX 5338, sin ponerse de acuerdo con los de la estación No. 5597 CORPORATIVO PETRO SAGA, S. A. DE C. V., (destino del Producto) no aceptaron la descarga del producto que venía muy abajo del nivel de certificación (nice), por lo que regresó con producto a la T.A.R. SATÉLITE con el pretexto que no le quisieron recibir el producto en la citada Estación de Servicios No. 5597, arribando a las 05:25 horas a la T.A.R. Satélite en Santa Catarina, N. L, siendo sometido a cálculos del producto, rellenando la Pipa de reparto con 456 litros de Pemex Magna, comprobándose el faltante.

.... Delegación 2, suspendido administrativamente a JOSE .... meses hasta el 22 de Diciembre del presente año, y no .... faltas de elementos en su contra.

.... sindical Sr. **JESÚS MENDOZA DE LEÓN**, Secretario General de la Delegación 2 de la Secc. 40, con Sede dem Monterrey, N. L., es familiar de la familia DE LEÓN.

JOSE DE LEON además tiene dos Tíos en la T.A.R. SATELITE, Trabajadores, **MARIO ALBERTO DE LEON RUIZ** [............] y **RODOLFO DANIEL DE LEON RUIZ** F- [............] chóferes repartidores de la empresa en la Planta mencionada, en Santa Catarina, N. L., que laboran normalmente en la Planta Satélite y hasta el momento no se les encontró sanción laboral por parte de la Empresa.

Por tal motivo se realizó vigilancia diurna y nocturna a la citada Estación de Servicios 3570 ARCO VIAL S.A. DE C.V. ubicada en la Colonia Constituyentes del 57, en Monterrey, N. L., para tratar de sorprender a cualquiera de los familiares involucrados en flagrancia, con resultados negativos.

Por otra parte se supo que la Sra. [............] no trabaja en ningún área administrativa, mas bien surte recetas a los Derechohabientes de la empresa en la Farmacia de la CLINICA de PEMEX, ubicada en Calle Granada y Av. Ruiz Cortines, Colonia MODERNA, Monterrey, N. L., junto al Edificio Administrativo de Gas y Petroquímica Básica y no se le encontró falta administrativa.

CONCLUSION:

De acuerdo a los documentos que se anexan contra JOSE DE LEON GUTIERREZ, y los nexos con sus familiares, pueden reincidir en alguna falta en agravio a la Empresa, por lo que se continuará con vigilancia periódica diurna y nocturna a la estación de servicios No. 3570, SERVICIO ARCO VIAL, S.A., UBICA EN AVENIDA FIDEL VELÁSQUEZ No. 1505 DE LA COLONIA CONSTITUYENTES DEL 57, EN MONTERREY, N. L. para sorprender en flagrancia a los mencionados trabajadores.

SE ANEXAN:

ACTA DE INVESTIGACION ADMINISTRATIVA LABORAL GADN-RL 604-AL-054/07.
SITUACION CONTRACTUAL DEL TRABAJADOR JOSE DE LEON GUTIERREZ.
NOTIFICACION AL TRABAJADOR, DEL PROCESO DE INVESTIGACION.
NOTIFICACION DE RESULTADOS AL TRABAJADOR.
SANCION DISCIPLINARIA POR PARTE DEL REPRESENTANTE SINDICAL.
S. I. O. DEL TRABAJADOR JOSE DE LEON GUTIERREZ.

Atentamente.

Informe
Abel C. Corona de Chelos
(3382)

Julio Cesar Romero Piñón.
(3978)

Investigación interna contra José de León, sobrino del líder sindical Jesús Mendoza de León.

"Desvío de ruta": la irregularidad más recurrente que cometen los choferes de las pipas.

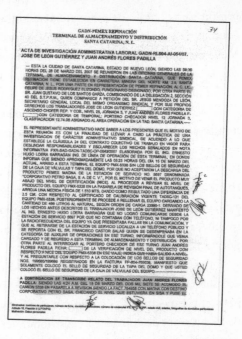

Ejemplo de esto es la osadía del chofer José Meléndez Brito: "Pero si todos roban, ¿por qué nosotros no?", justificó ingenuamente en el interrogatorio ante la contraloría, derivado del expediente R.39/2005 que se abrió en su contra cuando fue detenido en flagrancia *ordeñando* combustible.

En julio de 2004, Meléndez salió de la TAR de Cuernavaca para entregar un embarque de gasolina a la estación de servicio 6454, en la colonia Jacarandas. A sólo cien metros de la terminal hizo un alto en el camino, rompió un sello de seguridad, metió una manguera y comenzó a sustraer gasolina. Llevaba *ordeñados* seis litros cuando lo sorprendieron.

Los abogados de Pemex lo denunciaron penalmente por hurto de hidrocarburos, y fue sentenciado a cuatro años y seis meses de prisión bajo el cargo de robo equiparado (causa penal 98/104). La contraloría lo inhabilitó por 10 años. El valor de la gasolina que Meléndez había *ordeñado* ascendía a 36.90 pesos. Con casos como éste las autoridades cubren la cuota oficial de combate a la *ordeña* de combustible.

La *ordeña* que auspicia el sindicato tiene entre las gasolineras, la industria y los comercios mucha demanda; por ello las pipas que operan sus choferes se tornaron insuficientes para abastecerlos. En las TAR comenzaron a dar entrada a ciertos autotanques privados, abastecidos con la colaboración de los ingenieros de operación, ayudantes de patio, supervisores de llenado, garroteros y porteros checadores que cerraban los ojos ante un mercado negro que poco a poco devora el legal.

En noviembre de 2008 Pemex anunció que con la instalación de sistemas de posicionamiento global (GPS) en cada una de sus pipas combatiría este tipo de *ordeña*, y también con la automatización de los procesos de entrega a los distribuidores y estaciones de servicio, desde las terminales de almacenamiento. Además de los sellos con los que sale cada cargamento desde la terminal y que deben ser retirados por el franquiciatario en el momento en que recibe el combustible.

Ninguno de estos sistemas funciona, o todos funcionarían si no fuera tal el nivel de colusión, porque el GPS detecta que la pipa está fuera de ruta, se hacen descargas indebidas, los sellos los quitan y ponen cuando quieren. En las terminales la cantidad de producto que sale no es igual a la que se reporta en la venta diaria.

En 2008, por ejemplo, en la TAR de Delicias un chofer iba ya por su tercera pipa *ordeñada* del día. Cuando se formó por cuarta ocasión con una misma factura, llegaron Felipe Salas y Carlos Garay, jefe de turno y superintendente de la terminal, en ese orden.

—Si me corren voy a decir todo lo que sé del negocio del gasóleo —se defendió el conductor.

En consecuencia, su "falta" le mereció sólo un "apercibimiento" sindical.

Este tipo de *ordeña* tiene otras implicaciones negativas para Pemex: la "contaminación" frecuente de hidrocarburos. Si un chofer transportó por la mañana gasolina y a mediodía saca un cargamento de diesel o turbosina el tanque queda "contaminado" por la mezcla. O si sustrae una parte de la gasolina y no quiere que se perciba la *ordeña*, le mezcla cualquier sustancia: agua, metanol, nafta, principalmente; no importa si eso no sólo contamina los tanques, sino que pueda afectar a los consumidores finales. Como obras de alquimia se justifican los hurtos.

El 24 de octubre de 2009, de la TAR Salina Cruz salió el autotanque PR2863 de la fletera Operadora de Líneas de Transporte S.A. de C.V., con dos toneles cargados con 62 mil 443 litros de gasolina premium. Su encomienda era transportarlos a la TAD que abastece a la capital de Oaxaca, ubicada en el poblado de Santa María del Tule.

Entre los 244 kilómetros de distancia, un porcentaje de la gasolina premium se convirtió en metanol. El chofer, Víctor Manuel González, argumentó que así se lo habían llenado en la TAR de origen; las pruebas determinaron su falsedad (acta de hechos TADO-TC-0240/09).

Otro caso así se detectó el 27 de agosto de 2010, con un cargamento de 61 mil 77 litros de gasolina que un chofer llevó de la TAR de Ciudad Madero a la TAR de Ciudad Mante. Al cabo de 154 kilómetros recorridos, 6.45 por ciento de la carga se volvió metanol.

A lo largo de todo el sexenio calderonista la contraloría interna de Pemex Refinación ha recibido frecuentes denuncias e información en la que empleados de la paraestatal detallan las complicidades del SNTPRM en el hurto de hidrocarburos en Cadereyta, sin que se atendiera seriamente la problemática.

Las insistentes denuncias de desvío de ruta de los choferes que dieron pie a diversas indagatorias generaron incluso que oficialmente una de las dirigencias sindicales, la de la Sección 40, emitiera el 12 de marzo de 2007 una circular —número 0007— donde Héctor J. Saucedo Garza, secretario general, y Francisco Araiza Alcázar, secretario del interior, hacían un llamado de atención a sus agremiados.

Por este conducto nos permitimos informar a ustedes de nuestra constante preocupación por algunos casos que se han suscitado en diferentes TAR y sectores [...] por la sustracción de producto de parte de algunos compañeros deshonestos que no sólo denigran a la Sección 40 sino que también ponen en riesgo y atentan en contra de los demás compañeros y de las instalaciones.

Es nuestra obligación reiterarles de manera oficial mediante esta circular que el delito de robo y tráfico ilegal de hidrocarburos y sus derivados es tipificado como grave y tiene como pena desde 9 a 16 años de cárcel sin derecho a fianza; dichas sanciones se aplican sin importar la cantidad de lo sustraído.

Para todos aquellos que ejercen estas prácticas se les comunica que el sindicato está limitado en su defensa en las investigaciones.

En el marco del incremento exponencial de *ordeña*, al interior de las dirigencias sindicales había opiniones encontradas, disputas y presiones. Encima, la contraloría interna buscaba concluir con inhabilitaciones algunos de los muchos casos integrados en contra de funcionarios y empleados de la refinería y las terminales.

En ese clima, el 16 de mayo de 2007 la Sección 49 terminó su asamblea de revisión sindical con un convivio. Cuando ya varios agremiados se retiraban, un comando ataviado con uniformes negros sin insignias, chalecos antibalas y armas largas, interceptaron y se llevaron a los petroleros Félix Sánchez Torres, David Sánchez Torres y Jorge Alejandro Hernández Faz.

Otro grupo armado llegó más tarde por David Vega Zamarripa a su domicilio; a éste se le conoce como *el Ganso* y es hermano de Hilario Vega, secretario general de la Sección 49, un hombre muy allegado a Carlos Romero Deschamps.

Al día siguiente, Hilario recibió una llamada del celular de su hermano, un sujeto le indicó que se entregara para que pudieran negociar, o si no le enviaría la cabeza de David. Hilario acudió a la cita, desde entonces de él ni de los otros se supo nada.

No paró allí el asunto, el 20 de mayo de 2007 fue *levantado* José Luis Lozano, ex alcalde de Cadereyta, junto con un regidor y otro petrolero jubilado. Después de los secuestros, el secretario de Seguridad Pública del municipio, Generoso Guajardo García, renunció al cargo. Su hermano Gerardo fue *levantado* el 17 de julio. Un comando que viajaba en una Cheyenne color arena lo sacó del restaurante Garza, en el centro del municipio; la versión que se difundió fue que lo confundieron con Generoso.

En Cadereyta se dijo que en los *levantones* de los petroleros los agresores fueron protegidos por la policía local, que el día en que se llevaron a David Vega tardó mucho tiempo en llegar a la llamada de auxilio de su familia. Si algo supo Generoso Guajardo, el secreto se lo llevó a la tumba: en abril de 2011, en Monterrey, lo hallaron ejecutado.

Guajardo encabezó una policía corrupta que no sólo protegía el robo y mercado negro de hidrocarburos, sino que participaba en la venta de droga. Pero no sólo él encubría los delitos.

El 13 de diciembre de 2007, varios militares sorprendieron a dos empleados de la refinería en posesión de mariguana. La policía municipal indicó que para llevarlos al ministerio público tenían que acudir los propios militares y el personal de Seguridad Física de Pemex. Los primeros dijeron que no podían salir de sus instalaciones; el superintendente de la TAR de Santa Catarina y el representante legal de Pemex argumentaron que la droga era mínima, y se negaron a ir. Caso cerrado.

Una de las denuncias que a detalle explicaba lo que ocurría en Cadereyta la recibió la Presidencia de la República en septiembre de 2010; también la Secretaría de la Función Pública y la contraloría de Pemex Refinación, donde se le asignó el número de expediente DE/196/2010. El documento es una denuncia dirigida al presidente Felipe Calderón y describe de manera precisa la forma en que el llamado combustible ecológico sale al mercado y compite con el que factura la paraestatal:

Su peor enemigo y de México es el sindicato de Pemex, ya que si bien es cierto que hay robos, *ordeñas* y muchas tomas clandestinas como dice el diputado Arturo Zamora, pero es muy poco comparado con lo que se ha robado por años y lo siguen haciendo, esta gente se aprovecha cuando hay una toma o una *ordeña* en los ductos, y reportan de más.

En sus inventarios tienen sobrantes y cuando no hay *ordeña* ellos hacen el robo hormiga en las pipas blancas de Pemex, y todavía están pidiendo más unidades en todas las plantas a nivel nacional. Es tanta su voracidad, que están subiendo choferes sin experiencia tomados de las oficinas sin una capacitación, porque quieren más choferes que les saquen producto de más: hasta mil litros por pipa.

El chofer cobra por su parte y entrega al líder de la sección sindical, y éste a su vez lo hace a su secretario general. Si no lo hacen, su pena es perder el trabajo. Los *especiales* o policía verde los cuidan porque tienen familiares trabajando allí y también les toca su parte. Además de dejar salir las unidades sin sellos, se los dan a los choferes para que los coloquen después.

También existen personas que desde el tiempo de Jaime Mario Willards y Emilio Aguado Calvet, intentaron tener el dominio total pero no lo lograron, pero ahora han vuelto a las andadas. Los amigos del "Bueno", pero ellos reciben combustible y se lo entregan a *Los Zetas* y ellos lo venden como combustible alterno o ecológico.

[...]

Han hecho un sinnúmero de negocios o plantas pequeñitas en todo el país para despachar sus mezclas, en productos de los ductos, el robo hormiga de Pemex y los autoconsumos que estuvo facilitando Juan Agustín López Huesca [...]

En las instalaciones petroleras en Cadereyta no se mueve un dedo si no lo autoriza el sindicato. Hay allí un poliducto de 12 pulgadas que es permanentemente *ordeñado*. Se trata de una de las vías más estratégicas para Pemex por el volumen de combustible que transporta y por su ubicación geográfica, que va desde la refinería de Cadereyta hasta el fronterizo puerto de Matamoros, vecino de Brownsville.

De ese poliducto, mediante nueve tomas clandestinas herméticas, en 2009 se extrajeron cantidades industriales de gasolina y diesel. En 2010 se instalaron 41 tomas y en 2011 un número similar, halladas en ejidos y ranchos de Cadereyta, Reynosa, General

Bravo, Río Bravo y Matamoros, por donde van los derechos de vía del poliducto.

Así lo registran los reportes de inteligencia de Pemex, que señalan a los ranchos La Retama, Puerto Arturo, La Polvadera, La Soledad, El Mango y el Control, así como a las colonias Hijos de Ejidatarios y López Portillo, los ejidos San Francisco y La Barranca, y la brecha El Becerro en Reynosa, como las principales zonas por donde pasa ese ducto y desde donde se extrae el hidrocarburo con la misma técnica que los propios expertos aplican para "disimular" la *ordeña*: la inyección de agua en la misma frecuencia con la que se sustrae el combustible.

Esas tomas son defendidas a bala y plomo, como lo demostró el 1° de septiembre de 2010 un comando armado en contra de militares y personal de seguridad de Pemex que patrullaban el área.

Los clientes

Veracruz, Nuevo León, Sinaloa, Tamaulipas, Puebla y la zona metropolitana del Distrito Federal son, desde 2007, las entidades con mayor *ordeña* de combustible a través de tomas clandestinas realizadas en ductos.

Muchas aberturas se instalan en terrenos que son propiedad de trabajadores de Pemex, líderes sindicales, funcionarios o personal de cualquier nivel. Así lo hizo un empleado de la Refinería de Minatitlán con categoría de cabo de mantenimiento, que en la calle Alejandro Mendoza, sin número, en la colonia Centro, en Nanchital, abrió una fonda que encubre su negocio más redituable: una toma clandestina en el traspatio, de la que incluso abastece la camioneta que Pemex le asignó y que usa para sus asuntos privados.

En Veracruz, en este tipo de terrenos instalaba sus tomas un grupo delictivo conocido como *Los Niños de Oro*, el cual es una célula dirigida por Venancio Lara Vallecillo, *el Nacho,* que la PGR vincula al cártel de *Los Zetas.*

En flagrancia, en julio de 2010, en Cosamaloapan fueron detenidos Sergio Barrada Herrera, *el Cheo*; Indalecio Pineda Santacruz, *el Pepe*; Jorge Silva Herrera, *el Chuy*; Cornelio Zavaleta Cándido y Sergio Contreras León, *el Mafer.* Su toma clandestina abastecía directamente la pipa con placas de circulación del Servicio Público Federal 136AK4. (AP/PGR/VER/COS/I/095/2010).

A partir de 2008, incluso las áreas con mayor vigilancia por su cercanía a la capital del país, como el ducto de San Martín Texmelucan, en Puebla, registraron una creciente incidencia de tomas clandestinas. Se intensificó un mercado negro de refinados extraídos en la zona y otros llevados desde Poza Rica (diesel) y de Tula (gasolina), comercializados en San Martín Texmelucan y poblados aledaños como Esperanza; y Maltrata, en Veracruz. Los reportes internos de Pemex indican que los expendedores pagan a los policías locales de 200 a 300 pesos semanales para que los dejen vender en turnos de ocho horas.

El combustible sustraído ilegalmente en territorio veracruzano tiene poderosos clientes, como lo develó la detención que en mayo de 2009 hizo la policía capitalina de un grupo de 39 personas que sacaban diesel de las instalaciones de Pemex en Poza Rica, para vendérselo a la compañía Bautech[3] en el Distrito Federal.

---

[3] Bautech, una de las supuestas compradoras, es una compañía fundada en 1991 que fabrica productos químicos para la construcción (impermeabilizantes, pinturas, aditivos para concreto, entre otros), y es contratista del gobierno federal y, precisamente, del gobierno capitalino en obras como los distribuidores viales.

La sustracción se estimó en 120 mil litros mensuales que la compañía compraba 30 por ciento más barato que su precio real. El combustible *ordeñado* era trasladado a las instalaciones de Procesadora de Especialidades Industriales, en Poza Rica. Desde allí, el propietario de esa empresa lo enviaba a un almacén de Auto Express Especializado Teoloyucan (AETSA), en el Estado de México, y posteriormente era vendido a compañías como Bautech y otras.

Indagaciones de la PGJDF determinaron que AETSA distribuía diesel hasta cuatro veces por semana, en cantidades que iban de 10 mil a 20 mil litros, según explicó el procurador capitalino Miguel Ángel Mancera: "Tenían de 5 a 10 pedidos mensuales de aproximadamente 12 mil litros cada uno. El precio oficial del diesel es de 6.61 al productor y 7.78 al público, por lo que estos señores lo adquirían entre 5 y 5.50 pesos por litro". Mancera aseguró que los empleados de la empresa sabían que el combustible era hurtado, pues cada litro que recibían era facturado como aceite.

La PGR, doblada por los *ordeñadores*

Entre 2001 y 2011 Pemex fue objeto de más de 40 mil "incidentes" entre los cuales se ubica la sustracción y *ordeña* a través de tomas clandestinas, según información obtenida mediante el IFAI. En 2006 se detectaron 70; en 2007, 324; en 2008, 392; en 2009, 462; en 2010, 691, y en 2011, hasta octubre, se habían detectado 856. Seiscientas nueve de estas últimas eran poliductos, y 187 oleoductos, lo que implica una fuerte sustracción de petróleo crudo. Las pérdidas de las tomas detectadas sólo en 2011 se estimaron en tres mil millones de pesos, el equivalente a 20 mil barriles o cien autotanques diarios.

Los ductos sujetos a conexiones ilegales en todo el país van desde Rosarito en Baja California hasta Chiapas y Tabasco en sus límites con Guatemala.

En esa década (2001-2011), el jurídico de la paraestatal presentó 2 mil 611 denuncias por *ordeña* y tomas clandestinas; sólo 15 concluyeron en sentencia. A este tipo de litigios no se les pone mucho empeño, como en el caso de los juicios contra compañías privadas, pues los abogados no privilegian la defensa del patrimonio de la paraestatal.

De cientos de denuncias que las contralorías internas integraron por la participación de trabajadores petroleros en la sustracción, el almacenamiento, la transportación, la venta o comercialización ilícita de hidrocarburos, en esa misma década solamente seis fueron removidos de sus cargos, de acuerdo con información proporcionada por el jurídico de Pemex. Sus nombres: Pedro Herrera Montoya, Luis Rodolfo González Segura, Alejandro Aquino López, Francisco Real Cabrales, Ángel Raymundo Islas y Federico Bernal, todos empleados de niveles inferiores.

En balde se pagó una suma considerable a las compañías trasnacionales que le vendieron a Pemex programas para garantizar la integridad de sus ductos, particularmente DuPont, a la que se le compró su paquete de sistema de seguridad, salud y protección ambiental (SSPA), mediante el contrato multianual SC-785/2005, por casi 2 millones de dólares. El sistema supuestamente garantizaría la integridad de áreas como los ductos. Al final, ni siquiera se detectó su vulnerabilidad ante los eventuales sabotajes, según se planteó en reuniones del Consejo de Administración de Pemex, en julio de 2007, a propósito de las explosiones atribuidas al EPR.

Poco después se internacionalizó la *ordeña* de ductos. Desde 2008, en las líneas de Chiapas y Veracruz comenzaron a detectarse vehículos de Guatemala involucrados en la sustracción de hidrocarburos en tomas clandestinas en las regiones fronterizas del sureste. El 7 de febrero de ese año, en Frontera Comalapa el Ejército encontró camiones cargados con 46 mil litros de hidrocarburos (AP/PGR/CHIS/COM/026/2008). Los guatemaltecos que operan el hurto con grupos mexicanos reciben uniformes de Pemex para pasar desapercibidos. En abril de 2009, por ejemplo, se detectó en Veracruz a un grupo ataviado con vestimenta de la subsidiaria Pemex Exploración y Producción.

En los puntos fronterizos de México, tanto en el norte como en el sur, abundan puestos ambulantes de venta de gasolina y diesel "baratos"; en algunos establecimientos (locales improvisados, pipas fijas o *pick up* con bidones adaptados con todo y despachadores como los que se usan en las estaciones de servicio) hasta se ofrece factura.

Se trata de combustible robado cuya oferta en el mercado negro se da a plena luz del día en algunas zonas. Cambió la vieja costumbre de que en fronteras como la norte con Estados Unidos o la de Chetumal con Belice los mexicanos cruzaban para adquirir combustibles a precio más bajo. Ahora son los estadounidenses en el norte y los beliceños y guatemaltecos en el sur los que adquieren las importaciones especiales.

En esta circunstancia, el *cártel negro* derrotó a las seis secretarías de Estado —Sedena, Semar, SSP, Segob, SHCP y SFP— que junto con la PGR ayudarían a Pemex en el combate al robo de combustible, según sus funciones en el grupo interinstitucional que en 2008 formaron para ello.

El principal problema es que ninguna de esas dependencias gubernamentales trabaja de manera coordinada, ni siquiera comparten información. Por ejemplo, la SSP, que en su Plataforma México debería tener un banco de datos de los individuos o grupos involucrados en robo de combustible y sustracciones ilícitas en contra de Pemex, no cuenta con un solo registro, según respondió el propio organismo a una solicitud de información por medio del IFAI. El mismo requerimiento se hizo al Cisen, la Policía Federal y la PGR, todas respondieron que no existían tales enumeraciones.

CAPÍTULO 5

Huachicoleros

Salamanca, Guanajuato.– En lo que parecería un terreno baldío aunque bordeado con malla ciclónica cubierta con sacos unidos entre sí con amarres, se encuentra un cuartucho de tres por tres metros, de ladrillo rojo y adobe, sin puertas ni ventanas. Hay mangueras de distintos grosores y herramienta mecánica.

Afuera de la construcción, en el terreno, hay 35 tambos de plástico de 200 litros, sucios y gastados; chorrean un líquido amarillento, brillante, viscoso, que se evapora con la luz del sol. Se encuentran ocho tambos más debajo de una porción del techo de lámina que cubre la casita. Junto, un galerón que con una pinta al frente del muro se anuncia como "pensión para autotanques". A un costado hay una vivienda color amarillo que se exhibe sin divisiones como parte del mismo predio.

La superficie que abarca del número 1300 al 1302 de la calle Paseo Río Lerma, en la colonia San Juan de la Presa, presenta un diario trajinar de pipas y camiones cisterna que ingresan en su interior para que se les extraiga parte de su carga: aceite lubricante, gasolina y diesel, vaciados mediante mangueras de alta presión que se colocan en las válvulas del tanque que en pocos minutos rellena tambos, bidones, cubetas y hasta tinacos Rotoplas. Desbordantes, estos recipientes se suben a las *pick up* y camionetas de media tonelada o en la cajuela y el asiento trasero de vehículos particulares en los cuales se distribuyen a los clientes: refaccionarias, talleres mecánicos, vulcanizadoras, centrales camioneras, transportistas de todo tipo en Guanajuato y Querétaro, que previamente hicieron su pedido vía Nextel o por celular y que pagarán en efectivo.

En cuanto el portero permite el acceso al vehículo, el encargado de la extracción coloca las mangueras que se guardan en el sitio mientras otro alinea los bidones que se habrán de llenar. Ejecutada por manos expertas, la operación asemeja la línea de embotellado de garrafones con agua en una purificadora. Pipa tras pipa, el tubo flexible parece una sanguijuela pegada al cuerpo humano. Ésa es la analogía: ectoparásitos de hidrocarburos.

Lo que estos hombres hacen se conoce como *huachicolear*, verbo cuya conjugación no está inscrita en ningún diccionario, forma parte de la jerga petrolera. La definición sería: "robar combustible o cualquier petrolífero de pipas y camiones mediante mangueras".

—¿Quién no ha *huachicoleado* alguna pipa parada a orillas de la carretera? El que no lo haya hecho que tire la primera piedra —dice el conductor de una de las líneas de fleteros que más embarques hace para Pemex.

Cínica confesión, quizá, pero el hombre no habla más que de una práctica, la más común en la industria del *oro negro*: los dueños de las fleteras le roban a la empresa paraestatal embarques completos, sus operadores les *huachicolean* parte de esos hurtos. Unos y otros saben su negocio, fijan sus límites. Si el chofer se pasa de la raya difícilmente habrá un despido... Las pugnas se arreglan bajo la ley del plomo; tarde lo entendieron cuatro conductores que en Manzanillo *huachicolearon* un embarque que salió de Salamanca. El destinatario cobró la afrenta.

Por modesta que parezca esta forma de *ordeña*, la de San Juan de la Presa es una de las *huachicoleras* con más actividad y volumen de distribución en el mercado negro: aquí se descarga 30 por ciento de los refinados que se sustraen ilegalmente de la Terminal de Almacenamiento y Reparto (TAR) Salamanca, a donde llegan de la Refinería Ingeniero Antonio M. Amor, la RIAMA; ambas instalaciones de Pemex se ubican a menos de dos kilómetros una de otra, en la colonia de junto.

Producción, ventas y distribución perfectamente coordinadas. Se trabaja arduamente. De lunes a viernes el movimiento comienza apenas pasada la madrugada y se prolonga hasta la noche; los sábados hasta mediodía y el domingo no hay actividad. La jornada coincide con la de la TAR, cuyo abasto semanal corta los sábados en punto de las tres de la tarde, porque de allí vienen todas las pipas y los camiones cisterna.

Esta *huachicolera* no se ubica en una calle escondida o en un paraje aislado; tampoco hay fortaleza que oculte lo que se hace dentro. Paseo Río Lerma es una de las avenidas principales de la San Juan, donde nadie ignora lo que ocurre en las fábricas y plantas. Los colonos viven atentos de la actividad industrial, consecuencia de la amarga experiencia que les dejó la explosión de la fábrica de químicos y pesticidas Tekchem en septiembre de 2000, la peor tragedia ambiental y de salud pública en Guanajuato que dejó como legado para los salamanquinos malatión, paratión, plaguicidas organofosforados y DDT en la sangre.

Las entregas del combustible robado salen de Salamanca en un vasto parque vehicular que recorre el camino paralelo a la vía del tren de Ferromex que va para Saltillo. Abastece 80 por ciento de refaccionarias y talleres mecánicos de Irapuato, León, Celaya, Abasolo, San Miguel de Allende, Apaseo el Alto y Apaseo el Grande,

Pénjamo, Valle de Santiago, Jaral, Juventino Rosas, Salvatierra, San Luis de la Paz, Acámbaro, Tarimoro y Querétaro.

La manera en la que se sustrae de la terminal es la siguiente: antes de ingresar en la TAR los choferes cargan los camiones con piedras y agua para que la báscula registre un peso mucho mayor al que la unidad presentaría si estuviera vacía; entre el área de pesado y la de llenado en un descampado descargan el agua y las piedras, que luego el personal de la terminal se encarga de desechar. Cuando la pipa llega al área de llenado el despachador suministra un sobrelleno y es esa sobrecarga la que se les *ordeña* en la *huachicolera* de San Juan.

El robo también se efectúa con el método denominado *huarache*: un conductor trae consigo un equipo de radio de banda civil conectado a un amplificador nombrado de igual manera, *huarache*. Al momento en que entra en el área de la báscula enciende ambos, porque la interferencia distorsionará la lectura que marcará un peso mucho mayor al que en realidad posee la unidad. Así, el excedente que se le deposita en la garza de llenado no se detecta.[1]

Despachadores, vigilantes, personal de llenado, de facturación, porteros... del mayor al menor escalafón, están involucrados todos. Quien no es parte de la red hace como que mira de reojo. Pretender *meter las narices* en este negocio tiene consecuencias, mensaje tácito para el grupo de la contraloría interna de Pemex Refinación que en 2009 llegó de la ciudad de México para investigar nombre y apellido de cada funcionario implicado.

A bordo de una camioneta Lobo, los contralores vigilaban a uno de los gerentes mientras intercambiaba documentación con

[1] Al área donde se ubica el sistema de ductos instalados para el llenado de tanques en las TAR se le llama *islas* y a los ductos, *garzas*.

una mujer rubia. Los revisores bajaron del vehículo para poder acercarse, y a plena luz del día, a las afueras de la TAR, les rompieron los cristales del vehículo oficial, abrieron la cajuela y sustrajeron un portafolios con documentación sobre el caso.

En 2009, varios militares del área de inteligencia de Pemex acudieron a investigar el negocio; el resultado fue un informe que clasificaron por 12 años por considerarlo de "seguridad nacional". Una de las razones es porque la RIAMA elabora toda la producción de lubricantes básicos para abastecer a todo el país, y los provee a compañías que los venden terminados como la Shell, Mobil, Quaker, Mexlub y Roshfrans. Así que prácticamente se blindó la información que documenta que gran parte de los lubricantes están en el circuito del mercado negro.

El informe identifica varios negocios que supuestamente son clientes de la *huachicolera* de San Juan. Entre ellos, se encuentran:

- Refaccionaria Allende
- Refaccionaria Carvin
- Lubricantes San Juan
- Lubricantes Lemus
- Lubricantes Santa María
- Lubricantes El Güero
- Central de Refacciones y Lubricantes
- Súper Lubricantes
- La Efectiva
- Lubricantes Erasmo
- Refaccionaria San Agustín
- Refaccionaria El Fili
- Abarrotes El Zauz
- Lubricantes El Zauz

- El Zauz Lubricantes
- Lubricantes Goal
- Refaccionaria Hidalgo
- Lubricantes y Refaccionaria Loyola
- Refaccionaria González
- Refaccionaria Tony
- Refaccionaria Mancera
- Lubricantes Comonfort
- Lubricantes Coello
- Lubricantes del Norte
- Refaccionaria Subías
- Refaccionaria Laguna
- Multiservicios Villagrán
- Refaccionaria El Bony
- Refaccionaria Yáñez
- Refaccionaria Durán
- Refaccionaria Chava

El dinero de la *huachicolera* llega a manos llenas y no hay intención de ocultarlo. Los funcionarios lo muestran en sus lujosas camionetas Lobo Harley y Tahoe blindadas; se les ve llegar sobre la avenida Faja de Oro cuando ingresan por la puerta número cuatro de la terminal. Las altas ganancias se reflejan en viajes a París para las señoras y en propiedades registradas a nombre de algún familiar, bienes que, por supuesto, jamás registrarán en sus declaraciones patrimoniales.

En su informe, el área de inteligencia de Pemex asienta que los predios donde se localiza la *huachicolera* de San Juan están registrados a nombre de un trabajador de la RIAMA.

Huachicoleras como la de San Juan hay por lo menos una por cada TAR. El *cártel negro huachicolea* todo tipo de refinados y materias primas: el petróleo y combustóleo que las ladrilleras y cementeras usan para sus procesos, el refinado que pone en marcha flotas de transportistas, el asfalto que bachea las calles y plazas para consuelo de los colonos.

En toda la zona de la Comarca Lagunera, por ejemplo, los ayuntamientos encargan la obra pública a constructoras que se abastecen con el asfalto proveniente de la Refinería Francisco I. Madero en Ciudad Madero, Tamaulipas. La manera en que se sustrae el llamado AC-20 (Asfalt Cement, y el número 20 se refiere al grado de viscosidad y penetración del producto) es a través de pipas sobrellenadas o de plano en embarques completos. Se almacena en Saltillo y desde allí se reparte a los clientes.

Reportes internos de la contraloría de Pemex documentan que la mitad del asfalto que produce la Refinería de Salamanca se coloca en el mercado negro. Le llaman también "asfalto ecológico" para diferenciarlo del legal, que es, lógicamente, mucho más costoso. Según denuncias ante el Órgano Interno de Control, los vigilantes de turno reciben 200 pesos por cada camión que dejan ingresar, y los encargados de las llenaderas, mil pesos.

Se abastece asimismo a compañías gaseras mediante el suministro de volúmenes mayores a los que se les factura, y en doble o triple suministro con una sola factura. Éste es el negocio de empleados de las Terminales de Distribución de Gas Licuado administradas por la Subdirección de Gas Licuado y Petroquímicos Básicos, trabajadores cuyo sueldo oscila en los 20 mil pesos mensuales y que son poseedores de vehículos deportivos importados y camionetas último modelo, como descubrió una investigación interna del área de inteligencia de Pemex.

En la zona del Pacífico, el mercado negro abastece de turbosina de cargamentos sustraídos de las terminales de Salina Cruz, Rosarito, La Paz y Guaymas. En el Golfo, el diesel marino y combustóleo se trasladan desde Ciudad del Carmen en barco hasta Alvarado, Veracruz, donde se descargan en chalanes y luego se trasvasan en autotanques, para su entrega en Frontera, Tabasco. De las plantas petroquímicas se hurtan amoniaco, polietileno, cloruro de vinilo, etileno, paraxileno y tolueno para después colocarlos en la industria química privada.

CAPÍTULO 6

Plataformas, Triángulo de las Bermudas

Paraíso, Tabasco.– Pasaban de las 10 de la mañana cuando el Bell 412 de Heliservicios de Campeche aterrizó sobre el helipuerto de la Yaxche-Bravo, la nueva plataforma de perforación tipo *horse* ubicada a 20 tirantes de agua en el Activo Integral Litoral de Tabasco (AILT), uno de los centros de producción de Petróleos Mexicanos. Aún los motores no terminaban de apagarse, cuando los supervisores de Pemex Exploración y Producción (PEP) abrían las puertas y bajaban con la cabeza gacha, esquivando el último rehileteo de las aspas, acelerados por iniciar su trabajo. Evaluarían los últimos detalles antes de autorizar la conexión de la Yaxche con los pozos para extraer crudo ligero.

Con la respiración cortada, pasaron de la sorpresa a la incredulidad. La novísima plataforma de 126 millones de pesos había sido saqueada: gabinetes, puertas, tableros e instrumentos de control. Los ladrones se llevaron todo el cableado, la tubería de asbesto y aluminio, la red de tierras físicas y electrónicas, las alarmas, los sistemas de detección de gas y fuego, todo el alumbrado y hasta las luces de emergencia.

Su asombro no tenía fin. A medida que recorrían la instalación, tropezaban con tornillos y pedazos de cable. Donde antes estaban los equipos, en ese momento sólo había huecos. Apenas seis meses antes había sido instalada la moderna plataforma comprada a Industria del Hierro, subsidiaria de ICA. Ahora parecía un vehículo recién desvalijado. La premura con la que una hora antes descendieron del helicóptero les impidió percatarse de que en el helipuerto ya no había luces, señalizaciones ni cableado. Hasta el pararrayos se llevaron.

El robo implicaba no sólo el valor de los equipos sustraídos, los graves daños a la instalación o la merma de la Yaxche a la producción petrolera contabilizada para ese año; significaba que, la víspera de aquel 15 de septiembre de 2008, alguien había burlado el cerco militar, los patrullajes náuticos y sobrevuelos de la Armada de México, esquivado la mira de Control de Tráfico Marino de Pemex (que revisa la maniobra de las embarcaciones) y la vigía de la Capitanía de Puerto; también, que los equipos fueron desmantelados por expertos —instaladores, maniobristas e instrumentistas— y sacados del área en una embarcación que no fue detectada por las fuerzas armadas.

SEGURIDAD NACIONAL, VULNERADA

La Yaxche-Bravo es una de las plataformas que comprenden los activos integrales Abkatún-Pol-Chuc y Litoral de Tabasco, los campos con mayor producción de crudo ligero y superligero de la industria mexicana, con 212 mil barriles de petróleo crudo por día y un volumen promedio diario de 531 millones de pies cúbicos de gas, administrados por la Región Marina Suroeste de PEP.

A diferencia de la mayoría de las plataformas que operan en la Sonda de Campeche, las de esta zona sí son propiedad de Pemex.

En 2007 se pactó con diversas compañías la compra de varios equipos, una multimillonaria inversión para aumentar la producción de los llamados campos maduros. Se trata de sofisticados dispositivos de primer nivel con tecnología de punta, construidos en patios portuarios de Tampico, Pueblo Viejo y Tuxpan, o adquiridos en el extranjero, de manera que el robo o daño representa un fuerte descalabro para las arcas públicas.

Al área de plataformas, que comienza 20 kilómetros mar adentro del Puerto Marítimo de Dos Bocas, sólo pueden acceder el personal adscrito a su operación y los elementos de las corporaciones encargadas de su vigilancia: Gerencia de Servicios de Seguridad Física (GSSF) de Pemex —integrada básicamente por militares—, Armada de México y Centro de Investigación y Seguridad Nacional (Cisen). Ingresan vía helicóptero o barco, en traslados estrictamente controlados por Pemex y la Capitanía de Puerto.

Desde tierra se le inspecciona mediante el sistema Supervisión, Control y Adquisición de Datos, unidades de monitoreo remotas y de vigilancia que opera la GSSF. Para prevenir robos, ataques, atentados o cualquier situación que vulnere la zona —clasificada como una región estratégica en seguridad nacional— participan también inteligencia militar y, desde 2007, la Secretaría de Seguridad Pública federal (SSP) a través de Plataforma México.

En suma, el despojo a la Yaxche, inédito en la industria, significaba que la delincuencia había llegado a las plataformas, las áreas más protegidas de Pemex, burlando el resguardo militar y los sofisticados sistemas de vigilancia de la Armada de México, la Plataforma México de la SSP y el trabajo de inteligencia del Cisen. Así se evidenció el nivel de infiltración de la delincuencia organizada en la paraestatal.

Por ello, el hecho generó una reunión urgente entre agentes de la GSSF y la Quinta Región Naval Militar, destacamentada en Centla, Tabasco. En ésta, los directivos de PEP buscaron deslindar complicidades y plantearon que personal del área había visto una lancha pesquera cerca de la zona. "Nadie pareció creer en la tesis —explica uno de los asistentes a la reunión—. No hay lancha que aguante el peso de esos equipos, y era imposible desmontarlos sin grúa". Se acordó "reforzar" la vigilancia.

Tres semanas después, el 11 de octubre de 2008, un robo similar se registró en la plataforma Kab-A, una Sea Pony a 24 tirantes de agua, también comprada a Industria del Hierro por 126 millones. Además de llevarse los mismos equipos que en la Yaxche, sustrajeron lo sistemas de cómputo y tableros de control, lo que dañó toda la instalación. Los partes informativos sobre el hecho, emitidos por la Subdirección de Ingeniería y Desarrollo de Obras Estratégicas (SIDOE), registran además "actos de vandalismo".

El 14 de octubre el atraco fue a la Kix-2, plataforma tipo hexápodo, ubicada a 20 tirantes de agua hacia la Sonda de Campeche. De igual manera se sustrajeron equipos similares que en los casos anteriores, pero también el panel solar, el banco de baterías y las luces de ayuda para la navegación.

Al siguiente día, en calidad de urgente, los directivos del área se reunieron en las instalaciones de Pemex en la Terminal Marítima de Dos Bocas con mandos de la Zona Naval. La conclusión, relata un asistente a este encuentro, "fue que ni la Marina ni la Gerencia de Seguridad de Pemex sabían de qué manera detener estos hurtos, porque no existen procedimientos para emergencia de robo en plataformas, pues jamás habían ocurrido situaciones así".

Minimizando un acontecimiento que implicaba un caso de quebrantamiento de la seguridad nacional, la labor del jurídico de Pemex se circunscribió a presentar las denuncias para hacer válidas las pólizas de los seguros.

Ante la falta de investigación de los robos, personal administrativo de PEP en el área creyó que quizá en las oficinas centrales que se ubican en la avenida Marina Nacional, en el Distrito Federal, no se tenía conocimiento pleno de lo que ocurría en las plataformas, de manera que enviaron relatorías de cada asunto al director general de aquella subsidiaria, Carlos Morales Gil, así como a su abogado general, José Néstor García Reza. Se les ordenó limitarse a tramitar los seguros y preparar contratos por adjudicación directa para sustituir los equipos robados.

EL ALMIRANTE SAYNEZ MENDOZA FALLÓ DE NUEVO

El 16 de noviembre de 2008, en la aguas del Golfo de México, entraron en operación los cinco radares THX Thales Raytheon Systems, de fabricación inglesa y ensamblados en Estados Unidos, que la Secretaría de Marina (Semar) instaló para vigilar toda el área de plataformas desde el Activo Litoral Tabasco hasta la Sonda de Campeche y la zona costera desde Dos Bocas hasta Ciudad del Carmen, Frontera Tabasco y Cayo Arcas.

El equipamiento "de última generación", dijo el secretario Mariano Francisco Saynez Mendoza, serviría para vigilar las plataformas y evitar algún ataque terrorista.

Según el almirante, el sofisticado sistema le permitiría a la Semar detectar

alguna incursión de aeronaves o embarcaciones que se estén aproximando a una zona restringida o prohibida. Por principio de cuentas, se detectará cualquier transporte que no tenga nada que hacer en el área mucho antes de que represente un peligro para las instalaciones, por lo que se podrá dar la alerta y comenzar acciones para interceptar las embarcaciones o derribar las aeronaves.

Por otra parte, se incorporaron buques, fragatas, dos grupos anfibios de cuatro lanchas interceptoras Polaris y dos Acuario, patrullas misileras e interceptoras, helicópteros artillados en sobrevuelos frecuentes y personal de la Marina a bordo de 225 de las plataformas que opera Pemex. Dicho blindaje se sumó al de la Base Antiterrorista Ixtoc-Alfa que la Semar tiene en la Sonda de Campeche.

Pues bien, todo ello fue burlado por quienes el 8 de marzo de 2009 prácticamente desmantelaron el cableado de cobre, las fotoceldas y el helipuerto de la plataforma Sinan-SO, en el AILT. Recién había concluido la ingeniería de esta instalación, que le costó a Pemex más de 200 millones de pesos; incluso apenas se estaban autorizando los vuelos diurnos.

En los meses subsecuentes se registraron robos similares en otras plataformas, entre ellas la Sinan-SO, blanco de un segundo saqueo en marzo de 2010. Se robaron los instrumentos de medición, los tableros de seguridad y control de pozos, las puertas de tablero de interfase, celdas solares, tubería, gabinetes y el banco de baterías. Al desmontarlos, dañaron el resto del equipo y todo el cableado.

Luego ocurrió lo impensable: el robo de todo un helipuerto. La instalación, de unas 20 toneladas, fue sustraída de la Yaxche-Bravo. Desmontarlo implicaba utilizar una embarcación con grúa, posicionamiento dinámico y mínimo 12 personas expertas en maniobras. Fue sacado del área en una sola noche.

El martes 4 de mayo de 2010, por primera vez en su larga carrera como piloto, un conductor del Bell 412 giró la cabeza para preguntar a sus pasajeros dónde aterrizarían. Disminuyó la velocidad y comenzó un lento sobrevuelo: el helipuerto había desaparecido.

—¡Vamos a la Enlace y desde allí regresamos en lancha! —sugirió uno de los ingenieros.

Llegar a la plataforma Enlace, la habitacional del complejo, les llevó poco tiempo, no así los 60 minutos en los que repitieron una y otra vez el hallazgo a los boquiabiertos compañeros.

—Esto ya parece un Triángulo de las Bermudas —bromeó el jefe de mantenimiento. Después, nadie dijo nada. El asunto era muy serio; denunciarlo, riesgoso.

Debían reportar el hecho de inmediato, de manera que los cuatro supervisores (de las áreas de Pozos, Mantenimiento y Seguridad Industrial) subieron a una de las lanchas que se usarían para una evacuación de emergencia de la Enlace, y navegaron de regreso a la Yaxche.

Con cuerdas *tarzaneras* atadas a la cintura y enganchadas a la plataforma, ascendieron poco a poco por la zona de marea. Arriba se percataron de que, además del helipuerto, los ladrones se habían llevado el resto de los equipos de instrumentación y control. Mientras dos levantaban los reportes, los otros dos avistaban hacia el horizonte, sumidos en el temor de que los que se llevaron los equipos regresaran a la zona o los estuvieran vigilando.

PÉRDIDAS CUANTIOSAS

Aun cuando las plataformas están aseguradas, este tipo de robos implicó para Pemex millonarios gastos adicionales por rehabilitación. Aunque la pérdida más costosa la constituye "todo el petróleo que no produce una plataforma que está fuera de operación", lo que impacta en la producción estimada, explica Joaquín Dorantes, petrolero que durante 33 años laboró como directivo del área marítima de Pemex, quien agregó que "este tipo de robos implica una disminución acelerada del valor de los activos de la paraestatal".

Para la Unidad Jurídica de la SIDOE prácticamente se volvió rutina tramitar cobros de seguros por robos en plataformas. Así lo refleja la documentación interna entre este organismo y la Subdirección de la Región Marina Suroeste. Después del último atraco a la plataforma Yaxche-Bravo, por ejemplo, Gonzalo J. Olivares, coordinador de Ejecución de Proyectos del AILT, consultó a la SIDOE para saber qué debía hacer respecto a ese robo.

En el oficio número GPDM-SCO-D8-190 –2010, del 4 de mayo, la SIDOE responde:

> Habida cuenta que existen antecedentes sobre otros robos ocurridos en la plataforma Yaxche-B y que tenemos entendido que el AILT solicitó la intervención de su área jurídica, y en consecuencia ya deben existir expedientes o averiguaciones previas al respecto, consideramos que lo más idóneo es que también este último robo vinculado con el helipuerto de la plataforma Yaxche-B, sea la misma área jurídica la que lleve este caso, a solicitud del AILT, tomando en cuenta las ventajas que representa la atención jurídica integral del asunto y/o por estrategia jurídica.

El hurto del 4 de mayo de 2010, magistralmente coordinado para hacer desaparecer del área un helipuerto, generalizó la indignación de los trabajadores de plataformas que han sido mudos testigos del nuevo *modus operandi* del robo a la paraestatal.

Oficio de Pemex que da cuenta del robo a las plataformas.

Raúl Méndez, un supervisor, explica ese sentimiento:

Parece un delirio lo que pasa en las plataformas si fueron capaces de burlar todos los dispositivos del almirante Saynez Mendoza para el Golfo de México. Sólo falta que entren aquí para *levantarnos*, como ocurre a los compañeros que están en tierra, o que de plano metan a operar plataformas para *ordeñar* pozos.

Cuando la autora documentaba estos casos las autoridades responsables se negaron a hablar sobre ello. Tanto Saynez como García Luna y Suárez Coppel hicieron *mutis* a la petición de entrevista. Es más, el *supersecretario* al que Felipe Calderón le dio atribuciones para establecer estrategias de prevención y combate del delito y la delincuencia organizada en las zonas petroleras —incluidas las plataformas—, a través de Plataforma México, ni siquiera tenía registros de tales acontecimientos, o al menos eso se informó a través del área de prensa.

El "cerebro informático que facilita el análisis de inteligencia para combatir la criminalidad", como definió Calderón la Plataforma México (al clausurar la V Cumbre de la Comunidad Latinoamericana y del Caribe de Inteligencia), no registró los robos.

Según las funciones de Plataforma México, en este sistema debía registrarse cada caso, establecer el perfil de los responsables y su formar de actuar. La información de este sistema debía cruzarse además con la de la Policía Federal y el Cisen.

La tesis de algunos funcionarios de Pemex, tal y como se lo plantearon a su director general, fue que los equipos podrían estarse revendiendo a la paraestatal o enviándose al extranjero para usarse en plataformas en otros países, como ocurre con el crudo y los condensados que "exporta" el mercado negro.

Fue así como en el sexenio de Felipe Calderón, cuando mayor tecnología y elementos de inteligencia militar se desplegaron en las zonas petroleras, irónicamente, la delincuencia alcanzó las plataformas.

CAPÍTULO 7

Gasolineras, lavaderos de dinero

Armados hasta los dientes, un numeroso grupo de hombres, algunos encapuchados, tomó por asalto la gasolinera número ES00159 que se ubica en el Distrito Federal sobre la Calzada de los Misterios, en la delegación Gustavo A. Madero. Ante los atónitos conductores que por allí circulaban, enfundados en sus trajes de comando, 40 elementos de la División Antidrogas de la Policía Federal acordonaban y custodiaban el área en tanto que otros de la Subprocuraduría de Investigación Especializada en Delincuencia Organizada (SIEDO) allanaban las oficinas. Buscaban evidencias de lavado de dinero.

La gasolinera cateada aquel 25 de enero de 2011 en la capital se instaló en septiembre de 1997. Los contratos de franquicia expedidos por Pemex Refinación a nombre de Alomar Mexicana, S.A. de C.V., indican los registros de la subsidiaria. La compañía operaba una segunda franquicia, la E00185, también en el Distrito Federal, instalada en octubre de 1997 en la colonia Guerrero.

Pero en agosto de 2006, mediante sendos convenios de cesión de derechos y obligaciones sobre contratos de franquicia y suministro, la compañía traspasó sus dos franquicias al Corporativo Garpos, S.A. de C.V. Tales convenios (números CFRS-0059 y CFRS-0060) se firmaron en las oficinas de Pemex, entre el representante de Alomar y su contraparte de Corporativo Garpos, Francisco Héctor García Cárdenas, en una comparecencia con funcionarios de Pemex Refinación y de la oficina del abogado general que hizo la revisión jurídica y dio su aprobación.

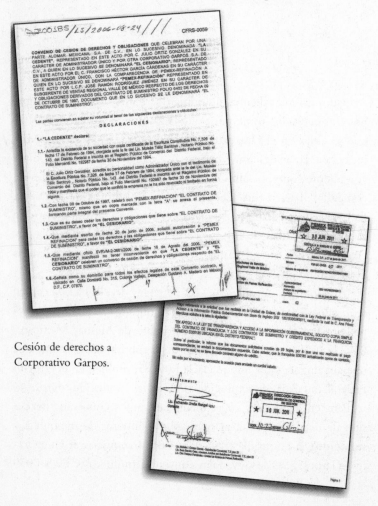

Cesión de derechos a Corporativo Garpos.

Autorización de Pemex a la administración de Garpos.

De esta manera, Pemex autorizó las operación de dos franquicias a una compañía —Corporativo Garpos— que, según hizo público la SIEDO cuatro años después, las usaba para lavar recursos de procedencia ilícita.

En informes y estudios de la Oficina de la ONU contra la Droga y el Delito (ONUDD) son frecuentes las alusiones a las gasolineras como uno de los giros que con mayor frecuencia emplea la mafia para blanquear sus recursos.

"Esto no sería posible sin la colaboración de autoridades hacendarias y de Pemex", explica el abogado Samuel González Ruiz, consultor de la ONUDD, y quien entre 1996 y 1998 dirigió la Unidad Especializada contra la Delincuencia Organizada (UEDO), después llamada SIEDO.

Según la Subdirección Comercial de Pemex Refinación, cualquier mexicano puede ser su socio franquiciatario. En realidad ese *cualquier* no es cualquiera, no los 87 millones de mexicanos que viven en condiciones de pobreza, no los 30 millones en pobreza extrema, ni los 20 millones que viven del salario mínimo. Hay que tener por lo menos cuatro millones de pesos en la chequera y contactos en Pemex para que se autorice la franquicia.

Desde el legendario cártel de Guadalajara, la organización criminal de Ernesto Fonseca, *Don Neto*, hasta los grupos delictivos surgidos en el siglo XXI como *La Familia* y *Los Zetas*, los narcotraficantes han encontrado en las gasolineras una vía para legalizar sus ingresos. Sus estaciones pasan desapercibidas entre las centenares que hay en las ciudades cosmopolitas, o son perfectamente identificables en pueblos apartados o comunidades donde se erigen como único centro de abasto de combustible.

En las familias mafiosas es también una especie de tradición instalarle alguna gasolinera a las mujeres para que la administren como caja chica, que sea su indemnización en caso de divorcio, o patrimonio o herencia si al marido lo encarcelan o lo matan.

Desde agosto de 2005, la Oficina de Control de Activos (OFAC, por sus siglas en inglés), del Departamento del Tesoro de Estados Unidos, identificó las Gasolineras San Fernando, S.A. de C.V. en Saucillo y Camargo, Chihuahua, en su listado de empresas fachada usadas por los hermanos Arriola Márquez —Óscar, Arturo y Miguel Ángel—, del llamado precisamente cártel de los Arriola, para lavar el dinero producto del tráfico de cocaína hacia el vecino del norte. Además de ranchos ganaderos, transportistas, inmobiliarias y casas de cambio.

En mayo de 2007 incluyó también una gasolinera en Culiacán, a nombre de Rosario Niebla Cardoza, que junto con la estancia

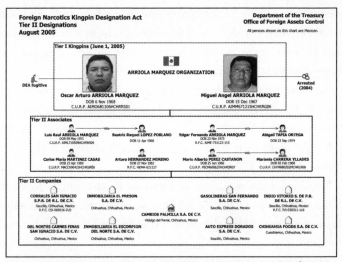

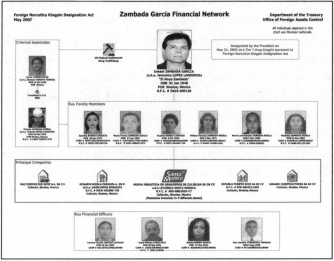

(Arriba) Gasolineras San Fernando, negocio fachada de los Arriola. (Abajo) Gasolinera Rosario, en la que, de acuerdo con la OFAC, *el Mayo* Zambada blanquea recursos de procedencia ilícita.

infantil Niño Feliz, el Establo Puerto Rico S.A. de C.V., Jamaro Constructores S.A. de C.V., Multiservicios Jeviz S.A. de C.V., son, dice la OFAC, empresas fachada que utiliza la familia de Ismael *el Mayo* Zambada para lavar dinero.

La ficha de la OFAC identifica a su ex esposa Rosario Niebla Cardoza y a sus hijas María Teresa, Mónica del Rosario, Patricia y Modesta como operadoras de estos "negocios fachada". En 2010 sumó las compañías Arte y Diseño de Culiacán, S.A. de C.V. y Autotransportes JYM, S.A.

También están vinculadas al cártel de Tijuana instalaciones aledañas al lujosísimo Oasis Beach Resort, el complejo turístico donde, dice la OFAC, Manuel Aguirre Galindo lava dinero de la familia Arellano.

Desde que hicieron de Tijuana su principal centro operativo y financiero, los hermanos Arellano se incrustaron fuertemente en la economía "formal" cercanos también a los negocios petroleros de manera directa y a través de sus lugartenientes: jóvenes nacidos en pañales de seda; hijos de prominentes empresarios enrolados en la mafia, reclutados en su mayoría por Everardo *el Kitty* Páez, conocidos como la primera generación de *narcojuniors*.

Se podría inferir que la asignación de franquicias gasolineras a miembros de la delincuencia organizada o cárteles del narcotráfico no es sólo una cuestión de "vacíos legales", como suelen justificar los directivos de Pemex cuando se hace público que alguna gasolinera pertenece a algún cártel o que lava dinero para determinada organización. Tampoco es sólo el descuido de las autoridades hacendarias encargadas de prevenir y combatir el lavado de dinero.

En 2005 la administración de Vicente Fox ya había identificado muchas de las gasolineras vinculadas con los cárteles. Los directivos de la paraestatal dijeron que era consecuencia de que el contrato de franquicia no tuviera "suficientes candados". El consejo de administración aprobó un nuevo modelo —vigente a partir de 2006— que estableció mayores controles, sanciones intermedias y sobre todo la obligación de trasparentar sus controles volumétricos. No obstante, para muchas de las franquicias relacionadas con las organizaciones criminales nada cambió.

Por ejemplo, antes y después de las modificaciones contractuales, Pemex autorizó franquicias a Carlos Sotelo Luviano, un empresario que, según la SIEDO, se encargaba de lavar dinero de *Los Zetas* tanto en gasolineras como en bienes inmuebles y casas de cambio. Manejaba 37 cuentas bancarias.

Como su contacto en la organización se identifica a Omar Lorméndez Pitalúa, *el Pitalúa*. Cuando éste fue detenido el 21 de septiembre de 2005 e ingresado en el Cefereso Número 1, Sotelo Luviano debió entregarle cuentas directamente a Heriberto Lazcano.

Para sus relaciones contractuales con Pemex usó su nombre real: Carlos Sotelo Luviano, aunque en otros negocios se hacía llamar Francisco Chaire Huerta o Jorge Lagunas Jaramillo. Recibió su primer contrato de franquicia gasolinera en 2004. Su sociedad con la paraestatal se formalizó en el contrato que en junio firmó con representantes de la Subgerencia de Ventas Regional y de la oficina del abogado general. Pagó 200 mil pesos por la licencia para explotar comercialmente la franquicia E07716 que construyó en el kilómetro 85.5 de la Autopista México-Acapulco, Servicios Gasolineros San Carlos, S.A. de C.V.

Desde abril de 2004 se había registrado como persona moral ante una notaría pública de Cuautitlán, Estado de México. Con dicha acta, en abril de 2007 recibió la autorización para operar

FOLIO: FP-04648
Cuernavaca
E09375

CONTRATO DE FRANQUICIA

CONTRATO DE FRANQUICIA, QUE CELEBRAN POR UNA PARTE PEMEX-REFINACIÓN, A QUIEN EN LO SUCESIVO SE LE DENOMINARÁ **"PEMEX-REFINACIÓN"**, REPRESENTADO EN ESTE ACTO POR EL ING. JOSÉ AURELIO MONTES GARIBALDI, EN SU CARÁCTER DE SUBGERENTE DE VENTAS REGIONAL ADSCRITO A LA SUBDIRECCIÓN COMERCIAL, Y POR LA OTRA, SERVICIOS GASOLINEROS SAN CARLOS, S.A. DE C.V. A QUIEN EN LO SUCESIVO SE LE DENOMINARÁ **"EL FRANQUICIATARIO"**, REPRESENTADO EN ESTE ACTO POR EL SR. CARLOS SOTELO LUVIANO EN SU CARÁCTER DE ADMINISTRADOR ÚNICO, AL TENOR DE LAS SIGUIENTES DECLARACIONES Y CLÁUSULAS:

DECLARACIONES

1.- PEMEX-REFINACIÓN DECLARA QUE:

1.1- Es un Organismo Público Descentralizado del Gobierno Federal y Subsidiario de Petróleos Mexicanos, creado mediante decreto publicado en el Diario Oficial de la Federación, de fecha 16 de julio de 1992, con personalidad jurídica y patrimonio propios.

1.2.- Tiene como objeto los procesos industriales de la refinación, elaboración de productos petrolíferos y de derivados del petróleo, que sean susceptibles de servir como materias primas industriales básicas, así como su almacenamiento, transporte, distribución y comercialización.

1.3.- Para cumplir cabalmente con las funciones de distribución y venta de combustibles y lubricantes, es necesario contar con un sistema de estaciones de servicio eficiente y de la más alta calidad a las que se les proporcione la asistencia técnica adecuada para tal fin.

1.4.- Con objeto de promover la modernización de las estaciones de servicio, ha creado la Franquicia Pemex de conformidad con las disposiciones de la ley de la propiedad industrial.

1.5.- Acredita la personalidad y facultades para actos de administración de su representante legal con la escritura pública No. 15881 de fecha 22 de Mayo del 2003, otorgada ante la fe del Lic. José Eugenio Castañeda Escobedo, Notario Público No.211 del Distrito Federal.

1.6.- Con fecha 22 de Junio del 2004, celebró con "El Franquiciatario" contrato de suministro, en virtud del cual se procederá al suministro de los productos objeto de ese contrato.

1.7.- Señala como su domicilio para todos los efectos legales de este contrato, el ubicado en Marina Nacional 329, Col. Huasteca en México D. F.

2.-EL FRANQUICIATARIO DECLARA QUE:

2.1.- Acredita la existencia de su sociedad con copia certificada del Testimonio de la Escritura Pública No. 38,495, de fecha 8 de Mayo del 2002, otorgada ante la fe del Lic. Alfredo Miguel Moran Moguel, Notario Público No. 47, de la ciudad de México, Distrito Federal, inscrita en el Registro Público de la Propiedad y del Comercio del estado de Morelos, bajo el Registro No. 104, Foja 207, Tomo Primero, Volumen 85, Sección Comercio, de fecha 29 de Julio del 2002 y con copia certificada del Testimonio de la Escritura Pública No. 25,477, de fecha 26 de Enero del 2004, otorgada ante la fe del Lic. José Ausencio Favila Fraire, Notario Público Interino No. 75, de la ciudad de Cuautitlán, México, inscrita en el Registro Público de la Propiedad y del Comercio del Estado de Morelos, bajo el Registro No. 9, Foja 17, Tomo Primero, Volumen 95, Sección Comercio,

Página 1 de 6

Franquicia autorizada a Carlos Sotelo Luviano.

la moderna gasolinera que instaló en el número 1301 de la avenida Domingo Diez, en la colonia Lomas de la Selva, una de las más exclusivas de Cuernavaca, la misma donde se avecindó Arturo Beltrán Leyva. La denominó Servicios Gasolineros Anacele, S.A. de C.V.

Su contrato NCF-1591, correspondiente a la asignación de la franquicia E09375, indica que le pagó a Pemex 312 mil pesos por la licencia. Contrato autorizado por los representantes de Pemex Refinación y por los abogados de la paraestatal.

A pesar de usar varios nombres e incluso someterse a cirugías plásticas para supuestamente "ocultar" su identidad, Sotelo parti-

Segunda franquicia en la que, según la SIEDO, el empresario lavó recursos de procedencia ilícita.

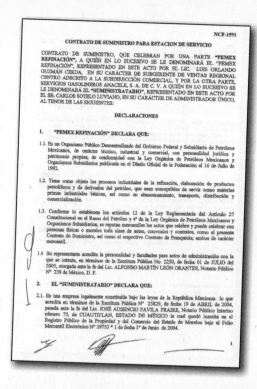

cipaba activamente en reuniones con organizaciones de empresarios gasolineros, al igual que su socio Jaime Macedo Salgado. En octubre de 2009, cuando fue detenido bajo cargos de delincuencia organizada y delitos contra la salud, entre otros, estaba en trámite la instalación de otra gasolinera en el estado de Guerrero.

EL GRUPO SINALOA

Antes y después de las modificaciones a los contratos, hubo una franquicia que operaba a nombre de Gloria Beltrán Leyva. En el

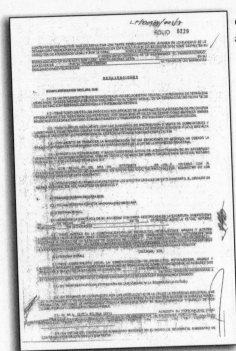

Gasolinera autorizada
a Gloria Beltrán.

número 1800 de la avenida Manuel J. Clouthier, en la colonia Libertad, en Culiacán, la franquicia número E04906 se le expidió el 13 de octubre de 1997 precisamente a su nombre como persona física. En 2010 la razón social cambió con nuevos propietarios.

◆◆◆

Por su parte, los varones Beltrán también se asociaron con Pemex con gasolineras en Sinaloa y Morelos. El operador de éstas era Gerónimo Gámez García, un primo suyo a quien la PGR identifica como el principal enlace entre los sinaloenses con el cártel colombiano del Valle del Norte.

De acuerdo con la Unidad Especializada en Investigación de Operación con Recursos de Procedencia Ilícita y de Falsificación o Alteración de Moneda (UEIORPIFAM), de la SIEDO, la franquicia usada por Gámez para lavado de dinero del cártel es la ubicada en el número 346 de la avenida Licenciado Benito Juárez, en Navolato. La estación E09316 se llama Servicio Alcanfores S.A. de C.V. La Subdirección Comercial de Pemex Refinación formalizó el contrato de autorización que pasó por manos de los abogados de Pemex, adscritos a la oficina del abogado general y en enero de 2008 fue avalado.

Contrato de franquicia asegurada por la PGR a Gerónimo Gámez, primo de los Beltrán Leyva.

NCF-0850

CONTRATO DE FRANQUICIA PARA ESTACIÓN DE SERVICIO

E09316   17012008

CONTRATO DE FRANQUICIA, QUE CELEBRAN POR UNA PARTE **"PEMEX REFINACIÓN"**, REPRESENTADO EN ESTE ACTO POR EL C.P.   JOSE LUIS RODRIGUEZ RABAGO, EN SU CARÁCTER DE SUBGERENTE DE VENTAS REGION OCCIDENTE ADSCRITO A LA SUBDIRECCIÓN COMERCIAL, Y POR LA OTRA PARTE, SERVICIO ALCANFORES SA DE CV A QUIÉN EN LO SUCESIVO SE LE DENOMINARÁ EL **"FRANQUICIATARIO"**, REPRESENTADO EN ESTE ACTO POR LA SRA. GEORGINA GAMEZ GARCIA EN SU CARÁCTER DE ADMINISTRADOR UNICO, AL TENOR DE LAS SIGUIENTES DECLARACIONES Y CLÁUSULAS:

DECLARACIONES

1. **"PEMEX REFINACIÓN"** DECLARA QUE:

1.1. Es un Organismo Público Descentralizado del Gobierno Federal y Subsidiario de Petróleos Mexicanos, de carácter técnico, industrial y comercial, con personalidad jurídica y patrimonio propios, de conformidad con la Ley Orgánica de Petróleos Mexicanos y Organismos Subsidiarios publicada en el Diario Oficial de la Federación el 16 de Julio de 1992.

1.2. Tiene como objeto los procesos industriales de la refinación, elaboración de productos petrolíferos y de derivados del petróleo, que sean susceptibles de servir como materias primas industriales básicas, así como su almacenamiento, transporte, distribución y comercialización.

1.3. Conforme lo establecen los artículos 12 de la Ley Reglamentaria del Artículo 27 Constitucional en el Ramo del Petróleo y 4° de la Ley Orgánica de Petróleos Mexicanos y Organismos Subsidiarios, se consideran mercantiles los actos que celebre y puede celebrar con personas físicas o morales toda clase de actos, convenios y contratos, como el presente Contrato de Franquicia, así como el respectivo Contrato de Suministro; ambos de carácter mercantil.

1.4. Para cumplir cabalmente con las funciones de distribución y venta de gasolina y diesel, y cualquier otro producto afín de las marcas PEMEX, señaladas en el Anexo "1" el cual forma parte integrante del presente Contrato, es necesario contar con un sistema de estaciones de servicio eficiente y de la más alta calidad a las que se les proporcione la asistencia técnica adecuada para tal fin.

1.5. Para los efectos del presente Contrato celebra con el **"FRANQUICIATARIO"** Contrato de Suministro, siempre y cuando este cumpla con todos los requisitos para su suscripción, en virtud del cual se procederá al suministro de productos petrolíferos de la marca PEMEX, de aquellos que sean propiedad de **"PEMEX REFINACION"** o sobre los cuales ejerza derechos de explotación, distribución y/o comercialización.

1

◆◆◆

En Morelos quedó abatido Arturo Beltrán Leyva. El llamado *Jefe de Jefes*, aquel a quien los Cadetes de Linares inmortalizaron como *El botas blancas* fue prácticamente acribillado el 16 de diciembre de 2009, al interior de su lujoso departamento en el edificio Altitude de Cuernavaca, a manos de un comando de élite de la Armada de México.

En Morelos, en los años en que los Beltrán hicieron de esa entidad su principal refugio, el gobernador Sergio Estrada Cajigal, relacionado en amores con Nadia Patricia Esparragoza Gastélum, cuñada de Gloria Beltrán, explotó comercialmente una franquicia de Pemex, la número E02530, en el centro de Cuernavaca.

Dicha estación es una de las 65 gasolineras propiedad de Pemex pero que subarrienda a terceros. Su administración y concesiones se llevan a cabo de manera discrecional. De estas 65, la de Cuernavaca se ubica entre las que reciben altos volúmenes de refinados. El contrato mediante el cual el gobierno del estado la administró en tiempos de Estrada Cajigal lo signó con Pemex la titular del DIF estatal, Miriam Hernández Martínez.

En declaraciones ministeriales que fueron ampliamente difundidas por la prensa, donde funcionarios de su gobierno vinculaban a Estrada Cajigal con la protección a narcotraficantes, una de ellas —la rendida en diciembre de 2002 por el policía ministerial Idelfonso Ortiz Alatorre, dentro de la averiguación previa PGR/ UEDO/193/2003— confirmaba que su jefe policiaco José Agustín Montiel López y su coordinador operativo, Raúl Cortez Galindo, encubrían y apoyaban a un grupo del narcotráfico.

◆◆◆

Varios sinaloenses bajo sospecha de operaciones vinculadas con el blanqueo de capitales han recibido numerosas franquicias para operar gasolineras. Uno de ellos fue Antonio Ibarra Salgado. Como director del Banco del Atlántico en esa entidad, directivo de Banpaís y Multibanco Comermex, se le relacionó con el lavado de dinero para Víctor Portillo, operador financiero del cártel de Sinaloa (asesinado en Culiacán en 1998).

Ibarra instaló las gasolineras Faja de Oro Abastos, Faja de Oro Santa Fe, Golden Gas, Servicio de los Ríos y Servicios y Combustibles El Real.

Incursionó también en la función pública como secretario de Turismo de Sinaloa, en abril de 2007, cargo desde el que sufragó el concurso que coronó a Laura Zúñiga Huízar como Nuestra Belleza Sinaloa 2008. La mañana del 22 de diciembre de 2009, el empresario fue ejecutado cuando salía del restaurante de un hotel donde había desayunado con su familia.

El grupo Michoacán

El Instituto de Estudios Estratégicos (ISS) del Colegio de Guerra estadounidense define a *La Familia Michoacana* como uno de los cárteles "más extraños y más mortíferos del mundo".

Desde su aparición pública el 22 de noviembre de 2006, dirigida por Nazario Moreno González, *el Chayo*; Servando Gómez Martínez, *la Tuta*; y José de Jesús Méndez Vargas, *el Chango*, la organización se caracterizó por su marcada tendencia religiosa.

Además de Michoacán, logró una rápida presencia en el Estado de México, Guerrero, Guanajuato, Jalisco, Sinaloa, Querétaro, Nuevo León y Baja California. Y en Estados Unidos en California, Arizona, Nuevo México, Texas, Nevada, Illinois y las Carolinas.

El cártel penetró en áreas de negocios inexplorados por otros grupos de la mafia, como las exportaciones de minerales robados y comercializados en Asia, trasegados en cargueros desde el Puerto de Lázaro Cárdenas en la ruta Asia–Pacífico.

Algunos de estos negocios eran administrados por Ignacio Javier López Medina, quien también usaba el nombre de Manuel Lombera Arias, un emigrante detenido en Estados Unidos en 1991 por tráfico de heroína y deportado a México cinco años después.

Lombera manejaba los negocios del cártel a través de diversos empresarios locales. Uno de ellos, Román Mendoza Valencia, franquiciatario de Pemex desde 1997, y funcionario del municipio de Lázaro Cárdenas en los cargos de director de Desarrollo Social y luego director del Comité de Agua Potable y Alcantarillado (averiguación previa UEIORPIFAM/AP/181/201).

La gasolinera Las Garzas fue identificada por la PGR como uno de los activos de la red internacional de lavado de dinero del cártel michoacano. Se ubica en el kilómetro 120 de la carretera La Mira–Zihuatanejo, en el poblado La Mira, área estratégica que conecta directo con la zona portuaria de Lázaro Cárdenas. El contrato original (número 631-E03368-105677) se otorgó el 13 de febrero de 1997 a nombre de Román Mendoza Valencia y fue aprobado por la Subgerencia de Ventas de Pemex Refinación en la región occidente, así como por el jurídico de Pemex.

OPERACIÓN MAPACHE

La de Wenceslao Álvarez Álvarez es una historia insigne. Como la mayoría de los lugareños en su natal Nuevo Capirio, municipio de Múgica, Michoacán, salió de su tierra para buscar fortuna. Una década después regresó convertido en un próspero empresario: ins-

Contrato de
franquicia
otorgado a
Román Mendoza
Valencia.

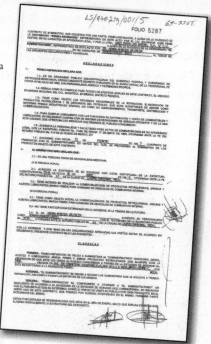

taló hoteles, abarroteras, lavados de autos, empacadoras e importadoras de limón y aguacate. Su consorcio Nobaro se convirtió en uno de los principales empleadores de Múgica. Aficionado al futbol, compró también el equipo de segunda división Mapaches de Nueva Italia.

Desde Múgica producía, compraba, acopiaba y trasportaba cargamentos de droga para abastecer a *La Familia* y al cártel del Golfo con el fin de que estas organizaciones la colocaran en el mercado estadounidense. Álvarez la enviaba a los municipios de Miguel Alemán, Díaz Ordaz y Ciudad Camargo, en Tamaulipas; y de allí a McAllen. *Wencho*, como lo conoce la comunidad del lugar, se convirtió en socio de Pemex para operar gasolineras en Múgica.

223

"Durante muchos años Wenceslao Álvarez Álvarez ha sido operador de una amplia red del narcotráfico que va de Colombia hacia Atlanta, Georgia", declaró en junio de 2010 Adam J. Szubin, director de OFAC, al prohibir a compañías de Estados Unidos tener relaciones comerciales con el michoacano, a quien, en cambio, los directivos de Pemex autorizaron la operación de una franquicia en el kilómetro 1.5 de la carretera Uruapan-Nueva Italia. La tenía

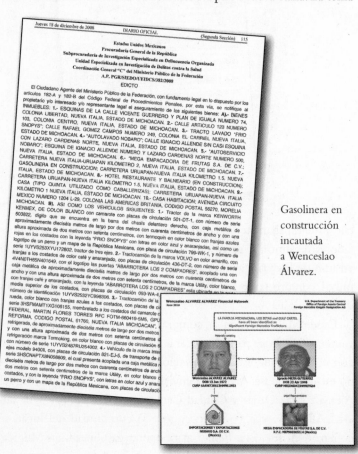

Gasolinera en construcción incautada a Wenceslao Álvarez.

en construcción cuando fue detenido en la ciudad de México bajo los cargos de delincuencia organizada y lavado de dinero.

Michoacán es uno de los ejemplos del nivel de la narcoeconomía en una entidad. Su permeabilidad en la vida económica es tan evidente que oficialmente se le identifica como "uno de los pilares" de las finanzas locales, como lo refiere el Fonatur en su Plan Regional para el Desarrollo Turístico Integral de la Costa de Michoacán. Ello también se asocia con el grado de penetración del crimen organizado en la actividad política y pública del estado.

Bajo esta lógica es como las agencias norteamericanas destacan la gran expansión que en muy poco tiempo logró *La Familia Michoacana*, aunado a su red de relaciones con entes y funcionarios gubernamentales.

En julio de 2009 la Secretaría de Seguridad Pública federal acusó a Julio César Godoy Toscano de mantener nexos con la organización, que él negó, aun después de que en octubre de 2010 se hicieron públicas sus conversaciones con Servando Gómez, en las que éste le externaba el apoyo que dicho cártel daría para su diputación federal.

Según las indagatorias de la PGR, como síndico y a la postre alcalde del municipio de Lázaro Cárdenas, donde su ubica el puerto de altura más importante del país, Godoy habría puesto los circuitos financieros del corazón económico de Michoacán al servicio de *La Familia*.

El medio hermano del ex presidente Nacional del PRD, Leonel Godoy Rangel (ambos son hijos de José Godoy), Julio César Godoy Toscano incursionó en la función pública como síndico del ayuntamiento de Lázaro Cárdenas (2002-2004). En abril de 2009 asumió la presidencia cuando Manuel Santamaría Contreras renunció al cargo, acusado de corrupción.

Antes de ingresar en la función pública, Julio César Godoy era conocido en todo Michoacán por los palenques que organizaba para pelear sus gallos finos y porque se le ubicaba como un empresario "del ramo de las gasolineras". Sin embargo, en Pemex Refinación no hay registros de franquicias a su nombre, según la respuesta que dicha subsidiaria dio a la solicitud de información por medio del IFAI. Aunque sí hay información sobre el que fuera su socio en la política, Gustavo Bucio Rodríguez, quien de no haberse cruzado las balas en su camino, hubiera sido suplente del diputado, y quién sabe si hasta diputado, considerando lo azaroso que fue para Godoy tomar protesta en San Lázaro, ante las órdenes federales de aprehensión en su contra.

TE VIERON CUANDO PASABAS
POR ZAMORA Y NUEVA ITALIA…

En el kilómetro 61 de la carretera Uruapan-Apatzingán se ubica una enorme gasolinera, cinco mil 284 metros cuadrados que la convierten en la más grande de las cuatro que hay en Nueva Italia. Comenzó a operar en 2007, y el letrero que la identifica como la franquicia E00990 aún reluce.

El 7 de abril de 2009, Gustavo Bucio, su propietario, yace sentado frente a una mesa, junto a su hermano Eutilio, afuera del restaurante donde los clientes de la gasolinera Cuatro Caminos se detienen a tomar algún refrigerio, camino a Nueva Italia o los poblados vecinos: Lombardía, La Huacana, Parácuaro, en la región de Tierra Caliente, en el sur del Pacífico mexicano.

Apenas dieron las dos de la tarde; por la hora el día, martes, hay poca afluencia hacia el poblado que en 1909 fundó el italiano

Dante Cusi para convertirlo en el principal productor de algodón y arroz del continente.

En el bochorno del seco calor de primavera, a 420 metros sobre el nivel del mar, Gustavo se toma un respiro recién acabado el corte de caja, para irse a la reunión en la que se afinarán los detalles para su registro oficial como diputado federal suplente por el Primer Distrito Electoral Federal de Michoacán. Suplente sí, pero nada más y nada menos que del hermano del gobernador. Aquello representaba para él un logro considerando que en 2007 había sido despedido como secretario de Finanzas del municipio.

Detrás de los cristales avista un Concord dorado modelo 1999 que se acerca; trae placas de circulación 713-PGA de Wisconsin, nada extraño para un pueblo plagado de autos y *trocas* traídas del otro lado. Parecía que los fuereños cargarían gasolina; en cambio, paran justo afuera del restaurante. El copiloto desciende, pasa a un lado de la mesa, entra en la tienda de conveniencia. Transcurren 40 segundos. Sale, se acerca a Gustavo, desenfunda la pistola calibre .380 que trae fajada a la cintura y, a quemarropa, asesta cuatro impactos secos.

El sicario da vuelta y echa a correr hacia el Concord que permaneció con el motor encendido. Apenas cierra la puerta y el conductor oprime el acelerador hasta el fondo; allí van, sobre la carretera libre Cuatro Caminos–Lázaro Cárdenas, sin que nadie intente detenerlos. En la localidad de El Letrero pierden el control y el auto sale del camino hasta estrellarse en una brecha. Conductor y sicario descienden, aprietan el paso hasta perderse entre los montes de Múgica.

En el área de urgencias del Hospital Integral Comunitario de Nueva Italia, Gustavo Bucio muere y con él sus aspiraciones políticas.

En un intento por desvincularse de cualquier suspicacia ante la ejecución de Bucio, Julio César Godoy Toscano hace públicas desangeladas y cortantes condolencias.

Responsabilidad en Marina Nacional

En 2005, dentro de los proyectos de infraestructura para el combate al mercado ilícito de combustible, la shcp aprobó recursos para el proyecto Control Electrónico en Estaciones de Servicio, cuya finalidad era combatir tanto el lavado de dinero como la venta ilegal de hidrocarburos, dado que al interior de las oficinas corporativas de la paraestatal se tenía claridad de que gran parte de lo que se le *ordeña* a Pemex en pipas o tomas clandestinas se comercializa en las franquicias oficiales.

Con equipos de monitoreo e impresoras rápidas de matriz se consignarían los datos relativos tanto al registro de volúmenes recibidos para su venta por parte de Pemex Refinación, como al de los volúmenes vendidos. De esta manera se detectarían ventas que no correspondieran con las compras efectuadas a Pemex, y también hidrocarburos adulterados.

Mediante la instalación de *software* compartido Pemex Refinación contaría de manera permanente con los datos volumétricos del combustible manejado por cada franquicia. Los franquiciatarios que instalaran los sistemas tendrían, de entrada, créditos fiscales para el cambio de dispensarios y la instalación del *software*, además de márgenes de comercialización más altos. Sus gasolineras se identificarían con el nombre de Cualli, vocablo náhuatl que significa "lo más, lo mejor, servir bien".

Con el Cualli las gasolineras finalmente cumplirían con las disposiciones hacendarias de reportar sus controles volumétricos.

Con los datos compartidos, desde sus oficinas en Marina Nacional, Pemex observaría el comportamiento en las ventas de cada estación y si sus inventarios coinciden con las compras que le hacía. Esta misma información es la que la Secretaría de Hacienda cotejaría con la documentación fiscal. El sistema prometía ser un medio bastante efectivo para que Pemex tuviera los ojos puestos en cada uno de sus asociados franquiciatarios.

Con tales controles parecía imposible, o por lo menos poco probable, que una gasolinera lavara dinero o comercializara los combustibles robados; sin embargo, tales prácticas continuaron. El problema no era el sistema, sino su aplicación y vigilancia por parte de los funcionarios y las autoridades responsables.

En 2006, una auditoría (3004/06) elaborada por la contraloría interna en Pemex Refinación encontró que la Subdirección Comercial, que a su cargo tiene la administración y el manejo de la red comercial de franquicias Pemex, operaba un sistema de control interno que "no es congruente con las disposiciones legales en la materia", y que había una "deficiente administración de la documentación de los expedientes de las estaciones de servicio, estaciones de autoconsumo y constancia de trámite que se encuentran bajo custodia de la Subgerencia de Ventas".

Ante la misma contraloría hubo quejas en el sentido de que a cambio de un pago mensual, supuestamente los funcionarios de Pemex Refinación le permitían a algunos franquiciatarios desconectarse del sistema cuantas veces quisieran.

Contralores del área confirman que en la práctica muchos franquiciatarios manejan la información de sus controles volumétricos sin la supervisión debida de los funcionarios de Refinación. Así, sin más, simplemente se desconectan del sistema. Es en estos momentos de desconexión, explican los contralores, cuando ocurren las descargas de hidrocarburo adquirido de forma irregular.

En 2003 Mexicana de Lubricantes (Mexlub) —sociedad constituida en enero de 1993 entre Impulsora Jalisciense y Petróleos Mexicanos— promovió un juicio ordinario contra Pemex. La socia comercializadora se oponía a "la rescisión del contrato de maquila de Aceites y Grasas para Consumo de Pemex y sus organismos subsidiarios, y la terminación de los de licencia de uso de marcas a suministro de aceites básicos". En el juicio, celebrado el 14 de diciembre de 2004, se otorgó la medida cautelar donde se estipulaba que Pemex Refinación no podía dejar sin efecto dichos contratos.

Un año después, el 14 de diciembre de 2005, se notificó a Pemex que como parte demandada, en el acuerdo del 9 de diciembre de 2005, del juicio ordinario federal 13/2004, el Juzgado Sexto de Distrito en Materia Administrativa en el Distrito Federal había dictado una medida cautelar consistente en: "Abstenerse de efectuar cualquier acto tendiente a otorgar contratos de franquicias a favor de un tercero para la maquila o suministro de productos derivados del petróleo hasta en tanto sea resuelto el presente juicio". De manera que Pemex Refinación se encontraba obligado a respetar la medida cautelar que le fue impuesta, lo cual no sucedió. La Subdirección Comercial autorizó franquicias y trámites en el periodo correspondiente al veto. Los franquiciatarios aparentemente beneficiados por tales autorizaciones denunciarían luego supuestos actos de corrupción.

En 2008 un grupo de franquiciatarios denunció ante la Secretaría de la Función Pública que Juan Agustín López Huesca, gerente de Ventas a Estaciones de Servicio, los extorsionaba "a base de chantajes y amenazas", y que "vendía" favores y privilegios a ciertos franquiciatarios que le daban su apoyo para mantenerse en el puesto.

Los franquiciatarios denunciaron que López Huesca, respaldado por Carlos Pani, subdirector comercial de Pemex Refinación (de enero de 2004 a mayo de 2007), aprovechó el veto judicial que la paraestatal tenía derivado del juicio en su contra promovido por MexLub, que le impedía a la empresa otorgar o cancelar cualquier trámite relacionado con las franquicias en tanto se desahogara el litigio, para "vender" la autorización de nuevas estaciones, renovación de licencias, y hasta las constancias de trámite para la concesión de derechos, que administrativamente implican el compromiso de Pemex para con el nuevo franquiciatario de que puede comenzar a construir su gasolinera mientras en la paraestatal se tramitan sus autorizaciones y se le asigna un número de franquicia.

En su denuncia ante la contraloría, documento al que la autora tuvo acceso, los franquiciatarios dicen que supuestamente pagaron de 150 mil a 250 mil pesos en sobornos en efectivo por cada uno de esos trámites:

> Este señor López Huesca convenció y manipuló al que fuera subdirector comercial, el ingeniero Pani, para que no atendiera una orden judicial dictada en el mes de enero de 2006 por el juicio de demanda por parte de Mexicana de Lubricantes que le ordenó a Pemex no otorgar franquicias y cancelar cualquier trámite relacionado con las mismas.
>
> Lo convenció porque eso le permitió chantajear y vender constancias de trámite de franquicia a los solicitantes que deseábamos establecer nuevas gasolineras.
>
> Nos pedía hasta 250 000 en efectivo para darnos la autorización especialmente en la zona metropolitana del Valle de México, aunque

en otras zonas del país pedía hasta 150 000 también en efectivo, advirtiéndonos siempre que los contratos los firmaríamos hasta que la prohibición dispuesta por el juez quedara resuelta con una nueva orden judicial, pero que mientras esto se daba, apresuráramos la construcción y él se encargaría de darnos número de estación.

Esto formaba parte del trato y del precio, y con el número de estación ya no le pagaríamos nada a Pemex por las vigencias de las constancias de trámite pactadas [...]

Algunos de nosotros denunciamos ante el jurídico de Pemex también en forma anónima esta situación, por lo que intervino la contraloría y en el mes de junio de 2006 le ordenó al Ing. Pani que atendiera y acatara la orden judicial instruida antes, pero ya habían pasado seis meses en los que el Sr. López Huesca había chantajeado y vendido franquicias, permisos y autorizaciones [...]

El órgano interno de control en Pemex Refinación hizo una auditoría especial (10/07) para saber si durante el veto se siguieron autorizando franquicias, como refirieron los franquiciatarios. La auditoría (a la que la autora tuvo acceso en julio de 2011 en las instalaciones del OIC) comprobó que en desacato judicial, "en el ámbito de la Subdirección Comercial se siguieron suscribiendo contratos de franquicia" en el periodo en que "tendría que haberse suspendido cualquier acto tendiente a continuar con los trámites de incorporación de franquicias". En sólo seis meses autorizó 196 constancias de trámite, 170 constancias de renovación y 101 constancias de prórroga.

El desacato judicial de los funcionarios de Pemex Refinación tuvo además un impacto económico para la paraestatal debido a que el juzgado le requirió un pago de dos millones de pesos "a efecto de contragarantizar los daños y prejuicios" que le fueron fijados en virtud de que no respetó la medida cautelar.

En otra parte de la denuncia que en 2008 presentaron diversos franquiciatarios, se habla de supuestos acuerdos para evitar el incumplimiento de la información de los controles volumétricos:

> En los últimos meses el Sr. López Huesca ha encontrado otra forma de chantajearnos y sacarnos más dinero, se está valiendo de amenazas para rescindirnos los contratos a los gasolineros con el pretexto de que la Secretaría de Hacienda lo presiona cuando nuestros sistemas de internet fallan en el envío de archivos con información de los controles volumétricos, entonces viene la amenaza y el chantaje para que no seamos reportados y perdamos nuestras franquicias.
>
> Este señor cuando empezó el programa Cualli afirmaba en sus intervenciones ante gasolineros que el nuevo contrato no tenía fines leoninos, pero ahora le ha encontrado la manera de hacerlo "jugoso" a su cartera y mantiene bajo amenaza a los gasolineros que no formamos parte de su importante grupo de amigos; está pidiendo hasta 250 000 siempre efectivo para no reportarnos ante la SHCP y para no rescindirnos nuestros contratos [...]

Por las denuncias de los franquiciatarios ante el OIC, y la versión de los contralores de que, en efecto, los empresarios gasolineros operan sus controles con toda libertad por la falta de vigilancia de la subsidiaria, se podría inferir que ello alentó el crecimiento exponencial del mercado negro de refinados, que hoy en día, en algunas entidades, alcanza 40 por ciento del suministro total, según cifras recabadas por la Cámara de Diputados.

Uno de los contralores en Pemex Refinación explica lo sencillo que sería que a través de la revisión estricta de los controles volumétricos la paraestatal atacara el mercado ilícito de combustibles. Bastaría con que desde sus oficinas centrales se llevara a cabalidad el programa de Control Electrónico en Estaciones de Servicio, y que se interviniera en cuanto se detectara que una franquicia se desconecta del sistema.

"Si, por ejemplo, en ese momento se enviara a la gasolinera una brigada de supervisión, se descubriría *infraganti* una descarga de gasolina o diesel robado, así de fácil sería encontrar las gasolineras que manejan el mercado negro." No ocurre así; por ello difícilmente el consumidor supondría la ruta que tuvo el hidrocarburo antes de llegar a sus manos.

Confesiones

Frente a la videocámara tres personas que se identifican como supuestos miembros de *Los Zetas* son interrogadas por un grupo de *Matazetas*. Uno de los supuestos *zetas* se identifica como Ramón Gerardo Adame Acosta, policía municipal de Torreón y escolta de Karlo Castillo García, director de Seguridad Pública municipal.

En el interrogatorio, Adame y los otros dos supuestos *zetas* revelan el nombre de empresarios de la Comarca Lagunera que según ellos son destinatarios de la gasolina que han sustraído:

—¿Cómo te llamas? ¿Cómo te apodan? ¿De dónde eres originario? ¿Para quién trabajas? ¿Quiénes son los señores pesados?

—Cristóbal Marrufo, alias *el Tobal*, y su hermano Chito Marrufo y Andrés Izaguirre y Fernando Maldonado Vitela alias *el Zorro* y el ministerial Pedro Cuevas alias *el Gordo* y César Hernández de Torreón, del departamento de alcoholes, y Josué alias *el Mega*, de Residencial del Norte, Andrés Izaguirre, director de Seguridad Pública de Chávez.

—¿Ésos son de Chávez y Matamoros?

—Manuel Muñoz alias *el Mono* o *el Ingeniero*, y Salomón Ayuth papá y Salomón Ayuth, hijo, y Rafael Rosales Díaz, *el Licenciado*, les mueven todos sus asuntos, y le apodan *el Gato*, y el fiscal Jesús Torres Chávez, procurador de Coahuila y el hermano que es el intermediario Humberto Torres Chávez.

—¿Ellos son los pesados?

—Sí, son los que mueven todo y traen un plan de desestabilizar a Gómez y Lerdo, porque les han estropeado todas sus actividades.

—¿Los pesados qué actividad tienen?

—Son prestanombres de *Mono* Muñoz.

—¿*El Mono* Muñoz qué negocios tiene?

—Gasolineras, señor.

—¿Cuáles son esas gasolineras?

—Una en Diagonal Reforma y Calzada Juan Bell calle 32 y la otra está en Águila Nacional y Bravo, y otra en Boulevard Torreón Matamoros, enfrente de Valle Oriente.

—¿Y Salomón Ayuth papá e hijo qué tienen?

—Tienen gasolineras en Matamoros, Parras y Saltillo, Coahuila.

—¿Cuáles son sus intereses afectados?

—Los bares y el robo de gasolina.

—¡Se roban la gasolina!

—Sí, porque en las gasolineras la venden.

—¿Y Cristóbal Marrufo alias *el Tobal* y su hermano Chito Marrufo?

—Ellos tienen supermercados, camiones urbanos y gasolineras y bodegas en el mercado de abastos en Torreón donde también guardan armas. A ellos les llevan los tráileres robados de abarrotes y gasolina robada, y también les prestan sus propiedades para guardar vehículos robados y en los que cometen sus actividades ilícitas [...]

La grabación, identificada como "Interrogatorio a Ramón Gerardo Adame, policía de Torreón", fue uno de tres videos que en julio de 2010 un grupo de la delincuencia organizada obligó al grupo Multimedios a transmitir como condición para liberar a los periodistas Jaime Canales, camarógrafo de Multimedios Laguna; Alejandro Hernández, camarógrafo de Televisa Torreón; Héctor Gordoa, de Televisa México, y Óscar Solís, reportero del diario *El Vespertino* de Gómez Palacio, Durango.

Los comunicadores fueron secuestrados el lunes 26 de julio de 2010, cuando cubrían las manifestaciones en el Centro de Readaptación Social número 2, de Gómez Palacio, Durango, que exigían la reinstalación de su directora Margarita Rojas Rodríguez, acusada de permitir que internos salieran por las noches en vehículos oficiales y usar las armas de los custodios para asesinar a integrantes de bandas rivales.

En el interrogatorio, los supuestos *zetas* aluden a algunos integrantes de la familia Marrufo, originarios de Coahuila, como supuestos implicados en el robo de gasolina a Pemex y la venta posterior en sus gasolineras.

En cualquier caso, a nombre de José Luis Marrufo López están las franquicias E08693 y E06845, ambas en el municipio Francisco I. Madero, en Coahuila.

En su administración como alcalde (2003-2005), José Luis Marrufo Álvarez tenía como proveedores oficiales del ayuntamiento a sus hijos: Juan Antonio brindaba servicios de hotelería y hospedaje; Cristóbal, el servicio de autolavado para el parque oficial, y José Luis suministraba precisamente gasolina para todos los vehículos de la alcaldía, sobre todo a las patrullas de la Dirección de Seguridad Pública Municipal (DSPM).

En diversas quejas integradas en la contraloría interna en Pemex Refinación hay alusiones a que muchas de las gasolineras de la Comarca Lagunera se abastecen del mercado negro.

CENTRO DE ABASTO

Las gasolineras les sirven a los cárteles no sólo como un negocio donde pueden blanquear sus ingresos sino para controlar el suministro de combustible en algunos pueblos y para abastecer sus flotillas.

Parecería algo incidental, pero el abasto de combustible para las organizaciones tiene gran relevancia. Se trata de uno de los insumos principales para sus actividades. Una idea de esto la proporciona la testigo protegida *Martha*, una policía municipal de Nuevo Laredo que se reclutó en el ala operativa del cártel del Golfo. Su trabajo consistía en controlar la gasolina que los *halcones* y jefes de célula de la organización requerían diariamente para su labor. Narra que sólo en ese municipio el cártel invertía casi diez mil pesos diarios para este insumo:

Me encargaba de que 21 vehículos se abastecieran de gasolina y yo me encargaba de pagar, el dinero me lo daba una persona de apodo *el Chino* y me daba la cantidad de cincuenta mil pesos por semana [...] yo llevaba un control en una libreta donde anotaba la fecha en que se cargaba de gasolina, la cantidad de litros por vehículo, me ordenaron que llevara bien las cuentas para cuando me lo re-quirieran.

[Declaración ministerial del 3 de mayo de 2008.].

Declaración ministerial
de *Martha*.

Algunas organizaciones criminales usan también sus franquicias o las de sus asociados para vender el combustible que ellos mismos roban, o el que adulteran en colusión con funcionarios y empleados de Pemex, aduanas e industriales.

Oliver Stolpe, experto en prevención de la delincuencia organizada, del Centro para la Prevención del Crimen Internacional de la onu, plantea también que las gasolineras son una de las estructuras empresariales "legales" donde más comúnmente las organizaciones criminales reinvierten sus ganancias ilícitas.

En suma, se corrobora el diagnóstico de Samuel González Ruiz citado al inicio de este capítulo: lavar dinero en una gasolinera implica la complicidad del franquiciatario con los directivos en turno de Pemex Refinación, las autoridades del Servicio de Administración Tributaria, la Procuraduría Federal del Consumidor y, en muchos casos, las asociaciones de empresarios gasolineros.

CAPÍTULO 8

Distribuidores genéricos

El Foro Económico Mundial calcula que el intercambio ilegal de artículos pirata representa más de 10 por ciento del comercio internacional. En este contexto, la Asociación Internacional de la Propiedad Intelectual (IIPA, por sus siglas en inglés) ubica a México en los cuatro primeros lugares de producción y comercialización de piratería, sólo después de China, Rusia e Italia.

Desde los sofisticados *jeans* Versace, Hugo Boss o Giorgio Armani que exhiben las pulidas vitrinas de la 5ª Avenida de Nueva York; los exquisitos bolsos de la casa francesa Louis Vuitton; los artículos deportivos de la marca líder mundial Nike; la fina línea de bolígrafos Mont Blanc; zapatos, ropa, discos, libros, videos, joyería, medicamentos, muebles, artesanías, *software*. Todo lo tangible se reproduce en México. Las copias se venden en cualquier vitrina de comercio formal e informal, ello depende de la calidad de la reproducción.

En este país pirata, donde por cada original se venden hasta 20 copias, los combustibles no están exentos de la falsificación. Pero, a diferencia de lo que ocurre con la mayoría de los productos clonados, donde el consumidor tiene conciencia plena de que lo que está adquiriendo es una copia, con los hidrocarburos difícilmente lo detectará; así que cualquiera, involuntariamente, puede ser parte de esta cadena de comercio ilegal, porque los combustibles pirata se venden lo mismo en puestos clandestinos de la carretera que en las franquicias autorizadas por Pemex.

Para fabricar gasolina o diesel, combustibles como el condensado, el queroseno y hasta el petróleo crudo se mezclan con aditivos para incrementar su octanaje, aunque en los métodos rústicos que en el mercado negro se utilizan para "refinar", jamás se alcanzan los porcentajes mínimos para una gasolina aceptable. Sus distribuidores lo ofrecen como "combustible alterno" o "ecológico".

El consumidor que entró en este circuito de mercado negro no se dará cuenta de que le surtieron gasolina pirata hasta que el motor de su automóvil presente daños irreversibles. Así lo constataron 20 automovilistas que se abastecieron en una gasolinera de Ciudad Nezahualcóyotl, quienes en febrero de 2011 denunciaron ante la Profeco las irregularidades de la estación de servicio y las diversas averías que habían sufrido sus vehículos.

El "combustible alterno" o "ecológico" comenzó a distribuirse en algunos puntos del país a partir de 1998. Se le entregaba al cliente en su domicilio sin costo adicional, con un crédito para el pago y a un precio más bajo.

Hoy cálculos extraoficiales indican que este tipo de combustible abastece cerca de 40 por ciento del consumo en algunas zonas. Se distribuye en tambos, garrafones o pipas improvisadas como expendios ambulantes a lo largo y ancho del país, en los mil 200 kilómetros fronterizos de México con Guatemala y Belice, e incluso en la frontera con Estados Unidos.

El combate a este delito no sólo atañe a Pemex sino a las autoridades de la Secretaría de Economía, a las cuales corresponde también vigilar la introducción al país de solventes y naftas, y por supuesto a los funcionarios de Hacienda, que deberían supervisar las importaciones de estos productos vía aduanas y su posterior comercialización, aunque el crecimiento exponencial del mercado haría suponer que su combate no es suficiente.

El contrato de franquicia establece como causal de rescisión que el franquiciatario comercialice productos petrolíferos adulterados, alterados y contaminados. En la práctica los resultados son mínimos. En los pocos casos (20) que se ha pretendido aplicar la sanción, los propietarios de la franquicia se amparan.

Los primeros operativos para detectar este tipo de combustibles los puso en marcha el general Rafael Macedo de la Concha, al frente de la PGR (2000-2005). De sus resultados están los aseguramientos que hizo en Saltillo de 160 mil litros de gasolina de refinación casera, en un predio que la PGR identificó como propiedad de Humberto de Jesús Zambrano Aguirre, dueño también de varias gasolineras a nombre del Grupo Daosa.

El problema es que las concesiones no se rescinden ni siquiera en los casos en los cuales, mediante análisis de laboratorio, la Profeco puede comprobar que los refinados que expende son adulterados.

A través de la Ley Federal de Transparencia y Acceso a la Información Gubernamental, la Profeco proporcionó a la autora el nombre de algunas de las estaciones de servicio en las cuales, según sus reportes de visitas de inspección, detectó la supuesta venta de gasolina adulterada:

En Monterrey, Servicios en Guerrero Norte, S.A. de C.V; en Apodaca, la gasolinera Los Alpes, S.A. de C.V; en Juárez, la de Carlos Adán Guerra Guerra; en General Escobedo, Servicio Grasual, S.A. de C.V; en Miguel Alemán, la gasolinera a nombre de

Deyanira Eloísa Dávila Corona; en Matamoros, la gasolinera Faja de Oro, de Carlos Sierra Garate; en Saltillo, la gasolinera Hidrosina Plus, S.A de C.V; en Sabinas, la gasolinera que se ubica en el número 111 de Dr. José A. Dávila; en Uruapan, la gasolinera de Eutimio Murguía Hernández; en León, Servicio la Vendimia, S.A de C.V; en San Miguel de Allende, las gasolineras Grupo Mexicano, S.A de C.V.

Relación proporcionada por la Profeco.

En Querendaro, Michoacán, la gasolinera de Jorge Aguilera Loe, llamada Servicio Querendaro; en Morelia, la gasolinera del Valle de Zamora; en Tizapán El Alto, Jalisco, la de Adrián García Ramos; en Apizaco, la gasolinera de María del Carmen Cervantes López; en Ixtapaluca, Inmobiliaria Canutillo, S.A. de C.V; en el Distrito Federal, la gasolinera Lam, S.A. de C.V.

Referirse a las gasolineras involucradas en el robo a sus consumidores mediante la práctica de no surtir *litros de a litro*, el ilícito más común e incluso tolerado por las autoridades de Profeco y Pemex, sería prácticamente hablar de más de la mitad de las nueve mil 200 franquicias que hay en todo el país.

Tras los rines deportivos de los lujosos automóviles que posee el dueño de la gasolinera, de los bolsos "de marca" o las bonitas joyas que compra a su esposa, de los colegios caros para sus hijos,

	CAMARA NACIONAL DE LA INDUSTRIA DE LA TRANSFORMACION
Canacintra Juárez	INFORMACION NACIONAL

LISTA NEGRA DE GASOLINERAS QUE DAN LITROS INCOMPLETOS

NOMBRE	RAZON SOCIAL	DOMICILIO	COLONIA	POBLACION
GASOL RICARDO CRUZ A	CRUZ AGUILERA RICARDO	KM 0.5 CARR ABAS ESTAC JOAQUIN	JUAREZ	ABASOLO GTO
MULTISERVICIOS ABASOLO	MULTISERVICIOS ABASOLO SA CV	CARR 90 IRAP GUAD KM 28600	RCHO SAN ISIDRO	ABASOLO GTO
RICARDO CRUZ A	CRUZ AGUILERA RICARDO	LERDO OTE NO 621	CENTRO	ABASOLO GTO
SERV FYPSA	SERV Y AUTOPARTES FYPSA SRL CV	LERDO OTE NO 519	CENTRO	ABASOLO GTO
SERV SAN ISIDRO	CRUZ AGUILERA RICARDO	CARR IRAPUATO LA PIEDAD KM27	EL TEPOCATE	ABASOLO GTO
SERVIEXPRESS DELFINES	SERVIEXPRESS DELFINES SA CV	CARR IRAPUATO LA PIEDAD KM 34	EL TEPOCATE	ABASOLO GTO
SERV SANTA ISABEL	CERVANTES LOPEZ JOSE Q	CARR FED 7 AMOZOC KM 20 560	SANTA ISABEL TEPETZ	ACAJETE PUE
COMBUSTIBLE O ACAMBARO	COMBUSTIBLE DE ACAMBARO SACV	CARR ACAMBARO MORELIA NO 469 B	SN ISIDRO	ACAMBARO GTO
MULTISERV EL TORNERO	MULTISERVICIOS EL TORNERO SACV	RCHO EL TORNERO KM 9	SAN JOSE DE MEDINA	ACAMBARO GTO
SERV ACAMBARO	SER ACAMBARO SACV	PROL Y GUERRERO NO 184	RANCHO GRANDE	ACAMBARO GTO
SERV GUERRERO DE ACAM	SERV GUERRERO DE ACAM SA CV	CARR ACAMBARO SALVAT KM 3.5	RANCHO GRANDE	ACAMBARO GTO
GASOL CRIMER	CRIMER SA CV	CARR TOLUCA QRO KM 146	ACAMBAY	ACAMBAY EM
SERV SIERRA HERMANOS	SERV SIERRA HERMANOS SA CV	CARR INTNAL MEX NOGALE KM 1042	CENTRO	ACAPONETA NAY
APTO DE ACAPULCO	AEROPUERTOS Y SERV AUXILIARES	BLVD DE LAS NACIONES SN	MUNICIPIO PLAN DE LOS AMANTES	ACAPULCO GRO
CIMOVI ES	SERVICIO CIMOVI SA CV	CARR CAYACO P MARQUEZ NO 109	LLANO LARGO	ACAPULCO GRO
CONSORCIO GASOL DARCEL	CONSORCIO GASOL DARCEL SA CV	BLVD DE LAS NACIONES SN	BRISAMAR	ACAPULCO GRO
EST SERV TUZINGO	EST SERV TUZINGO SA CV	CARR ACAPULCO PINOTEPA KM 8	TUNCINGO	ACAPULCO GRO
ESTACION SERV FLORIDA	ESTACION SERV FLORIDA SA CV	AV BAJA CALIFORNIA SN L 51 52	PROGRESO	ACAPULCO GRO
GASOL CLUB DE YATES	CLUB DE YATES ACAPULCO AC	GRAN VIA TROPICAL SN Y TAMBUCO	FRACC LAS PLAYAS	ACAPULCO GRO
GASOL DETER	ARREDONDO VILLANUEVA HNOS SA	KM 394 CARR NAL MEX ACAPULCO	LAS CRUCES	ACAPULCO GRO
GASOL LOS ORGANOS	GASOL LOS ORGANOS SA CV	CARR NAL ACAPULCO MEX KM 15	LOS ORGANOS	ACAPULCO GRO
GASOL MAGALLANES	SERV MAGALLANES SA CV	AV WILFRIDO MASSIEU NO 6 304	FRACC MAGALLANES	ACAPULCO GRO
GASOL MODELO	ALCARAZ SOBERANIS SA CV	AGUILES SERDAN Y OJON LIMA SN	CENTRO	ACAPULCO GRO
GASOL SERVI FER	SERVI FER SA CV	AV LAZARO CARDENAS NO 1	LA MAQUINA	ACAPULCO GRO
LIBERTADORES I	SERV LIBERTADORES SA CV	BLVD J LOPEZ PORTILLO L723 MZ3	LIBERTADORES	ACAPULCO GRO
OES ACAPULCO	OPER D ESTACIO D SERV ACA SACV	CONSTITUYENTES	BELLA VISTA	ACAPULCO GRO
SERV CAYACO	SERVICIO CAYACO SA CV	CARR NAL ACAP PINOTEPA KM 49.1	CAYACO	ACAPULCO GRO
SERV DIAMANTE	SERVICIO DIAMANTE SA CV	BLVD DE LAS NACIONES NO 1 Y 2	FRACC GRANJAS DEL MARQUEZ	ACAPULCO GRO
SERV MANTARRAYA	SERV MANTARRAYA SA CV	BLVD OLAS NACIONES KM 10.5 90	JARDIN DE LOS AMATES	ACAPULCO GRO
SERV MANTARRAYA DEB	SERV MANTARRAYA SACV	BLVD OLAS NACIONES KM 10.5 90	FRACC JARDIN PRINCESA	ACAPULCO GRO
SERV GONZALEZ	GONZALEZ MEDINA ANTONIO	CARR TULANCINGO HUSCA KM 11 SN	ALMOLOYA	ACATLAN HGO
SERV MODELO	LOPEZ DOMINGUEZ RAFAEL	CARR FED ENT LIB VIA JALAPA	CENTRO	ACATZINGO PUE
SERV G Y G	GARCIA Y GARCIA JOSE LUIS	CARR MEX TUXPAN KM 166	VENTA QUEMADA	ACAXOCHITLAN HGO
SERV G Y G DEB	GARCIA Y GARCIA JOSE LUIS	CARR MEX TUXPAN KM 166	VENTA QUEMADA	ACAXOCHITLAN HGO
GAS MABARAK	GAS DEL GOLFO D MEXICO SA CV	CARR FEDERAL 180 KM 225 SN	ALEMAN MIGUEL	ACAYUCAN VER
SERVI FACIL	SERV FACIL DEL SURESTE SA CV	CARR COSTERA DEL GOLFO KM 226	CENTRO	ACAYUCAN VER
OPER GASOIL	OPER GASOIL SA CV	CARR MEX TEOTIHUACAN KM 34.5	TEPEXPAN	ACOLMAN EM
GASOL ESTACION 0677	SERVIS EMPR Y ADMIVOS HGO SA CV	CARR MEXICO LAREDO KM 118	CENTRO	ACTOPAN HGO
GASOL ESTACION 5664	GRUPO GASOLINERO DE HGO SA CV	CARR MEXICO LAREDO KM 121.7	CENTRO	ACTOPAN HGO
GASOLUB JIADHI DEB	GASOLUB SA CV	CARR MEXICO LAREDO KM 115	EL JIADI ACTOPAN	ACTOPAN HGO
SERV ACEVEDO	ANGELES CABALLERO OFELIA	CARR MEX LARE HO KM 119	CENTRO	ACTOPAN HGO
SERV GASOLINERO DAMG	DAMG SA CV	PRL EFREN REBOLLEDO NO 344	CENTRO	ACTOPAN HGO
ORVI COMB ATLACOMULCO	ORVI COMBUSTIBLES SA CV	CARR PANAM ATLAC ACAMBAY KM 1	ARROYO ZARCO	ACULCO EM
SERV TREVINO	SERV TREVINO DE ACUNA SA CV	H COLEGIO MILITAR NO 460	ONCE DE OCTUBRE	ACUNA COAH
SERV JUAREZ	RIVERA QUINTANAR ALFREDO	DOMICILIO CONOCIDO SN	BENITO JUAREZ	AGUA DULCE VER
EMPRESAS IBARROLA ELIA	EMPRESAS IBARROLA ELIAS SA CV	CARR A JANOS AV 17 Y 18 SN	CENTRO	AGUA PRIETA SON

Lista negra de gasolineras.

de las vacaciones en la playa o cumpleaños en Disneylandia, están las ganancias ilícitas del robo tolerado a cada automovilista que se abastece en su franquicia. Cuarenta y siete mil millones de pesos anuales es el margen de ganancias de este ilícito, según cálculos de la Secretaría de Economía.

Detrás de emporios como el del Grupo Energético del Sureste (GES) están también ganancias adicionales que obtiene en sus gasolineras que no surten *litros de a litro* en Campeche, Tabasco y Chiapas.

De la impunidad por prebendas políticas ni siquiera los consejeros de Pemex están exentos. El caso de la familia política de Eduardo Sojo Aldape es ilustrativo: como secretario de Economía ocupó un asiento en el Consejo de Pemex (del 1° de diciembre de 2006 al 6 de agosto de 2008); en León, Guanajuato, su esposa Lourdes Santos Aranda, su suegro Máximo Santos Sánchez y su cuñado Néstor Santos, cual accionistas de la gasolinera E07163, Servicio Grupsa, cobraban a sus clientes litros que no eran *de a litro*.

El gobierno encubre pero echa en cara los famosos subsidios para que los mexicanos no se quejen de cada *gasolinazo*, pero no aplica la ley a los franquiciatarios. No hay un solo caso de un empresario gasolinero enjuiciado por robarles a sus clientes.

En mayo de 2011, el diputado Gerardo del Mazo Morales llevó al Congreso Federal la iniciativa de castigar con penas de cuatro a seis años de prisión, multa de dos mil 500 a cinco mil días de salario y la suspensión de la franquicia a las gasolineras que no surtieran *litros de a litro*. El proyecto se aprobó, aunque aún falta ver si se aplica la ley o será letra muerta, debido a que los gasolineros son potenciales financiadores de campañas políticas, o incluso ellos mismos pueden convertirse en candidatos a cargos de elección popular.

SERV SAN PEDRO	SERV GASOL LUB SA CV	BLVD J TORRES LANZA NO 1001	SAN ISIDRO DE JEREZ	LEON DE LOS ALDAMA GTO
SERV SIGLO XXI	SERVICIO SIGLO XXI SA CV	BLVD HIDALGO NO 2911	VALLE DE LEON	LEON DE LOS ALDAMA GTO
SUPER SERV BLVD AUBTRI	SUPER SERV BLVD AUBTRI SA CV	HIERRO NO 301	PILETAS	LEON DE LOS ALDAMA GTO
NUEVO EXPRESS	NUEVO EXPRESS SA CV	MIGUEL DE CERVANTES NO 416	CHULAVISTA	LEON GTO
NUEVO SERVICIO	ENRRIQUEZ MORENO RODOLFO	CALLE DE LOS HEROES NO 604	ANDRADE	LEON GTO
SERV ALJUNCAR	SERVICIO ALJUNCAR SA CV	BLVD HIDALGO NO 501	LOS REYES	LEON GTO
SERV AZTECA DE LEON	SERVICIO AZTECA DE LEON SA CV	BLVD TORRES LANZA NO 2907	FRACC AZTECA	LEON GTO
SERV BLVD AEROPUERTO	SERVICIO BLVD AEROPUERTO SA CV	BLVD APTO NO 1302	SAN JOSE DE LOS TANQUES	LEON GTO
SERV CABFER	SERVICIO CABFER SA CV	CARR LEON CUERAMARO NO 4775	SAN PEDRO DEL MONTE	LEON GTO
SERV CD INDUSTRIAL	LOMELIN ALBA JUAN CARLOS	BLVD CD INDUS ESQ BLVD LAS TOR	CD INDUSTRIAL DE LEON	LEON GTO
SERV CENTAURO MOTOR	CENTAURO MOTOR SA CV	BLVD JOSE MA MORELOS NO 2702	PRADO HERMOSO	LEON GTO
SERV ENRIQUEZ	ENRIQUEZ MORENO HECTOR JAVIER	AURELIO LUIS GALLARDO NO 200	INDUSTRIAL	LEON GTO
SERV FERPA	SERVICIO FERPA SA CV	P DLOS INSURGENTES S/N	LINDAVISTA	LEON GTO
SERV FERPA	SERVICIO FERPA SA CV	BLVD A LOPEZ MATEOS NO 1102 PTE	OBREGON	LEON GTO
SERV F300 VILLA	SERV FCO VILLA SA CV	BLVD FCO VILLA NTE S/N	VILLA DE LAS FLORES	LEON GTO
SERV GASOLINEROS D MEX	SERV GASOLINEROS MEX SACV	BLVD HIDALGO NO 1952	VILLA INSURGENTES	LEON GTO
SERV GASOLINEROS D MEX	SERV GASOLINEROS MEX S	DOM COINODIDO	PRADOS VERDES	LEON GTO
SERV GASOLINEROS D MEX	SERV GASOLINEROS MEX SACV	MANUEL CLOUTHER NO 208	VALLE DEL CAMPESTRE	LEON GTO
SERV GONS	SERVICIO GONS SA CV	N 43 ANTA NO 50	LINDAVISTA	LEON GTO
SERV GRUPSA	SERVICIO GRUPSA SA CV	LIBRAM JOSE MA MORELOS NO 4390	FRACC DE LP RUSTICO S PED	LEON GTO
SERV ROPLA LEON	ROPLA SA CV	BLVD HERNANDE ALDAMA NO 2403	FRACC DE SAN NICOLAS	LEON GTO
SERV LA CIMA	ESTACION DE SERV LA CIMA SA CV	BLVD MARIANO ESCOBEDO NO 4004	SATELITE	LEON GTO
SERV LA HDA ARRIBA	SERV LA HDA ARRIBA SA CV	BLVD LA LUZ NO 4302	SAN NICOLAS GONZALEZ	LEON GTO
SERV LA VENDIMIA	SERV LA VENDIMIA SA CV	BLVD ADOLFO L MATEOS NO 2511	BUGAMBILIAS	LEON GTO
SERV LA VENDIMIA	SERVICIO LA VENDIMIA SA CV	BLVD M ESCOBEDO NO 3100 LA OTE	LEON MODERNO	LEON GTO
SERV MALECON	SERVICIO MALECON ORIENTE SA CV	MOON DEL RIO BL LINEO 12 1802	HEROES DE CHAPULTEPEC	LEON GTO
SERV SAN IGNACIO	HOT MOT SERV TUR SN IGN SA CV	CARR LEON SILAO KM 10	LOS RAMIREZ	LEON GTO
SERV TORRES LANGA	MARROQUIN LOYOLA LUIS FERNANDO	OCEANO ATLANTICO NO 502	STA MA DEL GRANJENO	LEON GTO
ARV SUPER SERVICIOS II	ARV SUPER SERVICIOS II S	16 VG MIGUEL ALEMAN NO	ZONA CENTRO	LERDO DGO
EST SERV AMERICAS GE8	EST SERV LAB AMERICAS SA	CARR NO 49 DGO MAZ KM 232 150	EJIDO EL RAYO	LERDO DGO
EST SERV LA FERIA CHIH	SST SERV LA FERIA SA CV	CALLE CHIHUAHUA NO 30	FUENTES DEL PQUE	LERDO DGO
EST SERV LAS AMERICAS	EST SERV LAS AMERICAS SA CV	CARR 49 GGO MAZATLAN KM 232 S/N	EL RAYO	LERDO DGO
PROV COMB LERMA	PROVEED COMB LERMA SA CV	AV LAS PARTIDAS NO 62	LERMA DE VILLADA	LERMA EM
SERV ALISAS	SERV ALISAS SA CV	AV MEXICO TOLUCA KM 51.2	LERMA DE VILLADA	LERMA EM
SERV EL CRUCE	SERVICIO EL CRUCE SA CV	CARR TOLUCA MEXICO NO KM 49	LERMA DE VILLADA	LERMA EM
SERV LECHUGA	SERVICIO LECHUGA SA CV	HIDALGO NO 3	CENTRO	LERMA EM
GASOL EDUARDO GZA EST	EDUARDO DE LA GARZA SRL CV	HIDALGO NO 869 NTE	CENTRO	LINARES NL
GASOL EDUARDO GZA EST	EDUARDO DE LA GARZA SRL CV	HIDALGO NO 369 NTE	CENTRO	LINARES NL
GOJISA	GASOLINERA GOJISA SA CV	CARR VIA TAMPICO KM 59	ZARAGOZA IGNACIO	LLERA TAMPS
SERV LILAMAR	SERV LILAMAR SA CV	AV 16 DE SEPTIEMBRE NO 84	CENTRO	LOMA BONITA OAX
SERV ESQUIVEL	ESQUIVEL TORRES SALVADOR	AV INDEPENDENCIA S/N	LORETO	LORETO ZAC
AUTO REFACC RIO FUERTE	ALVAREZ RAMOS JOSE ANDRES	BLVD A LOPEZ MATEOS NO 1270 NT	LAS FUENTES	LOS MOCHIS SIN
AUTO SERV CANERO	AUTO SERV CANERO SA CV	BLVD CENTENARIO NO 2111 PTE	JARAMILLO RUBEN	LOS MOCHIS SIN
AUTO SERV JARDINES	AUTO SERV JARD D VALLE SA CV	INDEPEND Y BLVD ROSALES S/N	JARAMILLO RUBEN	LOS MOCHIS SIN
AUTO SERV LA PIEDRERA	AUTO SERV LA PIEDRERA SA CV	BLVD A LOPEZ MATEOS NO 3814	FATIMA	LOS MOCHIS SIN
AUTO SERV LA PIEDRERA	AUTO SERV LA PIEDRERA SA CV	CARR INTERNAL CULIAC KM 192 92	ZONA INDUSTRIAL	LOS MOCHIS SIN
AUTO SERV PIEDRERA	AUTO SERVICIO PIEDRERA SA CV	BLVD ROSALES NO 180	SCALLY	LOS MOCHIS SIN
AUTO SERV RUIZTO	AUTO SERV RUIZTO SA CV	GABRIEL LEYVA NO 1300 SUR	INSURGENTES OBRERA	LOS MOCHIS SIN
AUTOSERV BIENESTAR	AUTOSERV BIENESTAR SA CV	BLVD MACARIO GAXIOLA NO 891	TOLEDO CORRO ANTONIO	LOS MOCHIS SIN
BIENESTAR	AUTOSERVICIO BIENESTAR SA CV	CENTRO BENESTAR OTE NO 4	BIENESTAR	LOS MOCHIS SIN
GABOL EL CAMPANARIO	CENTRO SERV EXCELENCIA SA CV	HERIBERTO VALDEZ PTE NO 1275	SCALLY	LOS MOCHIS SIN
GASOL EXCEL ZACATECAS	CTRO SERV EXCELENCIA SA CV	BLVD ZACATECAS NO 79 NTE	EL CHAMIZAL	LOS MOCHIS SIN
GASOL GUERRERO	GASOL GUERRERO SA CV	INDEPENDENCIA NO 600 PTE	CENTRO	LOS MOCHIS SIN
LA PILARICA	MULTISERV LA PILARICA SA CV	CARR INT MEX NOS BN KM 1621	ZONA INDUSTRIAL	LOS MOCHIS SIN
LA PILARICA 20	MULTISERV LA PILARICA SA CV	CARR AL 20 DE NOVIEMBRE NO2055	EJ 00 DE NOVIEMBRE	LOS MOCHIS SIN
LA PILARICA DEB	MULTISERV LA PILARICA SA CV	CARR INT MEX NOS BN KM 1621	ZONA INDUSTRIAL	LOS MOCHIS SIN
LA PILARICA GAXIOLA	MULTISERV LA PILARICA SA CV	BLVD MACARIO GAXIOLA NO1910NTE	CENTRO	LOS MOCHIS SIN

LISTA NEGRA DE GASOLINERAS
CANACINTRA JUAREZ

Grupsa, propiedad de la familia del ex secretario Eduardo Sojo, se encuentra en las listas de gasolineras que no surten *litros de a litro*.

La explicación a la impunidad que priva en el robo a consumidores tiene aristas diversas. La piedra angular es el desempeño de la Profeco, dependencia que tampoco está exenta de responsabilidad. En 2008, empresarios gasolineros denunciaron ante la contraloría interna que altos funcionarios de esa procuraduría supuestamente les cobraban igualas de 50 mil pesos a cambio de no clausurar sus establecimientos por prácticas irregulares —en especial, no surtir *litros de a litro*—, según documentó el periodista Jorge Torres.

CAPÍTULO 9

Gasolina, sexo y drogas

Entre luces de neón rosa y azul Mayra aparece en el escenario, con su figura envuelta en el delgado humo que emana por debajo de la pasarela. El diminuto *top* rosa pastel apenas cubre los pezones de su abultada talla 38, y a la cadera lleva un entallado *short* de licra que esconde la diminuta tanga de encaje satinado que habrá de descubrirse en unos minutos. Sus largas y torneadas piernas portan botas blancas mosqueteras arriba de la rodilla, al estilo *Pretty woman*.

Mayra tiene la piel lozana, tez apiñonada que a veces maquilla para volverla casi ébano. Le gusta ensalzar el ligero parecido que —le dicen sus clientes— tiene con Beyoncé, la estrella estadounidense de *hip hop*.

Mayra se mueve con soltura entre la pasarela y el tubo. Despierta la envidia de sus compañeras y la lujuria de los hombres que cada noche acuden a verla bailar audaces *performances* que la transforman en Mayra Reina Amazona, Mayra la Gladiadora, Mayra Beyoncé; cada uno es éxito garantizado.

Ella es una de las bailarinas más populares del Exxxess; es una chica del calendario manufacturado anualmente por el club para venderlo a sus clientes, entre otros suvenires, o regalarlo a los de membresía VIP, categoría que se ganan si invierten considerables cantidades de dinero en los placeres corporales.

Mujeres venezolanas, brasileñas, algunas mexicanas y, sobre todo, muchas eslavas, las clásicas novias rusas, integran el catálogo de la oferta carnal envuelta en trajes de fantasía y las típicas plataformas que ninguna mujer se atrevería a calzar en su vida real; ofrecen servicios de *sexy dance* en pasarela, y los reservados cuyo costo depende de lo que el cliente elija. Porque todo en el Exxxess es como un sueño, aquí "los sueños se hacen realidad", reza su eslogan.

Bajo esa consigna, en el Exxxess a los clientes frecuentes se les da acceso a los salones VIP del *table* y la zona *hot*. Pero lo más cotizado son los paseos en limusina Hummer blanca acompañado de las chicas Exxxess. Por varios miles de pesos algunos hombres pueden convertirse en una versión de Hugh Hefner, el magnate de *Playboy*, aunque sólo sea durante algunas horas.

Así se anuncia el club en los videos promocionales que hoy se pueden consultar en internet:

> Un escaparate de abundancia en belleza y diversidad femenina con el plus característico de la casa. Paseos en limusina, promociones y recompensas a sus socios, y su inigualable zona *wet dance*. Un lugar donde todos los hombres hacen su sueño realidad en compañía de ellas. Con una esmerada atención a sus clientes, este sitio se distingue por la privacidad, la excelencia en su atención y la calidad de todos sus servicios, ya sea en instalaciones, bebidas, alimentos y diversión. Un sitio creado para no limitar el exceso de tus deseos.

El verano de 2003, en el número 3315 de la avenida Gustavo Baz, una de las zonas industriales más importantes del área metropolitana, en el municipio de Tlalnepantla, el Exxxess abrió sus puertas el año en que llegó a la alcaldía el panista Ulises Ramírez Núñez, sucesor de Rubén Mendoza Ayala.

Muy pronto, el centro nudista se convirtió en el club nocturno más visitado del Estado de México por clientes adinerados. A pesar de ubicarse en una zona popular —y en una construcción en la parte lateral de una plaza comercial, junto a un hotel de paso y un centro de verificación vehicular—, el *cover* podía ascender hasta los seis mil pesos, más el consumo y los privados. Definitivamente, este espectáculo no es apto para todos los bolsillos.

"El Exxxess no es sólo un *table dance*, es todo un concepto llegar allí y rozarte con políticos, futbolistas, actores, gente que sólo ves en televisión, y de ver mujeres como sacadas de revista", explica Carlos, un empleado administrativo de Pemex en las oficinas centrales de Marina Nacional que, al igual que sus amigos, es cliente frecuente del extravagante lugar y usuario del *blog* donde comparten cada experiencia de sus visitas: *exxxessosdezterminio. blogspot.com*.

Este *table dance* se convirtió en uno de los más visitados por contratistas de Pemex para agasajar a los ejecutivos que les facilitan algunos trámites o contratos, práctica que estilan desde los grandes corporativos nacionales y extranjeros hasta las pequeñas empresas que echan mano de partidas presupuestales para este tipo de gastos, que se registran para la contabilidad como "asesorías".

Su éxito animó a sus propietarios a instalar una sucursal en el área más exclusiva de la avenida de los Insurgentes, en el número 1831, a unas calles del famoso Bar-Bar, donde el futbolista paraguayo Salvador Cabañas fuera baleado la madrugada del 25 de enero de 2010. De entre los antros y clubes de la concurrida vía, el Exxxess destacaba por las pretenciosas limusinas y sus atractivas paseantes.

Durante los aniversarios del club, sus fiestas más esperadas, los dueños echaban la casa por la ventana con rifas de automóviles deportivos y, para amenizar la noche, uno o dos de los espectáculos de Telehit, de Televisa Networks.

El día en que se supo el origen del capital que dio vida a esta pasarela de moda, lujo y glamur, a pocos les importó, pues, como anunció el Exxxess, la fiesta debía seguir.

Los Carcachos

En marzo de 2002, la Procuraduría General de Justicia del Estado de México presentó ante los medios de comunicación a una peligrosa banda de asaltabancos liderada por Ricardo Yáñez López alias *el Carcacho*. En su haber, más de cien asaltos a sucursales bancarias, cajeros automáticos, cofres de seguridad de centros comerciales y joyerías. La cantidad y gravedad de los ilícitos imputados supondrían que Yáñez pasaría varias décadas tras las rejas; no ocurrió así.

En abril de 2010, la PGR presentó a Yáñez López como líder de una célula dedicada al robo de combustible de Pemex en el Distrito Federal y el área metropolitana. Y presentó a su esposa Alejandra Rivas Dolores y a su hija Estephanie Yáñez como accionistas de antros, bares, restaurantes y gasolineras, que supuestamente usaban para lavar el dinero producto de esa sustracción de hidrocarburos.

Yáñez rentaba inmuebles, bodegas y hasta terrenos cercanos a los ductos de Pemex, ya fuera a su nombre o al de Javier Alfredo de la Sierra Mendoza, quien también usaba los nombres de Octavio Carrasco y Esteban Olea. En dichos sitios instalaban tomas paralelas para la sustracción de gasolina y diesel; los comercializaban entre franquiciatarios de Pemex y en las dos gasolineras que la SIEDO identificó como parte de la organización: las franquicias E00159 y E00185 del corporativo Garpos.

Según la indagatoria, tenían un importante flujo de capital y para moverlo utilizaban 56 cuentas bancarias a nombre de los Yáñez y de las compañías Hill de la Sierra y Prado, S.C., Operadora de Restaurantes y Bares Garpos, S.A de C.V. y Operadora de Bares y Restaurantes Gar Post, S.A. de C.V.

Una parte del dinero se invirtió en los Exxxess, del que tanto Yáñez como Francisco Héctor García Cárdenas, el franquiciatario de Pemex, eran socios. También para el restaurante bar El Sazón de la Rumba, que antes se llamó Combebe, en Tlalnepantla, en la calle Berriozábal número 50, colonia San Javier, a sólo unas calles del palacio municipal, además de otros negocios de giros diversos como centros de verificación vehicular y bienes inmuebles.

Ricardo Yáñez fue detenido el 3 de noviembre de 2009 bajo los cargos de sustracción y comercialización ilícita de hidrocarburo, lavado de dinero y delincuencia organizada. Su organización *ordeñaba* entonces el poliducto Azcapotzalco-Tula mediante una toma conectada en el tramo del municipio de Tultitlán, en la colonia Lázaro Cárdenas. Se calculó que habían sacado ya dos millones 765 mil 10 litros de diesel equivalente a 21 millones 788 mil 278 pesos, que desde una bodega aledaña a la vía José López Portillo se distribuía a las gasolineras.

Al mismo tiempo, la PGR vinculó a la organización con el cártel del Golfo, según se relaciona en las averiguaciones previas PGR/MEX/ECA/253/2008-1, PGR/023/DGCAP/08, PGR/DGCAP/DF/111/2010, y PGR DGCP/DF/OIT/2010.

"La leyenda continúa", "El rey está de regreso" y "El rey ha vuelto" fueron frases convertidas en eslogan del Exxxess tras la detención de Ricardo Yáñez y algunos integrantes de su organización. Que quedara claro que la fiesta seguiría, fue el mensaje enviado a todos los socios.

Los *ordeñadores* de la zona metropolitana siguieron chupando los ductos de Pemex. En julio de 2010 instalaron otra toma en el mismo poliducto Azcapotzalco, sólo que a la altura de la colonia Ampliación Granada, en la delegación Miguel Hidalgo, del Distrito Federal. Construyeron un túnel de tres metros de diámetro por 4.5 de profundidad y 150 metros de largo, de Azcapotzalco a Barranca del Muerto. Por este mismo túnel se conectaron también a un gasoducto.

Mientras tanto, en internet, se lanzaba una campaña "Por los que decimos no al cierre del Exxxess", en la que los clientes se informaban de los nuevos *table dance* de los socios para que siguieran el rastro a su bailarina favorita.

El Exxxess también patrocinaba uno de los vehículos competidores en la Nascar Corona Series 2010, el auto número 37 piloteado por Alan Williams. Para septiembre de 2010 el club nocturno celebraba su séptimo aniversario en el que anunciaría su reapertura y expansión en otros centros nudistas. Para la ocasión se rentó el Club Bleu, en Paseo de la Reforma, una pretenciosa construcción inspirada "en el teatro griego": 20 columnas metálicas con fuego azul a los lados del pasillo; en el techo un candelabro francés de cristal cortado. El atractivo principal son las fiestas con los mejores *dj* del mundo.

Aquella noche el salón principal del Club Bleu abrió a las 22:00 horas para la fiesta más grande del *table dance*, 200 *teiboleras* y mil 500 invitados entre los que se rifaron dos Mini Cooper y se exhibió el automóvil de la Nascar que portaba los logotipos del club.

Sobre el escenario actuaban Deby, Almendra, Mayra, Galia y Britany con coreografías de Beyoncé y Elvis Presley. Asimismo se presentaba Alana con su traje de vaquerita, Uziel en vestido de *antro* y Samantha en su tradicional traje de colegiala; el fastuoso espectáculo de Iron Man, y luego dos *shows* de Telehit: los comediantes de *Guerra de chistes* y *el Costeño*, que iban flanqueados por seis atractivas bailarinas en *halter* negro y de largo. Entrada la mañana, casi al término de la fiesta, en las pantallas por fin llegó lo que los clientes esperaron toda la noche, el anuncio oficial del reinicio de operaciones: "¡Próxima reapertura del Exxxess, 29 y 30 de septiembre!"

Gasolina, drogas y sexo suenan como una combinación explosiva que puede generar incontables dividendos. Los socios del Exxxess proyectaron una mansión para sus chicas como la que Hugh Hefner instaló en Chicago y luego en Los Ángeles, la Mansión Playboy, albergue de las conejitas rosas más cotizadas.

En junio de 2011, la Agencia Federal de Investigaciones identificó a Francisco Héctor García Cárdenas, el otro socio del club Exxxess, como supuesto líder financiero de *Los Carcachos*. García Cárdenas es el mismo dueño de las franquicias gasolineras E00159 y E00185; la primera de ellas fue la estación de servicio que la Policía Federal cateó en enero de ese mismo año, en busca de evidencias de lavado de dinero.

CAPÍTULO 10

Derecho de piso

A empellones, con sus pequeños hijos tropezando entre el faldón y sus piernas, un grupo de mujeres quiché abandonaba despavorido un autobús escolar, chatarra gringa rehabilitada y puesta en circulación a más de cinco mil kilómetros de distancia para transportar guatemaltecos a la zona urbana. Intentaban calmar a sus chiquillos que ahogaban la respiración con el llanto. Huían del *marero* que, a plena luz del día y a la vista de todos, ejecutaba al conductor del vehículo en que, además de ellas, viajaban otros 20 pasajeros. Cuando lo vieron sacar el arma y apretar el gatillo, fueron las primeras en bajar aprisa por la puerta trasera, temerosas de que el pandillero las pusiera en la mira.

El sollozo y la respiración agitada se confundían con la nasal voz de la colombiana Shakira entonando *Pies descalzos*, la canción que por aquellos días a todas horas tocaba la radio centroamericana. Ejecutaban a un hombre y esa gente escuchando la radio; ni una voz de alarma, tampoco de auxilio. Ver, oír y callar es un tácito código de sobrevivencia.

El autobús circulaba por las calles de la Zona 3 del temible barrio El Gallito, asiento de uno de los cárteles más violentos de la región, proveedor de la mayoría de los narcomenudistas de la ciudad de Guatemala.

El lugar ofrecía un delirante paisaje: hombres y mujeres colocados en sendas tablas asidas a pequeñas ruedas convertidas en una especie de avalanchas o sillas de ruedas que les permitían desplazarse de un lado a otro de la acera, porque ninguno de ellos tenía piernas, ya que las perdieron gangrenadas de tanto aguijonearlas con heroína; las hinchadas venas de sus manos advertían el mismo destino.

En fila se abrían paso entre los automóviles para mendigar alguna moneda y destinarla a seguir drogándose. Dantesco espectáculo cotidiano al que se sumaban ejecuciones, a cualquier hora del día, de quienes se negaban a pagar las extorsiones de las *maras* MS13 y MS18.

Esa mañana el *marero* descargó seis balas en el cuerpo del chofer —sesenta y tantos años, pulcramente vestido—, la primera en la frente, luego en la cabeza y el pecho. Demasiado plomo para acabar con la vida de un solo hombre que desde el primer impacto había sucumbido. Las gruesas gotas del rojo y espeso líquido salpicaron el parabrisas, el tablero, el volante y la palanca de velocidades que no alcanzó a mover cuando el semáforo cambió a verde.

El rojo intenso se expandía sobre el azul celeste de su camisa de manga larga impecablemente planchada, la sangre se reflejó en sus pupilas y allí se quedó. El *marero* dio vuelta, bajó del *bus* y se fue.

"Los choferes ya no quieren pagar piso, por eso los matan", explica Manuel, periodista familiarizado con las actividades de las *maras* que a finales de la década de 1990 parecían invencibles. Los periódicos nacionales registraban mínimo dos ejecuciones diarias por esa razón. Choferes, comerciantes, transportistas… baleados o degollados, práctica popularizada por los *kaibiles* de la zona del Petén.

"Derecho de piso" era la expresión que se escuchaba por primera vez en la región. El cobro en sus territorios "conquistados" se convirtió en una de las principales vías de ingresos de las *maras* MS13 y MS18, generosos dividendos recaudados con tácticas de amenazas y violencia extrema.

En aquel tiempo, cuando el control de las *maras*, las secuelas de 36 años de guerra civil, los escuadrones de la muerte, paramilitares y las alianzas que comenzaban a explorar los narcotraficantes mexicanos, hacían de Guatemala la ciudad más peligrosa de todo el continente (después superada por Ciudad Juárez). El terror y el control aumentaban mediante un nuevo factor: el cobro de extorsiones.

A finales de 2006, un diario tabasqueño dio cuenta de una ejecución similar: un chofer fletero de una pipa de Pemex apareció degollado en un paraje del municipio de Cárdenas por negarse a pagar el *derecho de piso*. La expresión pronto se generalizaría al interior de la industria petrolera.

◆ ◆ ◆

El cobro del *derecho de piso* es una práctica tan vieja como el principio de la civilización moderna; es una idea concebida por los antiguos romanos para recibir tributo de los pueblos conquistados.

Desde mediados del siglo XIX la naciente Cosa Nostra generalizó esta práctica exigiendo a los comerciantes y empresarios sicilianos un porcentaje fijo a cambio de la supuesta protección para su actividad. Desde entonces el *pizzo* se convirtió en flagelo para una gran parte de los pueblos italianos, que se vieron obligados a pagar impuesto a aquel grupo criminal siciliano, además de la Camorra napolitana y la 'Ndrangheta calabresa, las tres organizaciones mafiosas más poderosas originarias de aquel país europeo.

En el siglo XXI, mientras en Italia la resistencia al *pizzo* —impulsada por grupos ciudadanos como *Addio pizzo*— debilita a las mafias, en México, en tiempos de Felipe Calderón, los cárteles han logrado imponer este pago hasta en la industria que es de seguridad nacional.

Compañías grandes y pequeñas proveedoras y prestadoras de servicios, ejecutivos, funcionarios, empleados de todos los niveles pagan el impuesto. Casi nadie denuncia, porque institucionalmente está prohibido ventilar lo que ocurre en Pemex. Lo que ocurre recuerda al viejo código de la *omertà* que llama al silencio, que fortalece la extorsión.

En muchos casos, *omertà* a conveniencia, ya que, para no ser vetados, algunos empresarios se sujetan al doble impuesto: el que ahora les cobra la mafia y el *diezmo* que tradicionalmente pagan por la asignación de contratos o a quienes supervisan su trabajo.

Los primeros empresarios de Tamaulipas, Veracruz, Campeche y Tabasco obligados a pagar estaban aterrados: sus extorsionadores tenían información precisa de lo que cada uno facturaba con Pemex, incluso si existía un atraso en sus contratos o si éstos estaban en proceso de rescisión. Sabían hasta los procesos de licitación en los que participaban y en los que planeaban participar. Para ellos era prueba innegable de la infiltración de la mafia en la estructura administrativa de la paraestatal, y ante tales indicios, prácticamente nadie se resistió a pagar.

Hay dos vías mediante las cuales se le hace saber al empresario la cuota: lo secuestran y después de que pagó el rescate le informan la cantidad que a partir de ese momento deberá entregar; eso sí, mientras tenga contratos con Pemex. O a la inversa, en su campamento o su oficina recibe la visita del mensajero que le informa el monto que deberá pagar para que lo dejen trabajar en determinada zona.

En 2007, a *Alejandro*, un empresario tamaulipeco, le tocó el secuestro y luego la extorsión. Fue uno de los primeros en recibir el mensaje: para seguir trabajando con Pemex había que pagar *derecho de piso*.

UN DÍA INOLVIDABLE

Antes de que *Alejandro* naciera, su familia ya era contratista de Pemex. Con una pequeña compañía que realiza trabajos de perforación, electrónica y desazolve en plataformas y pozos, amasaron, durante 35 años, una pequeña fortuna que el ingeniero de profesión heredó junto con la empresa domiciliada en Reynosa, Tamaulipas, que presta servicios a Pemex Exploración y Producción (PEP).

Citado por el área administrativa de la Región Norte de PEP, en abril de 2007 acudió a las oficinas ubicadas en el bulevar Morelos, colonia Rodríguez, para que le liquidaran el contrato de sus trabajos en los pozos del Activo Integral Burgos.

Pasado el mediodía, salió de PEP, subió a su camioneta y enfiló de regreso a su oficina. No avanzó ni dos calles cuando dos Explorer negras le cerraron el paso. En cuestión de segundos dos hombres —delgados, camisa a rayas, ajustados *jeans* de mezclilla y armas largas al hombro— tomaron la camioneta por asalto. Se trataba de treintañeros, con el rostro recién afeitado e impregnado de colonia. En los siguientes segundos, *Alejandro* yacía en medio de ellos, con la cabeza agachada, asido del cabello.

—¡Órale, cabrón; si se mueve se muere!

Alejandro no podía pronunciar palabra alguna. El sol de abril al mediodía y la adrenalina al límite hacían un explosivo coctel para su débil corazón. Repetidas punzadas en la sien, el escalofrío que le recorría la espalda y una náusea incontrolable le hicieron percatarse de que nunca había sentido tanto miedo, ni siquiera cuando yacía en el umbral de la muerte sobre una plancha de hospital con el tórax abierto mientras el cirujano le remendaba las arterias.

—¡De ti depende seguir vivo! Éste es un secuestro. Si tu esposa paga el rescate antes de una semana, regresarás a tu casa, volverás a tu negocio como si nada —advirtió el que iba al volante. Voz pausada, condescendiente, como si aconsejara a un amigo—. Si se resiste a pagar, estás de camino al infierno. Tu cuerpo acabará destazado y desecho en un tambo de ácido. Luego vamos por ella —soltó con igual monotonía.

A pesar de que el aire acondicionado permanecía al máximo, *Alejandro* sudaba copiosamente: el rostro rígido, los ojos clavados en las botas de fina piel de panza de caimán y carunga que subían y bajaban al ritmo del acelerar, frenar, acelerar, hasta hundirse al fondo.

—¡Calmado, güero, de aquí al sábado te regresas a McAllen! —soltó el copiloto mientras tamborileaba los dedos sobre el cuadrante de la radio.

Atrás quedó el bullicio, el sonido de los cláxones, la competencia de estéreos, el rugir de los motores que hacen de la vecina McAllen una ciudad enferma de ruidos. Treinta y tres kilómetros al suroeste, donde comienza la frontera chica, llegó el silencio. Estaban en Gustavo Díaz Ordaz. *Alejandro* conoce esa tierra como la palma de su mano; no en balde con su cuadrilla, a bordo de la *troca* la recorrió limpiando, perforando, dando mantenimiento al pozo Cali-1.

Siete días duró el secuestro. Estaba oculto en un ranchito utilizado como casa de seguridad. Su alimento consistía en sándwiches y Coca-Cola. Su mujer pagó un monto que él no piensa revelar, que completó con el cheque que traía consigo el día del *levantón*. Se avecindó en McAllen, aunque de cuando en cuando, sin avisar a nadie, regresa a Reynosa, donde mantiene su negocio.

Un día timbró su celular; la indicación fue clara: para seguir con su compañía debía pagar una iguala mensual. "Es mucho", se quejó. "El 10 por ciento de lo que te paga Pemex por contrato. ¡Hasta barato te sale!" Sabía que no había margen de negociación.

Un domingo de asado, en su casa de McAllen, le confió a un amigo, también contratista de Pemex, que lo habían secuestrado y ahora era víctima de extorsión. La respuesta lo dejó atónito: "Conozco a diez que han pasado por lo mismo, yo incluido". Su interlocutor también pagaba 10 por ciento por contrato adjudicado diferido en los pagos programados por Pemex. "¡Pero si no tengo contrato, no pago!", exclamó efusivo, como quien ha hecho el negocio de su vida. "¿Y cómo saben cuánto tienes?, preguntó *Alejandro* ante un mutismo que obvió la respuesta.

SINDICATOS

Al estilo de los sindicatos blancos, en cuanto una compañía instala sus campamentos el comando se presenta con el encargado para informarle la cuota.

Así le ocurrió a *Rodolfo*, un constructor al que PEP le adjudicó un contrato para bombeo en el Activo Integral Aceite Terciario del Golfo, al norte de Veracruz. Pasaban de las cinco de la tarde de un lunes de junio cuando sus cuadrillas recién terminaban de instalar el campamento.

—Necesito que me mandes a la gente, una cuadrilla por lo menos a que lleve el material, que los supervisores vean que ya comenzamos a trabajar, no quiero que empiecen a marcarnos atrasos —indicó a su jefe de cuadrilla.

—¡Vayan subiendo las cajas a las camionetas! —secundó su supervisor.

—Enfundados en sus overoles color naranja, los trabajadores comenzaron a cargar las estaquitas.

De pronto, a lo lejos escucharon el ruido de potentes motores cuyo sonido se hacía más intenso a medida que se acercaban. Seis camionetas Ford doble cabina, Toyota y Tahoe Yukón, vidrios polarizados que trastabillaban sobre la terracería. Se detuvieron junto a ellos, y de éstas bajó un comando.

—¿Quién es el jefe?

Un terror profundo se apoderó de la cuadrilla.

—¡Que quién es el jefe!

—Yo soy —respondió *Rodolfo* luchando contra la pesadez de su lengua.

—Desde hoy pagas *el piso*, ¿si entiendes? ¡Porque aquí todos pagan, cabrón! —el hombre cortó cartucho.

Un hormigueo intenso le recorría piernas y manos. El temor le impedía replicar. Tantas veces temió aquel momento, y cuando el miedo se materializó, lo único que quería era desaparecer.

—La tarifa es el 10 por ciento de tu contrato y ni se te ocurra cambiar el campamento. ¿O'rita cuánto traes?

Mecánicamente, *Rodolfo* metió la mano en la bolsa de su chamarra y sacó su cartera. Seis mil quinientos pesos en efectivo. El hombre extrajo también su credencial de elector.

—Ahora sí, ya nos vamos entendiendo. Si pagas a tiempo nadie te va a tocar. Te voy a dar una clave; si vienen otros se las muestras —explicó el extorsionador—; si la policía quiere extorsionar a uno de tus muchachos, le das la clave; si el supervisor de obra te pregunta que si venimos, le das la clave, y ya está. Tú sigue trabajando.

El comando regresó a sus camionetas y como apareció se fue, dejando tras de sí una estela de polvo y miedo.

LA POTRADA

Ramiro, uno de esos transportistas con los que Pemex contrata el flete de sus hidrocarburos, cuenta que en un mes hospitalizó a tres de sus choferes, quienes por no ajustar la cuota cuando transitaban de Ciudad Madero a Saltillo recibieron un tablazo por cada cien pesos que les faltaban. Es como el clásico castigo que en las aulas del Heroico Colegio Militar se da a la *potrada*: golpes en las nalgas desnudas con una madera ancha, pesada y a toda velocidad. El dolor dobla hasta al más recio.

"En un viaje uno de mis choferes sólo traía 200 pesos. 'Bueno, los va a entregar y váyase para allá, bájese los pantalones y se voltea', ¡A ese le tocan ocho tablazos!' le dijo el hombre. ¡Mil pesos por dejar pasar cada pipa!, o se llevan el camión con todo y carga."

Tableada para el que no paga la cuota a tiempo, tableada para los transportistas que no traen completo, tableada para el que se quiso pasar de fuga, tableada por protestar, tableada, tableada, tableada… "Mejor tableada que *levantón*", dice *Ramiro*.

Según testimonios de funcionarios de Pemex, en Poza Rica, antaño conocida como la capital petrolera, hay incluso empleados encargados de recolectar los cobros; una especie de *gabellotti* que en la Sicilia del siglo XIX se encargaba de los recaudos de la mafia mediante la amenaza, la violencia y el saqueo.

Infierno en el Edén

Para los contratistas de la Región Marina Suroeste de PEP, los focos rojos se encendieron con el secuestro en Coatzacoalcos de Óscar Contreras Ávila, dueño de Global Grupo Constructor, el 21 de diciembre de 2006. En pleno centro de la ciudad, un comando armado, vestido con uniformes de la AFI, a bordo de un automóvil Jetta y una camioneta Ram, se llevó al empresario. Su chofer y un primo pretendieron frustrar el secuestro, pero los disuadió el fuego enemigo.

Los poblados aledaños a los complejos petroquímicos Nuevo Pemex y Cactus, asentados cerca del municipio de Reforma, Chiapas, se convirtieron en base de operaciones de los cárteles y han sido utilizados prácticamente como bodegas de las drogas traídas de Colombia y Guatemala; al mismo tiempo se han montado casas de seguridad para los plagiados.

La región sur de Tabasco es la de mayor incidencia de secuestros de petroleros, particularmente en el tramo carretero Reforma-Paso-Limón-Tabasco.

En plena capital de Tabasco, en julio de 2008, el empresario Arturo Garza fue secuestrado en el fraccionamiento Campestre y Carrizal. En octubre, el ingeniero José Luis Zavala, supervisor de obra de la compañía Marisa, fue plagiado a la puerta del hotel La Finca, en Paraíso. Después les tocó a los dirigentes sindicales Juan Viveros Castillo, Luis Gerardo Pérez Sánchez y Leopoldo Garza Maya.

El 25 de marzo de 2009, un comando se llevó a Williams Alamilla Cancino, dueño de gasolineras, cuando circulaba sobre la carretera que va de Centla a Villahermosa. Luego siguieron propietarios de empresas de biorremediación, de perforación de pozos, de mantenimiento a plataformas, proveedores de alimentos... *levantados* hasta fuera de sus zonas de operación.

En abril de 2010, por ejemplo, en Coatzacoalcos se llevaron al empresario tabasqueño Jorge Luis Cárdenas Girón, arrendador de maquinaria, en cuanto llegó a cerrar un contrato.

El 3 de junio de 2010 *levantaron* en tierras petroleras veracruzanas a dos jóvenes bomberos: Ciro Sánchez Martínez e Israel Anwar Sosa Flores, ambos originarios de Tampico, trabajadores de Hidrotesting Service S.A. de C.V., empresa asentada en Tamaulipas que provee a Pemex de equipos y servicio contra incendios.

Viajaban en una Dodge Ram 3500 Heavy Duty propiedad de la compañía. Se instalaron en el Hotel Venecia. Trabajarían en Poza Rica hasta el 14 de junio. La mañana de aquel día salieron hacia la tienda Chedraui, en el centro de la ciudad. Se reportaron con su jefe José María Hernández para informarle dónde estaban. Ciro manejaba. El día anterior se habían reportado con sus familias en Tampico. Fue lo último que se supo de ellos.

TRABAJADORES, EL BLANCO

Funcionarios de Pemex también han sido secuestrados y asesinados. En junio de 2008 se llevaron a cuatro empleados del Activo Integral Muspac, en Reforma, Chiapas. Ese mismo mes, del Complejo Petroquímico Cosoleacaque, al jefe de transporte Miguel López Sáinez.

En junio de 2009 en Ciudad del Carmen, Campeche, el capitán Javier Vizcarra Moreno, coordinador de Control Marino y Posicionamiento de Embarcaciones, fue ejecutado cuando llegaba a su domicilio en el exclusivo fraccionamiento San Manuel. Por tratarse del encargado de todo el movimiento de embarcaciones en el área marítima más importante y estratégica del país, el asesinato de este funcionario sinaloense generó una reunión emergente entre la Marina y la policía interna de Pemex. El procurador de Campeche, Juan Manuel Herrera, les planteó entre los móviles el ajuste de cuentas y la venganza.

El 19 de octubre en las inmediaciones de un panteón en Ciudad del Carmen, se encontraron los cuerpos de tres empleados de contratistas al servicio de Pemex, uno de ellos vestido con su overol de trabajo; la indagatoria oficial (08134/CAR/002/002) los vinculó al narcomenudeo, y su asesinato se señaló como resultado de un ajuste de cuentas.

El 27 de marzo de 2010, al ingeniero Pedro Ruiz. El 14 de abril, en el Complejo Petroquímico El Castaño, en Cárdenas, Tabasco, secuestraron a Marco Antonio Sánchez Castro, director de Administración, y al jefe de Recursos Humanos, Fabián Farris Alejandro. Los interceptaron a las 9:30 horas cuando salían del complejo y los subieron a distintos automóviles: un Sentra rojo y un Corolla gris sin placas. Cuatro horas después liberaron a Fabián, el funcionario de menor nivel, y lo usaron como correo para informar lo que costaría la liberación de Sánchez Castro: 15 millones de pesos.

El 19 de abril, cuando salía de su oficina se llevaron a Néstor Martínez Romero, administrador del Activo Integral Muspac. Proveniente de las oficinas corporativas de Marina Nacional, en donde se desempeñaba como gerente de Desarrollo y Compensación de la Subdirección de Recursos Humanos; hacía exactamente un año que se había avecindado en Tabasco.

En mayo, en Minatitlán, secuestraron a Fernando Cruz Benítez, empleado de la refinería Lázaro Cárdenas y encargado de la caja de ahorro del taller de máquinas y herramientas. Al tiempo que era *levantado*, un comando a bordo de una Windstar hacía detonaciones frente a la oficina de la Sección 10 del SNTPRM.

El 19 de septiembre, en Gutiérrez Zamora se llevaron a tres trabajadores que hacían un estudio sísmico. En noviembre le tocó a Natividad Villegas, jubilado de 54 años de edad, a plena luz del día, frente a una escuela primaria en la cabecera municipal de Reforma.

Así, secuestros, extorsiones, *derecho de piso* y ejecuciones de contratistas, funcionarios y trabajadores inscriben la historia reciente de la industria petrolera.

2010, AÑO NEGRO

Recién pasaron las fiestas patrias, el 18 de septiembre de 2010, José Luis Gayou Juárez pasó *el puente* con su familia, aprovechó los días de asueto y sus vacaciones. Justo regresaba a trabajar la mañana en que lo mataron.

A las puertas de la estación de rebombeo del poliducto Salamanca-Tula, su cuerpo quedó inerte, en el número 152 de la carretera Panamericana, en San Juan del Río, Querétaro, instalación que corresponde a la Subgerencia de Transportación por ductos de Pemex Refinación.

Cincuenta y tres años de vida y 20 como funcionario petrolero cortados por siete balas que se impactaron en su cara, le reventaron la cabeza, le abrieron el pecho y el torso.

Apenas eran las ocho de la mañana, tiempo en que Gayou checaría su ingreso a la planta. Hacía una hora desde que los petroleros iniciaron el turno, que concluye a las tres de la tarde. Uno que otro aprovechó que en sábado la carga de trabajo es menor, para salir a comprar café o tomar un apurado desayuno en los puestos que rodean el área.

Ya de regreso, del otro lado de la acera, uno de esos comensales se disponía a saludar al jefe de Mantenimiento que bajaba de su *pick up* con las llaves en la mano, cuando vio que un ciclista, que lo esperaba apostado en la puerta, se le paró de frente, extendió la mano y le disparó a quemarropa seis tiros con una pistola calibre nueve milímetros. Se guardó el arma, montó su vehículo de dos ruedas, ciñó las manos a los manubrios y, en contraflujo, tomó la calle Luis Romero Soto. A mitad de la acera descendió, abandonó la bicicleta y subió a un automóvil que echó a andar, perdiéndose entre las calles queretanas.

Gayou tenía a su cargo el ducto Salamanca-Tula, uno de los que registra altos volúmenes de *ordeña* de la mafia apoyada por funcionarios. En marzo de ese mismo año habían ejecutado afuera de su domicilio a Eladio Reyes López, encargado del departamento de Embarques de la refinería de Salamanca.

El 2010 no sólo fue un año convulso para la Cuenca de Burgos, también se tornó así para las diferentes zonas de la industria petrolera, con la ejecución de empleados de distintos niveles:

En enero, en Cosoleacaque, Roberto Santiago Núñez, adscrito al Hospital Regional, fue encontrado muerto en su domicilio del conjunto habitacional para trabajadores de Pemex.

El 4 de marzo fue asesinado el vigilante de una contratista en Ciudad del Carmen, y en Poza Rica estrangulada una empleada petrolera adscrita al área de obras civiles de Chicontepec.

En abril, en los terrenos de Pemex en Nuevo León, en los límites de Monterrey y Los Herreras, encontraron los cuerpos del director de la policía municipal de Los Aldamas, Oliver García Peña, y dos de sus subalternos. Los tres habían sido *levantados* el día anterior. Sus cuerpos fueron hallados por personal de Pemex en el ejido Buena Vista.

El 31 de mayo, en Poza Rica, al salir de una plaza comercial, los ingenieros Luis Antonio Zepeda Amaro y Pedro Zapatero Flores recibieron 70 impactos de bala. Originarios del Distrito Federal, ambos estaban adscritos a la Unidad Operativa de Perforación y Mantenimiento de Pozos del Activo Integral Aceite Terciario del Golfo de PEP (yacimiento Chicontepec). En el ataque, fue herida Gloria Paulino Castañeda, adscrita a la misma unidad.

El 7 de septiembre, en el interior de su domicilio fue asesinado un trabajador de planta sindicalizado adscrito a la Subgerencia de Administración Patrimonial, y que se desempeñó como funcionario sindical.

Dos semanas después del asesinato de José Luis Gayou Juárez, el 6 de octubre de 2010, fue ejecutado Salvador Pérez Sánchez, ingeniero adscrito a la planta de almacenamiento de Pemex en Lázaro Cárdenas.

El reloj marcaba las 00:45 de aquel 3 de noviembre de 2010, cuando Miguel Ángel Tinoco Palma, muestrero químico del Complejo Petroquímico Morelos, en la calle Yucatán esquina con la avenida Justo Sierra, en Minatitlán, desciende del autobús amarillo de transporte de personal que lo recogió en la planta, concluida su guardia. Lo esperaba ya Víctor Manuel Ramírez Mendoza, el mismo taxista que cada noche lo llevaba a su casa. Apenas sube, el vehículo avanza unas calles; Miguel Ángel, de 42 años de edad, cierra los ojos para intentar dormitar un poco. Escucha los disparos que entran por el cristal y la puerta, y lo tienen a él como blanco; seis en total, calibre .380. Minutos después moría desangrado. A su lado, el conductor ileso.

Vacuna mexicana

El gobierno de Felipe Calderón no pudo ocultar por mucho tiempo los peligros que asechan a la industria petrolera mexicana. Los corporativos europeos y estadounidenses alertaron a sus ejecutivos, y muchos salieron de México rehusándose a arriesgar su vida o a negociar el monto de las extorsiones, conocedores algunos de la experiencia colombiana, donde las empresas petroleras se convirtieron en uno de los blancos principales para secuestros o el pago de *derecho de piso*, allá denominado *vacuna*.

En Colombia sólo la *vacuna* les daba la posibilidad de trabajar de manera regular en áreas controladas por las Fuerzas Armadas Revolucionarias de Colombia (FARC) y el Ejército de Liberación Nacional (ELN). La *vacuna* significaba la inmunidad a secuestros de sus ejecutivos y personal. Al mismo tiempo, se trataba de pagos hechos con antelación, como los dirigidos a guardias blancas o paramilitares, de los que regularmente echan mano las compañías petroleras, sobre todo en áreas donde sus proyectos son susceptibles de generar conflictos sociales.

Bajo la lógica del *les affaires sont les affaires*, para algunas de las empresas que tienen transacciones con Pemex el *derecho de piso* es similar a los acostumbrados sobornos que a diestra y siniestra reparten para cerrar sus tratos. Regularmente es un gasto que recuperan con sobrecostos en las obras o servicios que habrán de facturarle a la paraestatal, tal y como lo hacen con el dinero que invierten en viajes, autos, obsequios o efectivo para los funcionarios.

Ante el riesgo de secuestros o de algún "inconveniente" en el pago del impuesto mafioso, algunas compañías facilitaron a sus ejecutivos vehículos blindados y personal para su seguridad, se les incentivó también con salarios más altos y seguros. A cuenta de la empresa también van las facturas de ropa blindada que hoy en día se consigue fácilmente en las boutiques de la colonia Polanco, idea por cierto colombiana.

Gracias al blindaje de su camioneta, la ingeniera ruso-canadiense Paulina Zelitsky evitó su secuestro en noviembre de 2008, en Cunduacán, Tabasco. Durante la Guerra Fría Zelitsky se dedicó a la construcción de bases secretas de submarinos y en Pemex representa a un corporativo canadiense que realiza trabajos de ingeniería civil y topografía del lecho oceánico.

Aquel día de noviembre se dirigía al activo petrolero en el poblado Gregorio Méndez, cuando una camioneta blanca le cerró el paso y de ella descendió un hombre armado. Cuando su chofer intentó evadirlo, el sujeto disparó en tres ocasiones, sin dañarlos gracias al blindaje. Otra camioneta los siguió, pero cuando lograron ingresar en las instalaciones de Pemex, los agresores huyeron; así lo relató en la denuncia Cu-l-996/2008.

Zelitsky es la excepción entre los ejecutivos que no denuncia este tipo de agravios. El tema queda a nivel de directivos en el anecdotario de lo conflictivo que se ha vuelto hacer negocios con la petrolera mexicana.

"Porque no confiamos en la policía mexicana y tampoco queremos problemas con Pemex", explica el ejecutivo de una de las contratistas con sede en Texas. En cambio, muchos han recurrido a compañías privadas de seguridad para que garanticen el cuidado de sus ejecutivos de mayor rango.

Pero tampoco denuncian porque aniquilarían a sus empresas. Muchos de ellos cotizan sus acciones en los grandes mercados internacionales, y ante un asunto de esta naturaleza los accionistas sin duda retirarían su capital de inmediato; a la compañía le repercutiría además en sus créditos en la banca internacional que a su vez le sirven para respaldar sus contratos petroleros.

Para octubre de 2010, los diferentes activos de producción comenzaron a recibir llamadas telefónicas en las que se les informó la tarifa a pagar por cada centro de trabajo: dos mil 500 dólares a cambio de no *levantar* trabajadores.

El 16 de noviembre de 2010, la víctima fue un gerente de Weatherford, la cuarta empresa de servicios petroleros más grande del mundo, y una de las principales beneficiadas con los contratos públicos de la explotación del paleocanal de Chicontepec, por cuyos cruces y veredas que conectan entre Veracruz, Hidalgo y Puebla se trasiegan cargamentos de droga y armas hacia la zona centro del país y el Estado de México. Se trata del colombiano Francisco Alberto Ruiz Palacios, de 36 años de edad, quien recibió cinco impactos de bala al salir de las instalaciones de la compañía, encargada de la perforación de 500 pozos, a bordo de su lujosa Titán blanca, en los límites de Tihuatlán y Puebla.

Desde mediados de ese año Weatherford había recibido la exigencia de que tenía que pagar *cuotas* para poder trabajar. No los salvó ni el hecho de que los directivos tenían derecho de audiencia con el gobernador Fidel Herrera.

El mafioso recaudo se impuso rápidamente a lo largo y ancho de todas las regiones petroleras, de la Cuenca de Burgos a la Sonda de Campeche, en los campos y las zonas marinas, en las refinerías y terminales de almacenamiento. Proveedores y prestadores de servicios están sujetos a pagar tributo en los territorios conquistados.

Pagar *el piso* a la mafia puede significar para algunas empresas una inversión en "otros servicios"; desde luego protección frente al cártel enemigo, pero también poseer créditos bancarios en ciertas instituciones financieras, y que Pemex les adjudique contratos sin restricciones, a veces sin la necesidad de concursar. Algunas organizaciones se ofrecen asimismo como cobradores de aquellas facturas que parecen incobrables y, además, se comprometen a eliminar a la competencia.

CAPÍTULO 11

Negocios familiares
y consumo de droga en Pemex

EL SINALOENSE

Aquel día, el director de Pemex, oriundo de Mazatlán, Juan José Suárez Coppel, veía impávido frente al presídium a los diputados federales agitar en alto las facturas con cargo al erario de sus costosos viajes al extranjero: suntuosos hoteles boutique de la realeza europea, alimentos y bebidas gourmet con la aristocracia inglesa, espectáculos en los teatros londinenses y bebidas finas en los bares de moda de la Quinta Avenida de Nueva York y de Londres. Peso a peso pagado con dinero de Pemex. La palidez de la sorpresa se acentuaba con el claro tono de su piel.

En octubre de 2010, Suárez Coppel acudía ante el pleno de la Cámara de Diputados a ensalzar su gestión como director de Pemex, y se encontró con que los legisladores federales, ante quienes comparecía, le reprendían su derroche, la vida de jeque petrolero del funcionario a quien Felipe Calderón le encomendó la dirección general de la paraestatal en uno de los momentos, sin duda, de mayor crisis e inestabilidad en la empresa.

Entre sus obligaciones estaba hacer cada día más eficiente, productiva y competitiva la petrolera número 11 del mundo, que

Calderón puso en sus manos desde septiembre de 2009, aunque a su administración no le era ajena, pues de febrero de 2001 a octubre de 2006 se desempeñó como director corporativo de Finanzas.

Para cumplir con su obligación de llevar avante a la principal empresa del país, como director general se le pagaban 195 mil 762 pesos mensuales, más sus prestaciones, seguro institucional, ayuda para canasta básica, choferes para él y su familia, sus tres seguros, prima vacacional de 35 días de sueldo, aguinaldo de 48 días, bonificaciones mensuales de más de diez mil pesos, la telefonía celular por cinco mil 750 pesos al mes, los energéticos para su vida personal, vehículos, préstamos, créditos hipotecarios, entre otras más, incluidos los ostentosos viajes y sus exquisitos lujos de hospedarse en los mejores y más exclusivos hoteles del mundo, y comer y beber en restaurantes y bares de la *Guía Michelin*.

En aquella comparecencia y en otras más realizadas durante ese mismo año, al funcionario se le pidió que informara sobre la situación de Pemex frente al crimen organizado, pero invariablemente hizo *mutis*.

Aquel día, Juan José Suárez Coppel salió de San Lázaro con una obsesión: blindar su información, ocultar su patrimonio y el dato mínimo sobre su gestión. En medio de la ingobernabilidad que imperaba en Pemex, el director general se ocupaba de proteger su gestión, defendiendo ante el IFAI —con un numeroso equipo de abogados— su negativa a proporcionar hasta el dato más superfluo, o mejor dicho, en el que debía haber mayor transparencia: sus viáticos y gastos personales.

Todas las direcciones recibieron una notificación en el sentido de que no se podía proporcionar ninguna información si no era avalada por la oficina del director general.

Según fuentes de Pemex cercanas a Juan José Suárez Coppel, dos temas le preocupaban de manera particular: que se hablara del entramado financiero que los familiares del ex secretario de Hacienda y Crédito Público, Francisco Gil Díaz, comenzaron a operar en la paraestatal para controlar los contratos petroleros.

Mientras Francisco Gil Díaz se desempeñaba como director para México del grupo Telefónica, su hijo Gonzalo Gil y su cuñado José Antonio Cañedo White promovían a Navix como la única Sociedad Financiera de Objeto Múltiple (Sofom) dedicada al sector energético. Navix es una filial de Axis en la que el mismo Suárez Coppel laboró como director de finanzas entre octubre de 1997 y noviembre del año 2000.

Al director de Pemex le preocupaba también que la prensa en Tabasco, en una investigación del periodista Alejandro del Río, documentara los contratos petroleros de su primo José Alfredo Coppel Salcido, propietario de Global Drilling Fluids de México.

La compañía se constituyó en 2003 y de inmediato se incorporó como proveedora de trabajos de fluidos de control, separación de sólidos y manejo de residuos en pozos petroleros operados por Pemex Exploración y Producción (PEP). Suárez Coppel se desempeñaba como director corporativo de Finanzas. En unos meses Global recibió su primer contrato, número 413053818, por 782 millones 668 mil pesos.

Después vinieron más contratos millonarios en los que se podría inferir algún trato especial, como el hecho de que uno de ellos, el identificado con el número 423026803 —otorgado en octubre de 2006— tenía un monto original de 164 millones 636 mil pesos, pero éste fue modificado en cinco ocasiones hasta llegar a 612 millones 491 mil pesos.

Al fin y al cabo se trataba de preocupaciones personales cuando justo en ese momento, regiones como la Cuenca de Burgos eran un campo de batalla.

LAISSEZ FAIRE, LAISSEZ PASE

Cuatro funcionarios ocuparon la dirección general de Pemex durante los años en que el mercado negro de hidrocarburos se avistaba con las primeras mezclas de combustibles "alternos", y hasta los días en que los cárteles negocian comisiones y contratos, facturan obras y servicios, y *levantan* trabajadores que se cruzan en sus zonas de operación: Raúl Muñoz Leos, Luis Ramírez Corzo, Jesús Reyes Heroles y Juan José Suárez Coppel.

Cuatro funcionarios que vieron cómo la mafia se convertía en "competencia" de Pemex —según refirió Carlos Morales Gil, director de la subsidiaria PEP, en una reunión con diputados federales— se mostraron omisos.

Sus directrices estaban encaminadas hacia la privatización de la paraestatal, que los expertos en materia energética, como el Comité Nacional de Estudios de Energía (CNEE), advierten como un proyecto que se enfila a su consumación, con la asignación de los primeros Contratos Incentivados, adjudicados en agosto de 2011 para la explotación de campos maduros de Tabasco a manos de consorcios privados. Se trata de un "banderazo para arriar la bandera de Pemex", como lo definió el ingeniero Javier Jiménez Espriú, ex subdirector de la petrolera.

Desde sus cómodas, lujosas y blindadas oficinas de Marina Nacional, los directores de Pemex parecían ajenos a la caótica realidad en los campos, los pozos, las terminales y cada una de las instalaciones operativas.

Para los mexicanos, el tema de Pemex tiene implicaciones profundas asociadas con el nacionalismo. Se concibe no sólo como el pilar de la economía de México, sino como símbolo de la soberanía nacional. Por ello, la penetración de la mafia en su estructura tendrá consecuencias de las cuales aún no se tiene suficiente claridad.

Por lo pronto, uno de los primeros efectos que evidencia el nivel de corrupción y degradación de la industria es la paulatina incidencia en el consumo de drogas por parte de los trabajadores de Pemex y los de sus contratistas en horarios laborales y al interior de las instalaciones, en los campos, plantas, refinerías, terminales, plataformas marinas y hasta en los hospitales de la paraestatal. El hecho resulta más grave aún cuando los *dealers* son parte de la misma estructura y están al acecho de empleados petroleros dispuestos a envolverse en el consumo de estupefacientes.

A continuación se presenta una relación de casos detectados por la GSSF, el área de seguridad interna de la paraestatal. La lista, debemos decirlo, es enorme, pero tal vez sea la mejor manera de mostrar las dimensiones del problema, que es tan sólo un eslabón de una extensa cadena de corrupción:

- En 2002, ante la GSSF trabajadores reportaron que en distintas terminales había consumo y distribución de droga.
- En mayo, trabajadores del SNTPRM denunciaron que un empleado adscrito al Hospital de Pemex en Tezozomoc vendía droga al interior del nosocomio.
- En febrero de 2003 en las instalaciones de Petroquímica Coatzacoalcos se descubrió a trabajadores fumando mariguana.
- El 9 de abril de 2003, un empleado de la paraestatal, junto con otros tres sujetos distribuía droga en los campos deporti-

vos de la refinería. Laboraba allí como trabajador sindicalizado adscrito a la planta de fuerza; se le rescindió el contrato el 26 de diciembre de 2005.

- En la Refinería de Salamanca, en marzo de 2004 se identificó que uno de los empleados vendía cocaína. Ese mes en la revisión a los trabajadores de plataformas se les hallaron enervantes, y afuera de las instalaciones de Petroquímica Coatzacoalcos, se detectó la presencia de narcomenudistas.

- El 28 de diciembre de 2005, en una plataforma de la Sonda de Campeche un trabajador fue sorprendido fumando mariguana; tenía consigo dos envoltorios del enervante. El día 31, en el Complejo Petroquímico Coatzacoalcos, a un empleado de compañía se le descubrió en su *locker* un envoltorio de mariguana.

- En febrero de 2006, en la planta petroquímica Pajaritos se encontró a un trabajador de compañía fumando un cigarro de mariguana. El 30 de mayo, un empleado en la Terminal Marítima de Pemex estaba a punto de subir a las plataformas con 23 bolsitas de cocaína.

- El 19 de junio, en un operativo de la GSSF Pemex y la Armada en la plataforma Flotel Safe Britania, de la Sonda de Campeche, se detectó en el casillero de la habitación 310 una bolsa con mariguana y un cigarrillo del enervante, propiedad de un trabajador al servicio de la compañía.

- El día 22, en un domicilio particular en Tula, Hidalgo, la AFI detuvo a dos trabajadores de Pemex a quienes consignaron por narcotráfico; se les decomisó un arma de fuego, un envoltorio con tres grapas de cocaína, un recipiente de mariguana, una báscula granera, un vehículo Topaz y una motocicleta.

♦ El 7 de julio, en la casa búnker de pozos en Huimanguillo, Tabasco, se encontró un cigarrillo de mariguana y otro
enervante. El 14 de agosto, en el área de reconfiguración de
la Refinería Lázaro Cárdenas, en Minatitlán, se encontró a
un trabajador consumiendo mariguana. El 11 de octubre, en
la misma zona, se descubrió a otro empleado fumando esa
hierba.

♦ El 8 de noviembre, en la Refinería de Salamanca a un trabajador se le encontró un envoltorio de siete centímetros
con mariguana, y a otro, dos de plástico con droga.

♦ En Ciudad del Carmen, el 15 de noviembre, un empleado
de Pemex ingresó al hospital de la paraestatal por una emergencia y cuando fue revisado se le encontró entre su ropa
tres bolsas de cocaína.

♦ El día 18, a un trabajador de las oficinas corporativas de la
Región Marina Noroeste se le halló una bolsa con 100 gramos de mariguana dentro de su *locker*.

♦ El 5 de diciembre, en la macropera de los pozos en Cunduacán, Tabasco, se detectó a un trabajador fumando un cigarro
de mariguana. Al día siguiente, en el Complejo Petroquímico Coatzacoalcos, un operador cubría su turno intoxica-
do por droga; había fumado tres cigarros de mariguana. El
29 de diciembre, en la misma instalación, se encontró a otro
empleado fumando ese enervante.

♦ En el Hospital Central de Pemex en Azcapotzalco, un empleado se dedicaba a la compraventa de enervantes dentro
y fuera de las instalaciones. Se descubrió *infraganti* el 17 de
enero de 2007.

♦ El día 19, en el área deportiva de la Refinería Miguel Hidalgo, de Tula, dos personas traían 95 grapas de cocaína,

además de dos pistolas calibres .38 marca Smith Wesson y Magnum 357 marca Dakota.

- El 25, en la Refinería de Minatitlán se encontró a un grupo de trabajadores fumando mariguana.

- El 27, en el Puerto Marítimo Laguna Azul, donde se embarcan los trabajadores a las plataformas de la Sonda de Campeche, un supervisor pretendía viajar con 36 pastillas de diazepam.

- El 10 febrero, en el Complejo Petroquímico Cangrejera se descubrió a trabajadores ebrios, drogados y armados.

- El 14, en el Complejo Petroquímico Cosoleacaque, se sorprendió a un trabajador inhalando *thiner*, traía consigo también un envoltorio de mariguana.

- El 19 abril de 2007, en la entrada de la refinería Miguel Hidalgo, a un trabajador del Departamento de Servicios Generales y Administración Patrimonial se le descubrieron 19 grapas y otras cantidades de cocaína (proceso penal 48/2007-I).

- En Ciudad del Carmen, el 19 de mayo, un trabajador fue detenido por sus actividades como narcomenudista.

- El día 23, el portero del departamento de vigilancia del área de Ductos Minatitlán fumaba mariguana en su turno; traía consigo cien gramos más de la hierba.

- El 25 de mayo, en el Complejo Petroquímico Escolín, se encontraron envoltorios con semilla de mariguana. Y en Tula, a un trabajador con grapas de cocaína.

- El 16 de junio, en la reconfiguración de la Refinería Lázaro Cárdenas, en Minatitlán, un trabajador fue hallado con un envoltorio con 50 gramos de mariguana.

- El 7 de julio, en el muelle petrolero del Puerto Industrial Pesquero, un trabajador con mariguana (AP/PGR/CAM/

CAR/-L/84/07). El día 21, a otro empleado, pero de las instalaciones de Coatzacoalcos, se le encontró la misma hierba.

- El 17 de agosto, en la explanada de la refinería Miguel Hidalgo, un trabajador del centro poseía 242 grapas de cocaína y una porción de mariguana. Era reincidente; antes estuvo preso siete meses por el mismo delito.

- El 21 noviembre, sindicalizados del Complejo Petroquímico Coatzacoalcos fueron descubiertos fumando mariguana.

- El día 23, un trabajador subía a plataformas con cinco gramos de mariguana.

- En 2008, el 31 de enero se encontró a un trabajador en la Refinería Lázaro Cárdenas fumando mariguana. A otro, el día 31, en la misma instalación.

- El 22 de febrero se detectó narcomenudeo en las inmediaciones de la refinería de Minatitlán.

- El día 28, agentes de la GSSF y elementos de la Marina hicieron una inspección sorpresa a la plataforma Nohoch-A en la Sonda de Campeche. Como si fuesen dormitorios de penal encontraron todo tipo de objetos prohibidos: droga, cajetillas de cigarro, teléfonos celulares, una navaja tipo 007, seis cámaras fotográficas, dos computadores portátiles, reproductores MP3, memorias USB y películas pornográficas. Cuando se revisó al personal, un perro adiestrado olfateó droga en uno de los recamareros de la compañía que se encargaba del avituallamiento de plataformas.

- El 26 de marzo, en la refinería de Minatitlán se encontró a trabajadores de compañía con bebidas alcohólicas e ingiriendo droga.

- El 25 de julio de 2008, con base en la averiguación previa AP/PGR/HGO/UMAN/TUL/45/2008, la PGR cateó la

Unidad Habitacional de Pemex, en particular la vivienda de un trabajador de planta sindicalizado adscrito a la Refinería de Tula; encontraron 15 envoltorios con cocaína. En julio de 2006, este empleado había sido detenido por el mismo delito.

● El 13 de agosto de 2008, en un operativo de revisión en plataformas, la GSSF encontró que un ayudante de perforación traía en el overol una libreta de apuntes, y dentro de ésta ocultaba cinco cigarrillos de mariguana. En esa misma plataforma, en el primer nivel se encontraron 55 gramos de mariguana y un paquete de papel arroz (AP/PGRCAM/CARM-1/098/08).

● El 2 de septiembre, en una revisión al personal que abordaría las plataformas, se detectó que un empleado, con categoría de bombero, traía en el overol un envoltorio con 15 gramos de mariguana.

● El día 19, en el área de vestidores de la TAR Culiacán, dos trabajadores —ayudante de electricista y celador de línea— tenían un paquete de mariguana.

● El 14 de octubre, en el Complejo Petroquímico en Coatzacoalcos, el trabajador de una compañía fue sorprendido fumando mariguana; en sus pertenencias traía un envoltorio de droga.

● El 6 de noviembre de 2008, en el Centro de Producción de Gas en Tabasco, se descubrió al vigilante de una contratista fumando mariguana y con un envoltorio de hierba.

● El 9 de diciembre, en el área del proyecto de Reconfiguración de la refinería de Minatitlán se encontró a un trabajador de una contratista fumando mariguana. El día 15, en la Refinería de Salamanca, se descubrieron otros dos también drogándose. Y el 17, en la Terminal Marítima de Ciudad del Carmen, se halló a un empleado perteneciente a la Sección 47 del SNTPRM con equipo de comunicación y una bolsa con mariguana.

◆ En febrero de 2009 se encontró al empleado de una contratista fumando mariguana en el Complejo Petroquímico Coatzacoalcos; el 19, en la refinería de Minatitlán, a cuatro trabajadores de compañías; el 20, en Coatzacoalcos, a un grupo de trabajadores de compañía; el 25, a trabajadores de la refinería de Minatitlán.

◆ El 5 de marzo, en la refinería de Minatitlán se sorprendió a trabajadores de Pemex consumiendo droga. A otro, el día 17, y otro más el día 30.

◆ El 19 de mayo, en las instalaciones del Complejo Petroquímico Coatzacoalcos, dos empleados de compañía fueron descubiertos fumando mariguana. En las mismas instalaciones, en uno de los autobuses que transportan al personal, se encontró un revólver .38 marca Smith and Wesson envuelto en un uniforme de Pemex. El 8 de junio, en las inmediaciones del comedor, cinco empleados de compañía fumaban mariguana.

◆ El 8 de julio, trabajadores de la Planta de Acrilonitrilo del Complejo Petroquímico Morelos, de Cosoleacaque, Veracruz, fueron descubiertos con envoltorios de mariguana (AP/PGR/VCF/CTZ/1/077/2009/UMAN).

◆ El día 16, en Las Choapas, Veracruz, a una pipa fletera de Pemex se le detectaron 200 gramos de mariguana y alcohol. El chofer argumentó que era para su consumo personal.

◆ El día 20 de nuevo en el Complejo Petroquímico Coatzacoalcos se descubrió a un trabajador fumando mariguana.

Cuatro días después, en el estacionamiento del Complejo Petroquímico Morelos, sobre un automóvil se halló una bolsa con mariguana.

- El 12 de septiembre de 2009, un petrolero de la Refinería de Salamanca, adscrito a la Sección 24 del STPRM, fue detenido por militares en Irapuato con 31 bolsas de cocaína en piedra y polvo, tres armas largas, cinco cortas, cartuchos de diferentes calibres, un silenciador, 10 teléfonos celulares, dos *laptop*, un vehículo Áltima, una camioneta Titán y una Cherokee.

- El 11 de noviembre, en la Terminal Marítima de Coatzacoalcos, un trabajador de compañía fue detectado con mariguana (AP CTZ/VER/I/UMAN/123/2009).

- El día 19, en la refinería de Salamanca, un trabajador de Pemex fue descubierto consumiendo enervantes y portaba un arma de fuego. Al revisar la refinería, los agentes de la GSSF encontraron también mariguana y un cuchillo.

- El 4 de marzo de 2010, en la puerta 6 del complejo procesador de gas en Centro, Tabasco, un trabajador traía un envoltorio de mariguana.

Epílogo

En 2007, el primer año de gobierno de Felipe Calderón, las tomas clandestinas montadas dentro de la red de ductos de Pemex alcanzaron el mayor número registrado en la historia de la petrolera: 323, casi una diaria. Cuatro años después, la cifra se multiplicaba a más de tres tomas en promedio por día. Para 2011, sólo por esa vía el robo de hidrocarburos se había incrementado 300 por ciento, y quizá mucho más, si consideramos que sólo se contabilizan las tomas detectadas, mientras que hay otras que no están ubicadas y se *ordeñan* permanentemente sin posibilidad de ser clausuradas.

Así, el volumen de los hidrocarburos sustraídos a través de esas tomas clandestinas alcanzó niveles exorbitantes. Los números oficiales que Pemex dio a conocer en septiembre de 2011 revelan que los *ordeñadores* de ductos (que incluyen oleoductos, poliductos y gasoductos) sustraen en promedio 20 mil barriles de hidrocarburos diariamente. La cifra equivale a más de tres millones de litros de petrolíferos. Dicho de otra manera, el promedio de la sustracción clandestina asciende a 200 pipas diarias. Se trata particularmente de gasolina, aunque el robo de petróleo crudo —documentado en este libro— también va a la alza; son pérdidas patrimoniales que la Comisión de Justicia de la Cámara de Diputados ha calculado en mil 300 millones de pesos mensuales.

En el comunicado emitido en septiembre, Pemex finalmente reconoció: "El incremento en las tomas clandestinas y en el volumen estimado de robo, se debe a que los sistemas de ductos en el país están tomados prácticamente por bandas del crimen organizado, asociadas con grupos fuertemente armados".

En relación con la información que proporciona la paraestatal sobre este escabroso tema, hay un dato que llama la atención: la administración de Pemex identifica a Sinaloa como la entidad que a partir de 2010 registró la mayor sustracción de refinados mediante tomas clandestinas, en municipios como Navolato, Culiacán, Ahome, Mocorito, Mazatlán, Guamúchil, Salvador Alvarado y Los Mochis, entre otros, con una incidencia de 28 por ciento en promedio de las tomas clandestinas de todo el país.

Como se sabe, Sinaloa es tierra controlada por el cártel del mismo nombre y sus grupos afines; curiosamente ésta es la organización a la que, según las interpretaciones de algunos especialistas de México y Estados Unidos, favorece la guerra de Felipe Calderón.

OTRA GUERRA PERDIDA

También en septiembre de 2011, el pleno de la Cámara de Diputados aprobó endurecer las penas por el robo o aprovechamiento de petróleo crudo, hidrocarburos refinados, procesados y sus derivados de ductos, equipos o instalaciones de Pemex. Así, mediante reformas al Código Penal, la Ley Federal Contra la Delincuencia Organiza y el Código Federal de Procedimientos Penales, se estableció como delincuencia organizada el robo a ductos de Pemex.

Considerado ya como delito grave, se aprobaron sanciones de ocho a 12 años de prisión y de mil a 12 mil días de salario mínimo de multa a quien sustraiga hidrocarburos propiedad de Pemex, y penas de dos años de cárcel y hasta 500 días de salario mínimo de multa a quien posea o resguarde de manera ilícita cualquier hidrocarburo. La penalidad aumenta a 18 años cuando los implicados sean trabajadores o funcionarios de la paraestatal.

Arturo Zamora, el legislador promotor de la reforma, asegura que con esta acción se ha dotado al Estado mexicano de un instrumento muy importante para combatir con eficiencia la sustracción de hidrocarburos. El diputado declaró textualmente: "De no atenderse el problema, se podría generar una situación que escaparía de las manos de las autoridades del país".

En realidad, hace mucho que el problema rebasó a las autoridades. En México hasta las leyes más avanzadas son letra muerta cuando lo que impera es la corrupción. Considérese, por ejemplo, la efectividad real de la PGR en los casos abiertos por robo o sustracción de hidrocarburos: sólo cuatro de cada cien han derivado en auto de formal prisión.

Para desfalcar a Pemex con su *oro negro*, no siempre es necesario mancharse las manos, por lo menos no literalmente. Así lo demostró la directora general de PMI Comercio Internacional —la subsidiaria encargada de las ventas de Pemex en Estados Unidos, Europa y Asia—, Rocío Cárdenas Zubieta, una de las funcionarias de mayor nivel en la paraestatal. Junto con otros tres funcionarios (el subdirector comercial de Gasolinas y Componentes, Alberto Olimón Salgado; el gerente comercial de Gasolinas y Componentes, Alejandro Tello Winniczuk; y el encargado de despacho de la Dirección Comercial de Refinados, César Elías Covarrubias Prieto), Cárdenas Zubieta operaba una red de corrupción que mediante "descuentos" le vendían gasolina cóquer mexicana a precio de ganga a las transnacionales Trafigura y Gunvor, las compañías de compra-venta de hidrocarburos más grandes del mundo.

La SFP auditó las ventas que le hizo la representante de la paraestatal a las dos compañías de enero de 2008 a enero de 2009, y encontró que esos "descuentos excesivos e injustificados" causaron un daño patrimonial de 1.75 millones de dólares y un perjuicio de 23.3 millones de dólares, calculado el primero a partir de la diferencia entre los ingresos por la venta y los costos del combustible; y el segundo a partir del monto que Pemex hubiera recibido de haber vendido la gasolina a un precio adecuado.

Por lo demás, en octubre de 2011 Cárdenas Zubieta fue inhabilitada para servir en la administración pública por 10 años y obligada a pagar una multa de 284 millones de pesos.

Esa misma funcionaria participó en otras cuestionadas operaciones de los directivos de Pemex, como la operación de compra de acciones de Repsol para aumentar la participación de Pemex, aunque no fue la responsable de aprobarla. Operación que en 2011 puso en jaque al director general de Pemex, Suárez Coppel, al evidenciarse el nivel de discrecionalidad en operaciones de tal magnitud.

Las demoledoras cifras que Pemex hizo públicas en septiembre de 2011 pusieron en evidencia, oficialmente, que el combate al robo de combustibles es otra batalla perdida por Felipe Calderón, una batalla donde lo que está en juego es una gran parte del gasto público del país, 40 por ciento del PIB nacional.

Las reformas a la ley apenas se están aprobando, cuando hace tiempo que la mafia se fusionó al quehacer cotidiano de la industria petrolera. La verdad es que el *cártel negro* despacha la gasolina para nuestros automóviles, el combustóleo con que las ladrilleras cuecen los ladrillos, el asfalto que pavimenta nuestras calles, el diesel que mueve barcos, la turbosina que impulsa las hélices de los aviones, la industria que crea químicos, hasta el diesel que mueve los tractores con los cuales los campesinos cultivan la caña que lleva a la mesa el azúcar para endulzar la taza de café de las mañanas.

Entre la acción gubernamental y la situación real hay una distancia de años luz. Los legisladores endurecen penas sin esclarecer primero la maraña de complicidades que hicieron del *cártel negro* una criatura invencible, que emergió desde las entrañas mismas de la industria del petróleo.

Hasta hace unos años, Pemex era el escaparate del nacionalismo mexicano, de la dedicación de sus trabajadores, del amor a la camiseta. La ambición por el dinero fácil lo degradó todo. Hoy son negocios, sólo negocios. Bajo la lógica del *business*, prácticamente desde el más alto funcionario hasta el más modesto de los obreros está dispuesto a venderle su alma al diablo, o de manera más simple y directa: a alinearse con la maña.

Actualmente, las operaciones ilegales en Pemex alcanzan tal nivel, que cuesta trabajo saber en cuántos de los negocios que oficialmente hace la paraestatal están presentes las operaciones financieras del crimen organizado.

Índice onomástico